Taschenbücher für die Wirtschaft
Band 8

Taschenbuch für Personalbeurteilung

Mit Beurteilungsbogen aus der Praxis

von

Dr. Heinz Knebel

Hamburg

9., neubearbeitete und erweiterte Auflage 1995

Mit 74 Abbildungen und Tabellen

I. H. Sauer-Verlag GmbH
Heidelberg

1. Auflage 1967
2. Auflage 1969
3. Auflage 1971 – ISBN 3-7938-7456-7
4. Auflage 1974 – ISBN 3-7938-7493-1
5. Auflage 1977 – ISBN 3-7938-7631-4
6. Auflage 1983 – ISBN 3-7938-7698-5
7. Auflage 1988 – ISBN 3-7938-7788-4
8. Auflage 1992 – ISBN 3-7938-7068-5
9. Auflage 1995 – ISBN 3-7938-7137-1
(34. bis 37. Tausend)

Die Deutsche Bibliothek – CIP-Einheitsaufnahme

Knebel, Heinz:

Taschenbuch für Personalbeurteilung : mit Beurteilungsbogen aus der Praxis / von Heinz Knebel. – 9., neubearb. und erw. Aufl., (34.–37. Tsd.). – Heidelberg : Sauer, 1995

(Taschenbücher für die Wirtschaft ; Bd. 8)
ISBN 3-7938-7137-1

NE: GT

ISBN 3-7938-7137-1

Satz: Lichtsatz Michael Glaese GmbH, 69502 Hemsbach

Druck und Verarbeitung: Wilhelm & Adam, Werbe- und Verlagsdruck GmbH, 63150 Heusenstamm

Umschlagentwurf: Horst König, 67067 Ludwigshafen

∞ Gedruckt auf säurefreiem, alterungsbeständigem Papier, hergestellt aus chlorfrei gebleichtem Zellstoff (TCF)

Printed in Germany

Vorwort zur 9. Auflage

Dieses Taschenbuch richtet sich insbesondere an diejenigen, die sich bisher noch wenig mit der Personalbeurteilung befaßt haben und Hinweise für die eigene Arbeit suchen. Für die einschlägigen Wissenschaftler und Beurteilungsprofis gibt es zwischenzeitlich genügend vertiefende Veröffentlichungen (siehe Literaturverzeichnis).

Die Bedürfnisse der Mitarbeiter und der Führungskräfte entwickeln sich immer mehr weg von kollektiv und zentral ausgerichteten Beurteilungssystemen zu individuell situativ und flexibel angewandten Mitarbeitergesprächen, in denen der Vorgesetzte immer mehr zum Berater und Moderator wird. Auswertungen der bisher erreichten Arbeitsergebnisse und Absprachen über neue Arbeitsziele und Personalentwicklungsmaßnahmen stehen dabei im Vordergrund. Natürlich setzen solche Gespräche Beurteilungen voraus.

Beurteilt wird immer, wo Menschen zusammenarbeiten, egal, ob es eine Schriftform gibt oder nicht. So gerecht wie möglich zu beurteilen, ist und bleibt das Ziel auch unter veränderten Bedingungen.

Hier soll das Taschenbuch Hilfe geben.

Hamburg, im Februar 1995 *Heinz Knebel*

Inhaltsverzeichnis

Teil 1

Grundlagen der Beurteilung

Kapitel 1: Ziele der Beurteilung

Beurteilt wird im Unternehmen immer. Nicht nur vertikal von oben nach unten, sondern auch nach oben und zum Kollegen. Oft sind solche Beurteilungen ungerecht, weil sie einseitig und nicht offen sind und führen somit zu falschen Personalentscheidungen. Das wird dann sehr teuer für das Unternehmen und für die Betroffenen sehr schicksalhaft. Das muß nicht so sein.

Die Beurteilung hat innerhalb der Menschenführung ihren besonderen Rang. Es wäre falsch, in ihr eine wissenschaftliche Spielerei zu sehen, die keinen besonderen Wert für den Praktiker hätte. Die Personalbeurteilung gehört heute zum unerläßlichen Handwerkszeug des fortschrittlichen Vorgesetzten und bezweckt verschiedene Führungsziele. Jeder, der mit Personal zu tun hat, ob Meister oder Unternehmer, ob Kolonnenführer oder Ausbilder, benötigt diese Führungshilfe. Mit der Personalbeurteilung ist er in der Lage, die Kondition seines Mitarbeiterteams zu steuern und zu beeinflussen, das Leistungsniveau und die Entwicklung der ihm anvertrauten Mitarbeiter zu lenken. Aber nicht nur für den Vorgesetzten ist die Personalbeurteilung von Nutzen; sie dient dem Betrieb und hilft dem Beurteilten, sich selbst besser kennenzulernen. Sie ist die Grundlage für Förderung und Entwicklung sowie anderer personalpolitischer Ziele (siehe dazu die Abb. 1–3).

Umfragen zeigen: Der überwiegende Teil der Unternehmen verfügt über langjährige Erfahrungen mit unterschiedlichen Verfahren der Personalbeurteilung, wenn auch nicht immer nur über positive.

Gerade unter diesem Blickwinkel kommt der *regelmäßigen* Personalbeobachtung und -beurteilung eine diagnostische Aufgabe zu. So lassen sich z. B. durch die systematische Auswertung einer Vielzahl von Beobachtungen und Beurteilungen im Betrieb Erkenntnisse sammeln, die für die verschiedensten Entscheidungen erforderlich sind:

1. Auslese und Einarbeitung von Mitarbeitern
2. Ausbildung und Weiterbildung der Mitarbeiter
3. Auswahl des richtigen Arbeitsplatzes und Arbeitsbereiches
4. Leistungsvergütung
5. Anerkennung und Förderung
6. Potentialermittlung

Abb. 1: Was wird mit welchem Beurteilungsverfahren beurteilt? (nach *Schuhmacher*)

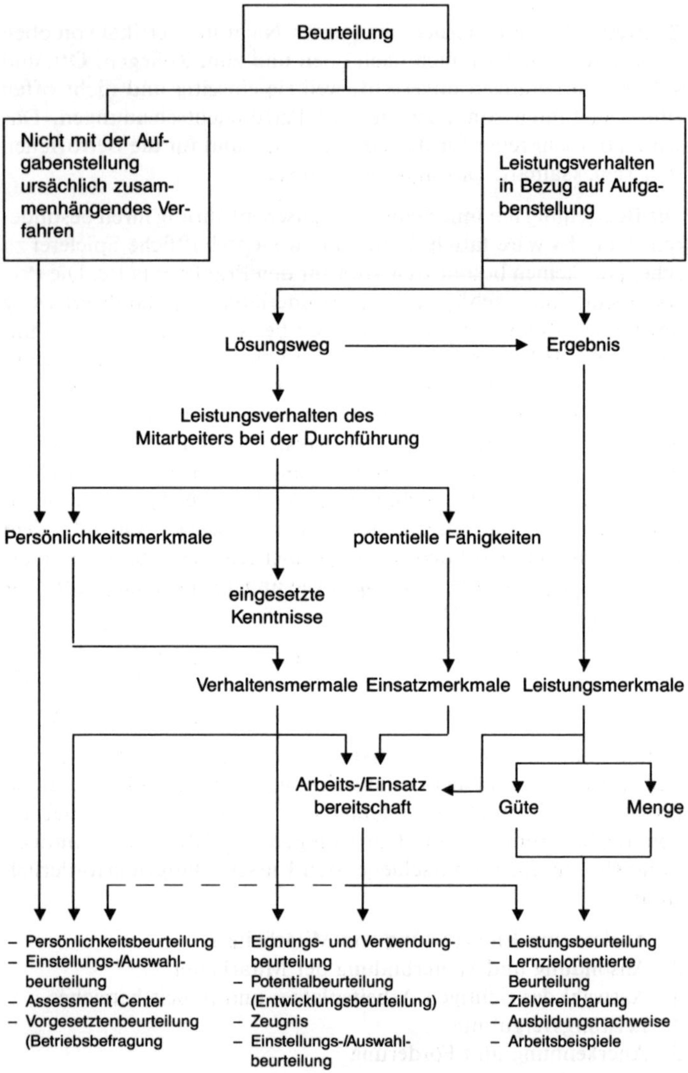

Abb. 2: Formen der Mitarbeiterbeurteilung (aus *Hehl* 1989)

	Anlaß	**Wer**		**Vorteil(+)/Nachteil(-)**
1. **Probezeitbeurteilung**	Beurteilung der erbrachten Leistung im Rahmen der Einarbeitungsphase	Unmittelbare Vorg. mit nächsthöherem Vorg.	–	In der Einarbeitungs-/Probezeit ist die Leistungserbringung für eine qualifizierte Beurteilung häufig unzureichend
			+	Aktives Auseinandersetzen mit der Person sowie mit den bisher erbrachten Leistungen
2. **„Regelbeurteilung"**	Innerhalb festgelegter Zeiträume erfolgt eine regelmäßige, schriftliche Beurteilung (Tarifbereich: jährlich; AT-Bereich: alle 2 Jahre). Sie bildet die Basis für ein Beurteilungsgespräch	Disziplinarischer Vorg. mit nächsthöherem Vorg.	–	Anwendung häufig zu schematisch und instrumentell
			–	Tendenz zur Positivbeurteilung, damit eingeschränkte Aussagekraft
			+	Basis für ein Beurteilungsgespräch
			+	Ansatzpunkt zu einer differenzierten Auseinandersetzung mit den Leistungen des Mitarbeiters
3. **Aufwärtsbeurteilung**	Mitarbeiter erhalten über ihren Vorgesetzten die Möglichkeit, seinen Arbeits- und Führungsstil aus ihrer Sicht (anonym) zu beurteilen	Mitarbeiter mit ihrem Vorg.	+	Aufwärtsbeurteilung arbeitet mit korrespondierenden Kriterien zur Regelbeurteilung. Sie ergänzt und objektiviert die Gesamtaussagen zum Führungsverhalten
			–	Nicht regelmäßig, freiwillig

Abb. 2 (Fortsetzung)

	Anlaß	Wer	Vorteil(+)/Nachteil(-)
4. **Potential -einschätzung (-beurteilung)**	Einschätzung des über die derzeitige Funktionsebene hinausgehenden Potentials bzw. des Potentials für eine andere Funktion derselben Funktionsebene	Mittelbare und unmittelbare Vorg. mit Personalwesen	+ Beurteilungsdifferenzierung von Potential und Leistung + „Human-Ressourcen-Ermittlung" – Häufig nur Einschätzungscharakter
5. **Assessment-Center**	Anhand „lebensnaher Übungen/Aufgaben" wird das Potential von Mitarbeitern für konkrete „Zeitfunktionen" ermittelt	Führungskraft des Fachbereiches als Beobachter zusammen mit Experten des Personalwesens	+ Führungskräfte setzen sich intensiv mit dem Potential/den Fähigkeiten von Mitarbeitern auseinander. + Analytische Potentialeinschätzung durch „Vielaugenprinzip" objektiviert – Hoher professioneller Aufwand – Häufig zuviel Laborcharakter
6. **Fördergruppen**	Mitarbeiter mit vermutetem Potential werden für die Dauer von 15 Monaten bereichs-/ressortübergreifend neben ihrer Funktion als „selbststeuernde Lerngruppe" zusammengefaßt und mit der Lösung/Bearbeitung von für sie neuen Projekten/Förderaufgaben betraut	– Die mittelbaren u. unmittelbaren Vorg. – Nutznießer der Förderaufgaben – Mitarbeiter des Personalwesens (Referent/Trainer) – Ggf. „hierarch." Mentoren	+ Sicherheit in der Potentialeinschätzung anhand beruflicher „Hardwareaufgaben". + Keine Laborsituation + Einbindung einer breiten Hierarchieebene in den Entwicklungsprozeß + „Abteilungsübergreifende" Förderung – Zeitaufwendig, braucht Promotoren – Ggf. Aufbau einer Erwartungshaltung

7. **Gehaltsplanungsgespräche**	Im Rahmen der jährlich stattfindenden Gehaltsplanungen (= Gehaltsüberprüfungen) sprechen Personalwesen und Vorgesetzte über die Leistungen der Mitarbeiter	Mittelbare und unmittelbare Vorg. mit Personalwesen	+ Leistungsüberblick + Leistungsgerechtere Entlohnung auf Basis intensiver Gesprächsrunden – Nicht immer entscheiden ausschließlich Leistungsgesichtspunkte
8. **Auswahlgespräch**	Zur Besetzung vakanter Funktionen wird mit internen Kandidaten, für die damit ein hierarchischer Aufstieg verbunden ist, ein (Auswahl-)Interview geführt	Mittelbare Vorg., Personalwesen	+ Mehraugenprinzip und Quervergleich – Auch bei guter Interviewtechnik können nur einige Kernpunkte beleuchtet werden.
9. **Entwicklungsgespräch**	Gespräch zur Einschätzung des weiteren Potentials und zur persönlichen Standortbestimmung	Mittelbarer Vorg., Personalwesen	Vgl. oben.

Abb. 3: Beurteilungsziele (nach *Kempe* 1994)

7. Verbesserung des Führungsverhaltens und der Zusammenarbeit
8. Disziplinarmaßnahmen

Ganz allgemein werden heute als wichtigste Motive für (s. Abb. 4) die Einführung eines Beurteilungswesens angeführt:

– Es dient einer *umfassenden* Beurteilung des Mitarbeiters. Die Erfahrungen zeigen, daß der Vorgesetzte wohl den Mitarbeiter bei der täglichen Arbeit anerkennt und kritisiert, daß er sich aber nur selten die Mühe macht, den Mitarbeiter in *allen* seinen Stärken oder Schwächen zu erfassen. Eine schriftliche Beurteilung zwingt geradezu, alle entscheidenden Kriterien der Tätigkeit des zu beurteilenden Mitarbeiters *im Vergleich zu anderen Mitarbeitern* zu würdigen. Damit werden auch alle anderen Personalentscheidungen (z. B. Gehaltsfragen, Nachwuchsförderung) sachlich und fundiert gefällt.

Abb. 4: Warum wird beurteilt?

Interessen/Bedürfnisse der

Mitarbeiter

- Feed-back (wie gut bin ich?)
- Wie wird meine Leistung gesehen?
- Standort
- Defizite
- Entwicklung
- Chancen/Grenzen
- Zukunft
- Sicherheit
- Zufriedenheit artikulieren können (feed-back geben)

Vorgesetzten

- Leistungsgrad
  - des einzelnen
  - der Gruppe
- Feed-back geben
  - Kritik
  - Anerkennung
- Motivieren
- Anreize schaffen
- Differenzieren
- Handeln implizieren
- Beraten
- Fördern
- Feed-back bekommen zur eigenen Orientierung

Unternehmen

- Strukturierte Informationen über
  - Leistungsbeiträge
  - Potentiale
  - Handlungsbedarf
  - Erwartungen/Einstellungen
- Leistungsanreize schaffen
- Klima der Führung und Zusammenarbeit

– Es dient der Förderung des Mitarbeiters. Indem die Beurteilung Grundlage für ein Vorgesetzten-Mitarbeitergespräch sein soll, schafft sie zwischen beiden Partnern eine offene Atmosphäre. Falsche Hoffnungen werden vermieden. Hilfestellung für die Abstellung von Mängeln wird gegeben.

– Es dient dem „Schutz“ des Mitarbeiters, denn in seiner Personalakte werden sich im Laufe der Jahre viele Beurteilungen auch verschiedener Vorgesetzter befinden. Personelle Entscheidungen, wie Kündigungen, Versetzungen auf minderwertigere Arbeitsplätze, werden nicht aufgrund des Urteils nur eines Vorgesetzten gefällt.

Es gibt auch Meinungen, wonach eine förmliche Beurteilung mit der Dynamik des wirtschaftlichen Geschehens nicht vereinbar sei. Manche Vorgesetzte argumentieren, „man kenne seine Leute, man hätte seine Erfahrungen, man hätte es in den Fingerspitzen, man verlassen sich auf seine Intuition oder seinen besonderen Sinn dafür“. Außerdem, so meinen jene Leute, sei die fortlaufende schriftliche Beurteilung nicht nötig, denn es genüge vollauf, daß die Fachvorgesetzten ständig Kontakt mit Führungs- und Nachwuchskräften hätten.

Andere Vorgesetzte – und es sind nicht wenige – empfinden die Beobachtung und Bewertung von Mitarbeitern als lästig und riskant. Sie halten das Beurteilen für eine höchst schwierige Arbeit, zu der sie aufgrund mangelnder Vertrautheit damit nur unter Zwang bereit sind.

Ein weiterer Widerstand kommt aus den Reihen der Beurteilten; sie sehen im „Beurteiltwerden“ keine positive Maßnahme, sondern erblicken darin aus Unkenntnis oder Mißverständnis eine diskreditierende Aktion des Vorgesetzten. Sie glauben, die Beurteilung werde von den Vorgesetzten dazu benutzt, ihre Fehler schriftlich festzulegen und ihre guten Seiten zu verschweigen.

Alle diese Einwände entstehen aus Ängsten. So zwingt die schriftliche Beurteilung jeden Vorgesetzten zu einer klaren Aussage. Das bedeutet, daß er alle seine Eindrücke und Erfahrungen erneut auf ihren Wahrheitsgehalt prüfen muß. Halten sie einer kritischen Prüfung stand, so dürfen selbstverständlich auch Erfahrungen und intuitive Erkenntnisse in der schriftlichen Beurteilung verarbeitet werden.

Beurteilen ist keine einfache Sache. Aber durch praktische Übung und entsprechende Hilfsmittel werden mangelnde Vertrautheit mit dieser Aufgabe und Unsicherheit am besten überwunden. Das Beurteilen ist erlernbar.

Die Beurteilung als wichtiges Führungsmittel erwartet auch vom Beurteilten eine gewisse Bereitschaft zur Selbstkritik. Es ist die Pflicht des Vorgesetzten, den Mitarbeiter über Sinn und Zweck der Personalbeurteilung aufzuklären. Dann verschwinden auch jene verhärteten Vorurteile.

Ein Vorgesetzter hat nicht nur die Aufgabe, Beurteilungen zu schreiben, sondern er muß auch aus bereits vorliegenden Beurteilungen ein Bild über den Mitarbeiter machen können (z. B. bei Übernahme von Mitarbeitern aus anderen Bereichen). Ein geschulter Beurteiler wird sehr bald die Nützlichkeit von Personalbeurteilungen erkennen und weit mehr für seine speziellen Entscheidungen aus der Beurteilung herauslesen, als in der folgenden Liste genannt ist.

Was muß das Management tun, damit das Beurteilungswesen seinen Zweck erfüllt (und nicht zu einem Verwaltungsakt „degradiert" wird)?

- Bedeutung der Beurteilung für die Personalpolitik und die Erfüllung der Führungsgrundsätze bei jeder Gelegenheit betonen.
- Im Unternehmen muß sich die Erkenntnis durchsetzen, daß Menschen Stärken *und* Schwächen haben.
- Deutlich machen, daß mangelnde Sorgfalt beim Beurteilen als Nichterfüllung einer *wesentlichen* Führungsaufgabe bewertet wird und in die Leistungsbeurteilung der Führungskraft eingeht.
- Vorgesetzte loben, die die Aufgabe ernstnehmen (Telefonanruf wirkt Wunder: „Ich habe die Beurteilung über X gelesen: ich fand sie interessant und habe erkannt, welche Mühe Sie sich gegeben haben").
- Durch „bohrende" Fragen sich im Einzelfall vergewissern, aufgrund welcher Beobachtungen der Beurteiler zu seinem Urteil kam.
- Die Verantwortung der Beurteiler darf nicht ausgehöhlt werden. Sie müssen in der Lage sein, sich mit ihren Beurteilungen zu identifizieren. Der nächsthöhere Vorgesetzte hat vor allem dafür zu sorgen, daß das System in seinem Bereich sorgfältig und den Richtlinien entsprechend angewendet wird (Ordnungsfunktion).
- Beurteiler, die die Beurteilungen nicht ernst nehmen, eindeutig ermahnen, Hilfestellung mit Auflagen geben und bei wiederholtem negativen Ergebnis als Führungskraft ablösen.
- Führungskräfte ablösen, bei denen die Fähigkeit, sich selbst zu erkennen, *in keiner Weise* ausgebildet ist und die daher nicht in der Lage sind, emotionslos und gerecht zu beurteilen.
- Rechtzeitig Schulungsmöglichkeiten anbieten, insbesondere für Mitarbeiter, die in absehbarer Zeit in Führungspositionen aufrücken.

Abb. 5: Beurteilungssystem

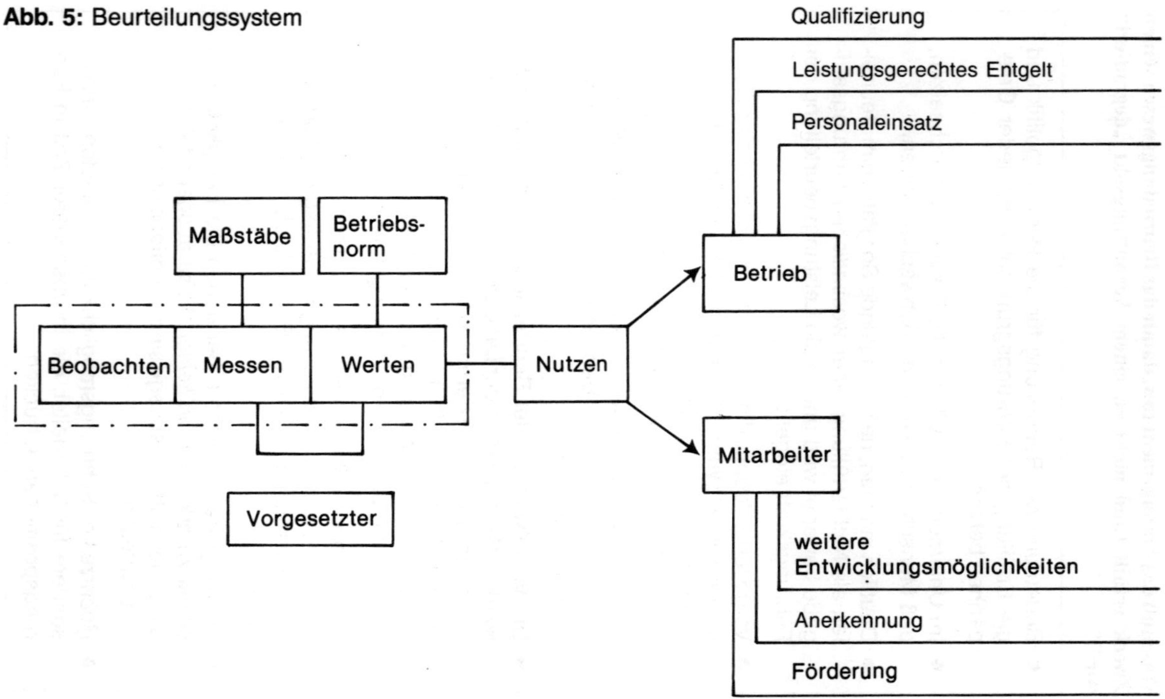

Das Niveau des Betriebes, seine Leistungsfähigkeit und sein Lebenswille hängen zwar auch von den technischen Ausstattungen des Unternehmens ab, zweifellos aber besonders von den in ihm tätigen Menschen. Deswegen gehört die Personalbeurteilung in Verbindung mit einem Mitarbeitergespräch zu den wichtigsten Mitteln der Menschenführung. Gerade in einer Zeit, in der sich der kooperative Führungsstil immer mehr durchsetzt, stehen die Interessen des Betriebes gleichwertig neben den Interessen der Mitarbeiter (s. Abb. 5).

Bei der Einführung von Personalbeurteilungen ist zu beachten:

1. Der Mitarbeiter

Der Mitarbeiter muß von der Notwendigkeit einer Beurteilung überzeugt werden, indem man ihm den Nutzen für ihn selbst und für das Unternehmen vor Augen hält. Der Nutzen für ihn wäre gerechtere Aufstiegschancen und Beförderungsmöglichkeiten, Entgeltgerechtigkeit, persönliche Entfaltung durch eine ständige Beratung auf der Basis der Beurteilung seiner Arbeitsleistungen und Potentiale.

Die Akzeptanz der Betroffenen ist die entscheidende Aufgabe für das Erreichen der Ziele durch die Personalbeurteilung. Ein aufgezwungenes System, dessen Notwendigkeit der Mitarbeiter nicht erkennt, erregt in ihm nur Abwehr.

Auch eine fehlerhafte Beurteilung der Vorgesetzten hat die gleiche Konsequenz. Das wiederum kann zu einer negativen Einstellung zum eigenen Betrieb und zu einer Fluktuation qualifzierter Mitarbeiter führen.

Der Mitarbeiter wird Mitarbeitergespräche auf der Grundlage von Beurteilungen akzeptieren, wenn er damit gute Erfahrungen macht.

2. Der Betrieb

Wer z.B. als Personalleiter ein Beurteilungssystem in einem Unternehmen neu einführen will, benötigt die Unterstützung der Geschäftsleitung und des Betriebsrates. Ein neues Beurteilungssystem kostet zusätzliches Geld. Es kann aber dafür viele betriebliche Vorteile bringen. Deshalb müssen alle Faktoren ermittelt werden, die der

Unternehmensführung und dem Betriebsrat den Nutzen eines Beurteilungssystems für den Betrieb und die Mitarbeiter beweisen. Dazu gehören insbesondere die Erfahrungen anderer Unternehmen mit diesem Führungsinstrument. Beurteilen muß auch zur Kultur des Unternehmens passen (s. Abb. 6).

Abb. 6: Wie passen Beurteilungssysteme zum Unternehmen?

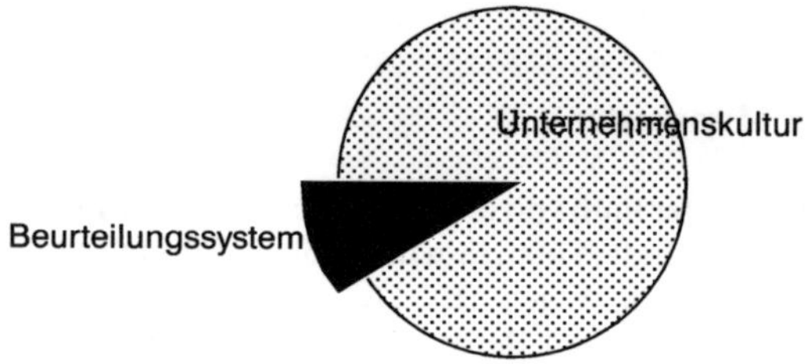

Beurteilungssysteme müssen „in die Landschaft“ passen, sonst wird der Schaden größer als der Nutzen!

Die Unternehmensleitung muß sich **erst** ein Bild darüber verschaffen, wie „die Landschaft“ aussieht bzw. aussehen sollte.

Der Schlüssel zum Erfolg eines Beurteilungssystems liegt auf der **normativen** Ebene!

- Die ausgesprochenen bzw. unausgesprochenen Normen eines Beurteilungssystems müssen **bewußt gestaltet** werden.
- Sie müssen mit den Normen und Werten des Unternehmens harmonieren (Unternehmenskultur).
- Ein Beurteilungssystem kann hierdurch die vorhandene Unternehmenskultur stärker oder auch weiterentwickeln.
- Wenn es diesen Normen widerspricht, wird ein Beurteilungssystem
  - unglaubwürdig, und damit auch seine Vertreter, die **Führungskräfte**,
  - inakzeptabel und verschwindet in den Schubladen oder verkommt zur Farce.

Ohne kritische Würdigung der vorhandenen Unternehmenskultur wird die Einführung eines Beurteilungssystems zum Risiko!

3. Der Vorgesetzte

Nicht alle Vorgesetzten sind grundsätzlich fähig und willig, Mitarbeiter zu beurteilen. Der Vorgesetzte muß überzeugt und ausgebildet werden.

Voraussetzung für ein wirksames Beurteilungssystem im Betrieb ist die Beherrschung der Technik des Systems, Kenntnis der möglichen Fehlerquellen und eine geistige Durchdringung der psychologischen Zusammenhänge, die Fähigkeit und der Wille zur fairen und gerechten Differenzierung und der Mut zum Führen eines konstruktiven Anerkennungs- und Kritikgespräches. Nur eine längere Schulung und andauerndes Vorleben von oben kann auf Dauer Erfolge und Veränderungen bewirken.

4. Das System

Wird ein Personalbeurteilungssystem von allen Interessengruppen getragen, so ergeben sich die wenigsten Schwierigkeiten. Deswegen sollte ein betriebliches Beurteilungssystem unter Mitwirkung vieler Betroffener, insbesondere der Arbeitnehmervertreter, und aus den individuellen Gegebenheiten des Betriebes heraus entwickelt werden. Geschäftsleitung, Führungskräfte und Betriebsrat sind die geeigneten Partner, wenn es um Entwicklungsfragen für ein betriebliches Personalbeurteilungssystem geht. Ein externer Berater kann durch eigene Spezial-Know-how-Schulung, Moderation und Projektleitung das Gelingen sehr fördern.

Inzwischen haben wir gelernt, daß es kein System gibt, das besser ist als andere. Jedes System ist nur so gut, wie es von den Beteiligten akzeptiert und gehandhabt wird.

5. Handlungsmaxime als Prüfstein erfolgreicher Mitarbeiterbeurteilung[1]

Mitarbeiter haben Anspruch auf Beurteilung. Sie wollen gemessen werden am Ergebnis und Antworten finden auf Maßnahmen zum Ausbau der Stärken und Abbau von Schwächen.

---

1 Quelle: Drägerwerk AG: *H. Henschel* auf der Analytik' 93 in Hamburg.

Leistung ist human. Führen als widersprüchliches Handeln muß verstanden werden. Zum Lösen unlösbarer Probleme benötigen wir prozeßorientiertes Beurteilungsrüstzeug.

Gefühle prägen die Sache. Nicht das System garantiert Gesprächserfolge, sondern der Prozeß und die Fähigkeit, andere so zu behandeln, wie man selbst behandelt werden möchte.

Nur dann, wenn der Beurteilende sich selbst dem notwendigen „Ritual“ stellt und auch das Management sich im gleichen Kontext „messen“ läßt, ist Akzeptanz gegeben und Fortschritt möglich.

Was berechtigt uns, ein Ist zu ermitteln, ohne das Soll zu kennen, ein Soll in Zeiten des schnellen Wandels und der Komplexität der Zusammenhänge (Anforderungsprofile, Schlüsselqualifikationen).

Das Beurteilungsgespräch läßt sich nicht organisieren, man muß es einfach führen, es ist mehr als eine Technik oder ein Instrument. Es ist ein Kommunikationsmittel erster Ordnung, eine Stätte der Begegnung zum gemeinsamen Lernen.

Nicht das Etikett Beurteilung, Potentialermittlung, Assessment, Stärken- und Schwächenprofil, Leistungstests ist entscheidend, sondern der Inhalt, um Ziele in Ergebnisse umzusetzen. Es muß immer beobachtet und beurteilt werden.

Je ausgeklügelter die Management-Diagnostiker „Objektivität“ in Verfahren, in Regeln, in Definitionen, in Messungen, in Idiographik, in Postkörben, in Dokumentenanalyse usw. erarbeiten, desto weniger findet Führung statt, weil dieses zu Sprachbarrieren führt und Führungskräfte vor Ort es statt haben, ständig in Dauertests der Experten des Personalwesens zu stehen.

Der Fortschritt im Beurteilungswesen basiert stets in der Rückbesinnung auf die Selbstverständlichkeit des Gesprächs.

Kapitel 2: Die Kriterien der Beurteilung

1. Hauptkriterien

So verschiedenartig im einzelnen die betrieblichen Beobachtungen und Beurteilungssysteme auch ausgearbeitet sein mögen, durch die Sprossen ihrer Konstruktionen schimmert immer das gleiche Grundschema, das nur auf die betriebliche Individualität hin abgewandelt worden ist. Alle Personalbeurteilungen fordern Aussagen über zwei Bereiche im weitesten Sinne.

a) Arbeitsergebnis

Im Vordergrund steht die Frage: Erfüllt der Mitarbeiter sein „Soll"? Gemeint ist die Durchführung der sachlichen Aufgaben am Arbeitsplatz (nach Qualität und Qantität) –, ohne jedoch vorerst zu berücksichtigen, welche individuellen Leistungsreserven in ihm stecken und mobilisiert werden könnten. Eine negative Antwort auf die oben gestellte Frage führt sogleich zu den individuellen Hintergründen: Warum kam die geforderte Leistung nicht zustande? Die Abb. 7 zeigt ein Denkmodell, an dem abgelesen werden kann, welche Beobachtungs- und Beurteilungskriterien über die betriebliche Arbeit etwas aussagen.

b) Arbeitsverhalten

Der Mensch ist ein ungeteiltes Ganzes. Seine Arbeitsleistung ist zugleich ein Produkt seines Arbeitsverhaltens. Ein Pedant bleibt ein Pedant, auf dem Tanzboden ebenso wie bei seiner täglichen Arbeit im Betrieb. Nur wer die Zusammenhänge zwischen Arbeitsleistung und Wesensart versteht, wird als Vorgesetzter in der Lage sein, den Mitarbeiter richtig einzusetzen und zu beurteilen (Abb. 8; siehe auch unter „Rechtliche Zulässigkeit von Bewertungskriterien", S. 40).

Eine andere Hilfestellung gibt *Lückert* (1966). Er geht von der Frage aus, was Leistung ist und von welchen Faktoren sie bestimmt wird. Sein Beziehungsgitter der Leistungsfaktoren ist in Form eines Kreuzes dargestellt (s. Abb. 9) und symbolisiert die gegenseitige Durchdringung zweier Ebenen: habituelle und entwicklungsbedingte Faktoren in der Horizontalen; aktuelle Faktoren in der Vertikalen.

Abb. 7: Kriterien des Arbeitsergebnisses

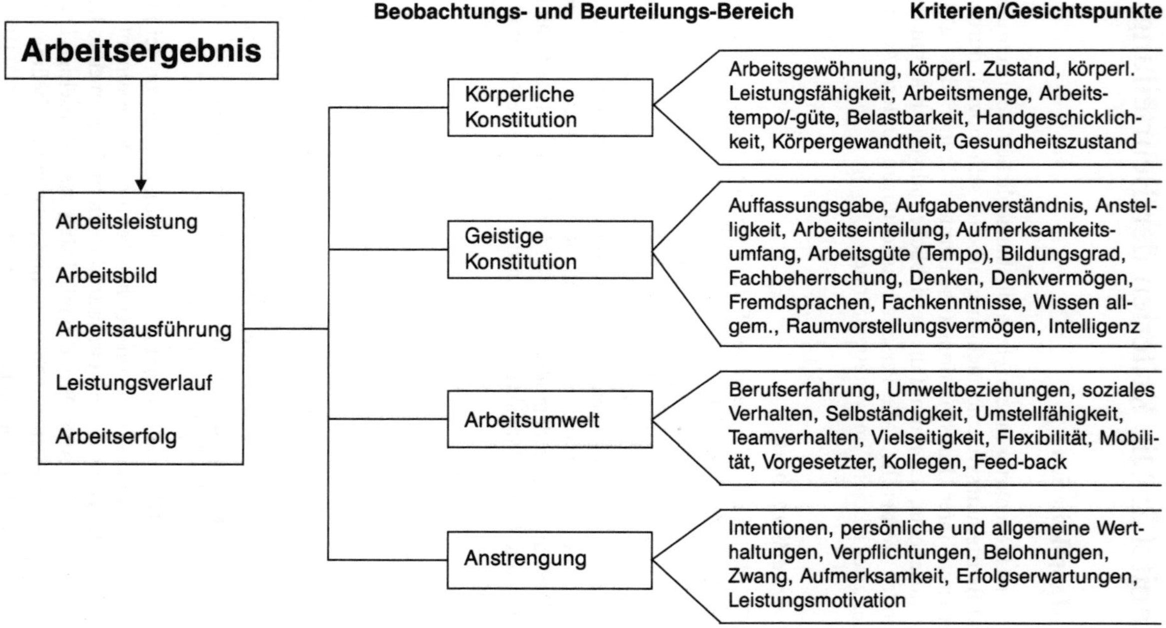

Abb. 8: Kriterien des Arbeitsverhaltens

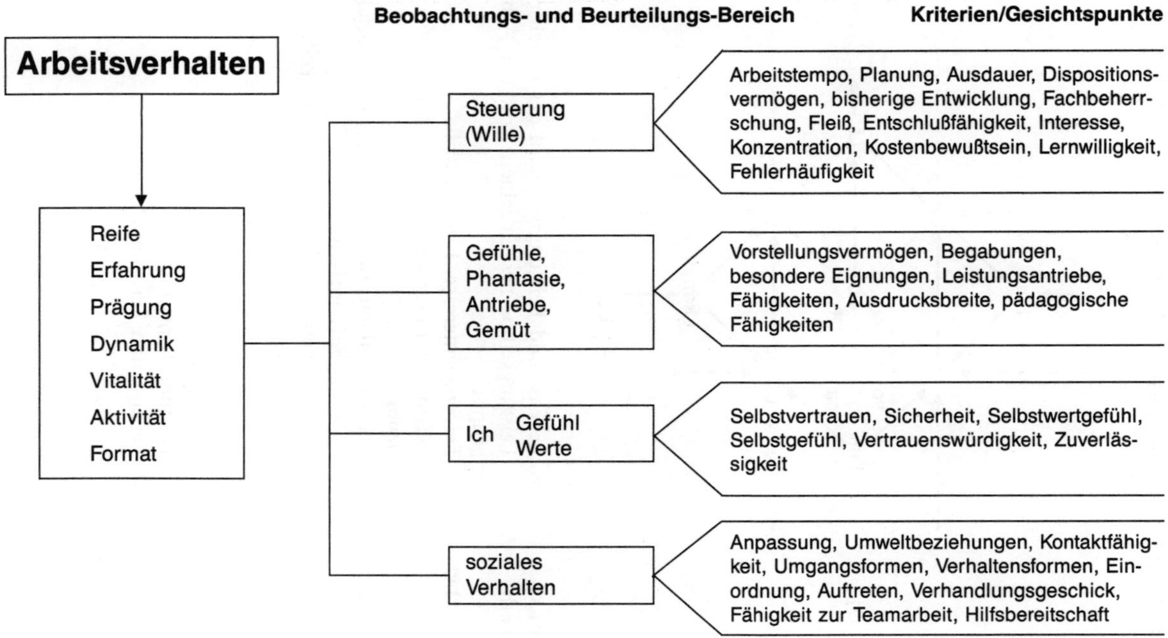

Abb. 9: Modell der Leistungsfaktoren

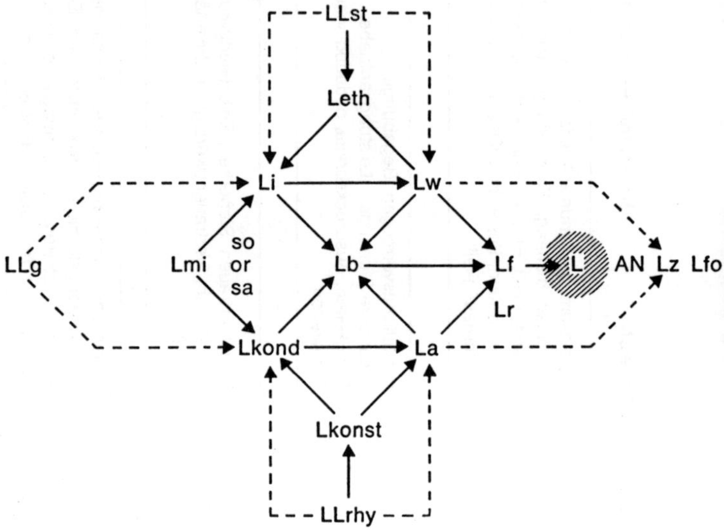

LLst	=	Lebens- und Leistungsstandard der Gesellschaft
Leth	=	Leistungsethos des einzelnen bzw. der Arbeitsgruppe
Li, Lw	=	Leistungsinteresse, Leistungswille
LLg	=	Lebens- und Leistungsgewohnheiten (früh erworbene)
Lmi	=	Leistungsmilieu, sa = sachlich, so = sozial, or = organisatorisch
Lb, Lf, Lr	=	Leistungsbereitschaft, Leistungsfähigkeit, Leistungsreserve
AN, Lz, Lfo	=	Anspruchsniveau, Leistungsziel, Leistungsforderung
Lkond, La	=	Leistungskondition, Leistungsantrieb
Lkonst	=	Leistungskonstitution
LLrhy	=	Lebens- und Leistungsrhythmus

Abb. 10: Auswahl der Beurteilungskriterien

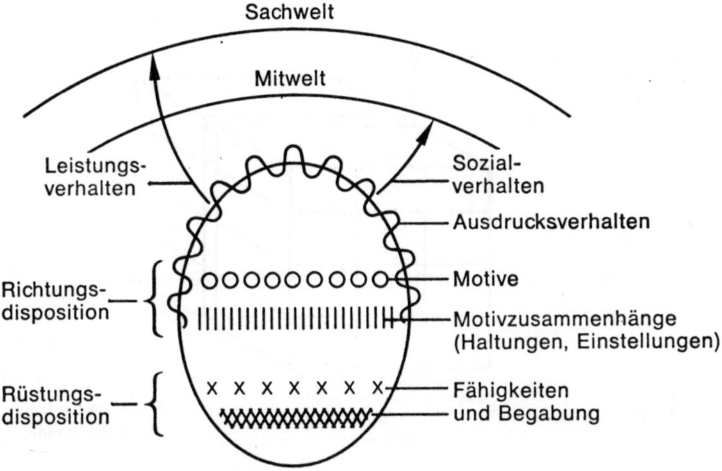

Im Kreuzpunkt beider Ebenen liegt die Leistungsbereitschaft als „Generalfaktor" des Leistungsverhaltens.

Mit einem ganzheitlichen Denkmodell gibt *Lückert* (Abb. 10) dem Problem der Auswahl der Beurteilungskriterien klare Richtlinien:

Die Eigenschaften des Mitarbeiters untergliedern sich in „Rüstungsdispositionen" und darübergelagerte „Richtungsdispositionen". Sie bestimmen das Ausdrucksverfahren. Je nachdem, ob dieses Verhalten „mitweltbezogen" oder „sachweltbezogen" ist, ergeben sich als Hauptkriterien:

1. soziales Verhalten
2. Leistungsverhalten.

Für die Praxis müssen diese beiden Kriterien weiter differenziert werden (z.B. Verhalten gegenüber 1. Mitarbeitern, 2. Vorgesetzten, 3. Mitarbeitern, 4. Kunden, 5. Auszubildenden usw.).

Für den Aufbau von Beurteilungsverfahren ist der Zweck maßgeblich. Dabei gibt es unterschiedliche Gesichtspunkte, wie Abb. 11 (aus *Domsch*, 1983, S. 27) zeigt.

Abb. 11: Dreidimensionales Kategoriensystem (beurteilte Person, inhaltliche Gestaltung, zeitliche Orientierung)

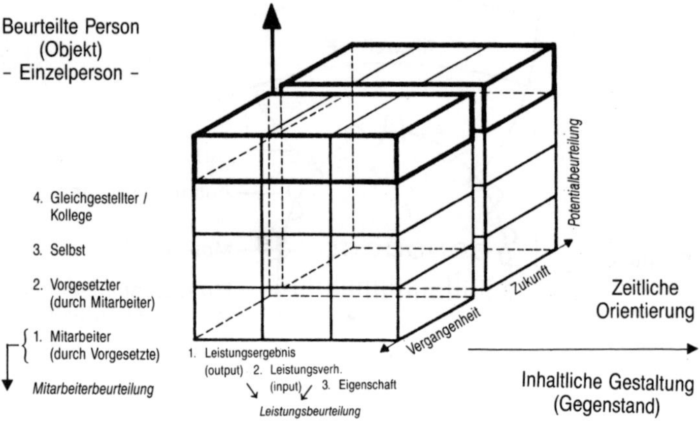

Für die Leistungsförderung hat *Heinz Schuler* die Analyse um ein weiteres sehr interessantes Modell erweitert (Abb. 17).

Bei der Beurteilung von Beschäftigten (deshalb Personalbeurteilung) gibt es demnach verschiedene Dimensionen. Sie kann sich an der Vergangenheit oder an der Zukunft orientieren. Sie kann sich auf die Beurteilung der Arbeitsergebnisse, das Arbeitsverhalten oder auf die Eigenschaften der Personen beziehen. Beurteiler sind in der Regel die Vorgesetzten, die Mitarbeiter oder Gleichgestellte (s. dazu Teil II, Kap. 5). Letzteres wird gelegentlich angewendet bei Wissenschaftlern im Forschungs- oder Entwicklungsbereich. Der Zweck bestimmt die Form der Beurteilung. Im Mittelpunkt dieses Taschenbuches steht die Beurteilung von oben nach unten.

2. Anforderungsprofile und Leistungsziele

Warum funktionieren Beurteilungssysteme in der Praxis manchmal nicht? Unter anderem deshalb, weil die Zuständigkeiten, Aufgaben und Ziele, also im wesentlichen die *Bezugsgrundlage der Beurteilung*, nicht eindeutig geregelt sind. Wie kann der Vorgesetzte Arbeitsergebnisse vernünftig beurteilen, wenn er sich mit den Beurteilten

Abb. 12: Personalwirtschaftliche Kausalkette für erfolgreiche Personalbeurteilungen

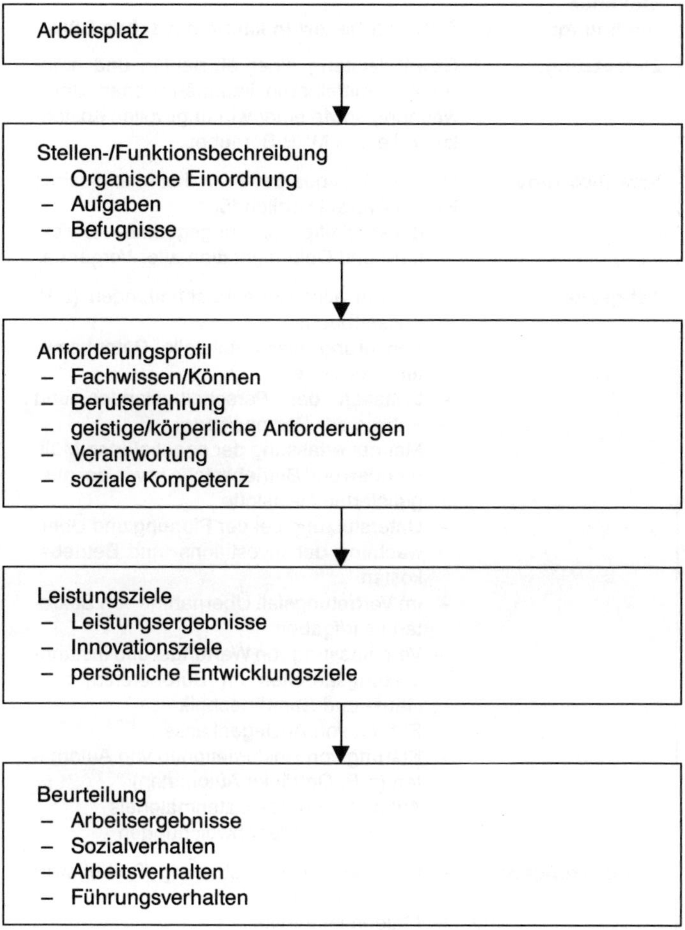

nicht von vornherein genau darüber einig ist, was wie getan werden sollte und welches die erwarteten Arbeitsleistungen sind? Als Bezugsgrundlage für die Beurteilung sollten deshalb vorhanden sein (s. Abb. 13–15):

Abb. 13: Stellenbeschreibung

Stellenbezeichnung:	**Sachbearbeiter/-in kaufmännisches Büro**
Zielsetzung:	Gewährleistung einer effizienten und möglichst unmittelbaren kaufmännischen Überwachung sowie einer wirkungsvollen Kostenkontrolle des MVB-Betriebes.
Verantwortung:	Der/die Sachbearbeiter/-in kaufmännisches Büro ist verantwortlich für – die sorgfältige, ordnungsgemäße Abwicklung und Dokumentation aller Vorgänge.
Tätigkeiten:	– Führen aller Nebenbuchhaltungen (z. B. Kassenbuch) – Kontierung aller Ersatzteile, Betriebsmittel, Reststoffe – Erfassen des Personalbestandes und Führen der Personalkartei – Mengenerfassung der angelieferten Müllmengen und Betriebsstoffe sowie der ausgelieferten Reststoffe – Unterstützung bei der Planung und Überwachung der Investitions- und Betriebskosten – Im Vertretungsfall Übernahme von Sekretariatsaufgaben – Veranlassung von Wartungs- und Instandsetzungsarbeiten im Bürobereich, z. B. Haus- und Sanitärtechnik – Führen von Auslagenkasse – Klärung von Reklamationen von Automaten (z. B. Getränke-Automaten) – Aufarbeitung des Datenmaterials – Analyse von Planabweichungen
Anforderungen:	– Kaufmännische Ausbildung (Betriebswirt oder vergleichbar) – Materialkenntnisse – Handhabung des Kontenplans – Verständnis für die technischen Zusammenhänge der MVB – Betriebliche Einweisung

Abb. 14: Vergleich von Anforderungs- und Eignungsprofil

Anforderungsmerkmale (alphabetisch)	Anforderungs-Profil									Mitarbeiter-Beurteilung								
	weniger ausgeprägt		ausgeprägt		gut ausgeprägt		sehr gut ausgeprägt		hervorstechend	weniger ausgeprägt		ausgeprägt		gut ausgeprägt		sehr gut ausgeprägt		hervorstechend
1. Ausdrucksvermögen	①	2	3	4	5	6	7	8	9	1	2	③	4	5	6	7	8	9
2. Beharrlichkeit	1	2	3	4	⑤	6	7	8	9	1	2	3	4	5	⑥	7	8	9
3. Belastbarkeit	1	2	3	④	5	6	7	8	9	1	2	3	4	⑤	6	7	8	9
4. Einfallsreichtum	1	2	3	4	5	⑥	7	8	9	1	2	3	④	5	6	7	8	9
5. Einsatzbereitschaft	1	2	3	4	5	6	7	⑧	9	1	2	3	4	5	6	7	8	⑨
6. Mobilität	1	②	3	4	5	6	7	8	9	①	2	3	4	5	6	7	8	9
7. Initiative	1	2	3	4	5	6	7	⑧	9	1	2	3	4	5	6	⑦	8	9
8. Kontaktfreudigkeit	1	2	3	4	⑤	6	7	8	9	1	2	3	4	⑤	6	7	8	9
9. Kostenbewußtsein	1	2	3	4	5	6	⑦	8	9	1	2	3	4	5	6	⑦	8	9
10. Kritisches Denken	1	2	3	4	5	⑥	7	8	9	1	2	3	4	⑤	6	7	8	9
11. Loyalität	1	2	3	4	⑤	6	7	8	9	1	2	3	4	⑤	6	7	8	9
12. Menschenführung	1	2	3	4	5	6	7	8	⑨	1	2	3	4	5	6	7	⑧	9
13. Organisationsgeschick	1	2	3	4	5	6	⑦	8	9	1	2	3	4	5	6	⑦	8	9
14. Sachkenntnis	1	2	3	4	5	6	7	⑧	9	1	2	3	4	5	6	⑦	8	9
15. Selbstvertrauen	1	2	3	4	5	⑥	7	8	9	1	2	3	④	5	6	7	8	9
16. Sorgfalt	1	2	3	4	⑤	6	7	8	9	1	2	3	④	5	6	7	8	9
17. Teamfähigkeit	1	2	3	4	5	⑥	7	8	9	1	2	3	4	5	6	⑦	8	9
18. Umstellungsfähigkeit	1	2	3	4	5	⑥	7	8	9	1	2	3	4	5	⑥	7	8	9
19. Anpassungsfähigkeit	1	2	③	4	5	6	7	8	9	1	②	3	4	5	6	7	8	9
20. Zukunftsorientierung	1	2	3	4	⑤	6	7	8	9	1	2	3	4	5	⑥	7	8	9
Besondere Anforderungen/ Zusammengefaßte Beurteilung:																		

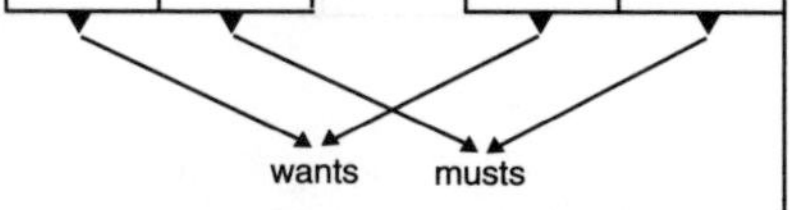

Abb. 15: Hinweise für das Zielvereinbarungs-/Planungsgespräch

Ziele ...	weil	deshalb
• sollten von Vorgesetzten und Mitarbeitern akzeptiert werden, deshalb **vereinbaren**	nur Akzeptiertes engagiert und **sinnvoll** erfüllt wird	Zeit nehmen, Probleme ausdiskutieren. Gute, von den Beteiligten gefundene und getragene Kompromisse schließen
• sollten möglichst konkret beschrieben, d. h. quantifiziert und qualifiziert sein	nur Konkretes sich zweifelsfrei beobachten und beurteilen läßt	müssen sich die Partner entscheiden und ihre Entscheidung fixieren sowie dazu stehen
• müssen realisierbar sein	Der Mitarbeiter demotiviert wird, wenn er mit den ihm zur Verfügung stehenden Möglichkeiten die Ziele nicht erreichen kann	Situation klären und berücksichtigen, Bedingungen und Möglichkeiten klären
• müssen den situativen Bedingungen der Stelle/Organisation entsprechen	nur so die Realität berücksichtigt wird	vorher die Situation miteinander klären
• müssen den „Reifegrad" des Mitarbeiters berücksichtigen	dem Mitarbeiter im Rahmen seiner Möglichkeiten ein Höchstmaß an Selbstentfaltung eingeräumt wird	Mitarbeiter als Partner akzeptieren und hinzuziehen
• müssen hinsichtlich ihrer Konsequenzen besprochen werden	der Mitarbeiter Klarheit hat, d. h. daß er weiß, woran er ist	Konsequenzen klären und darauf hinweisen

1. Eine Funktions- oder Stellenbeschreibung zur Regelung der Zuständigkeiten (Abb. 13)
2. Die Einstufung der Funktion (Arbeitswertermittlung) in ein Lohn- bzw. Gehaltsgefüge
3. Das Anforderungsprofil des Arbeitsplatzes (Abb. 14)
4. Leistungsziele oder Leistungsstandards für die Beurteilungsperiode (Zielvereinbarungen) (Abb. 15)

Es ist von großer Bedeutung für die Qualität der Beurteilungsergebnisse, daß die individuelle Beurteilung an den Funktionen und Anforderungen der Stelle gemessen wird, die beispielsweise in der Arbeitsbeschreibung festgehalten sind.

Gemeinsamer Nenner aller dieser Arbeitsbeschreibungen ist der Versuch,

- die funktionale und disziplinarischee Stellung des Mitarbeiters in der betrieblichen Organisation zu definieren,
- seine konkreten Aufgaben zu beschreiben,
- seine Kompetenzen abzustecken und die Vollmachten festzulegen.

Viele Beurteilungsergebnisse leiden auch bei vorhandenen Funktionsbeschreibungen darunter, daß der Beurteiler sich bei dem Beurteilungsvorgang zu wenig an den Anforderungen der Stelle orientiert. Deshalb muß in Schulungen und Übungen mit den Beurteilern immer wieder auf diesen besonders kritischen Punkt hingewiesen werden.

In manchen Beurteilungsformularen wird deshalb eine direkte Verbindung zwischen Stellenbeschreibung, Zuständigkeiten und verabredeten Aufgaben als Grundlage für die Beurteilung in dem Beurteilungsformular direkt verankert. So haben einige Firmen spezielle Rubriken im Beurteilungsbogen vorgesehen, in die der Vorgesetzte zuerst die Funktionen oder die wichtigsten Hauptaufgaben der Beurteilungsperiode eintragen muß, bevor der die Beurteilungsergebnisse oder die verabredeten Arbeitsziele einträgt (s. Kapitel 4). Dieses Vorgehen ist vernünftig, weil so der Beurteiler immer wieder zu einer Rückkopplung gezwungen wird.

Zielvereinbarungen (s. Abb. 13) tragen erfahrungsgemäß sehr zur Versachlichung und Objektivierung des Beurteilungsvorganges bei und erfreuen sich auch deshalb in den Unternehmen zunehmender

Abb. 16: Organisatorische Voraussetzungen der Beurteilung

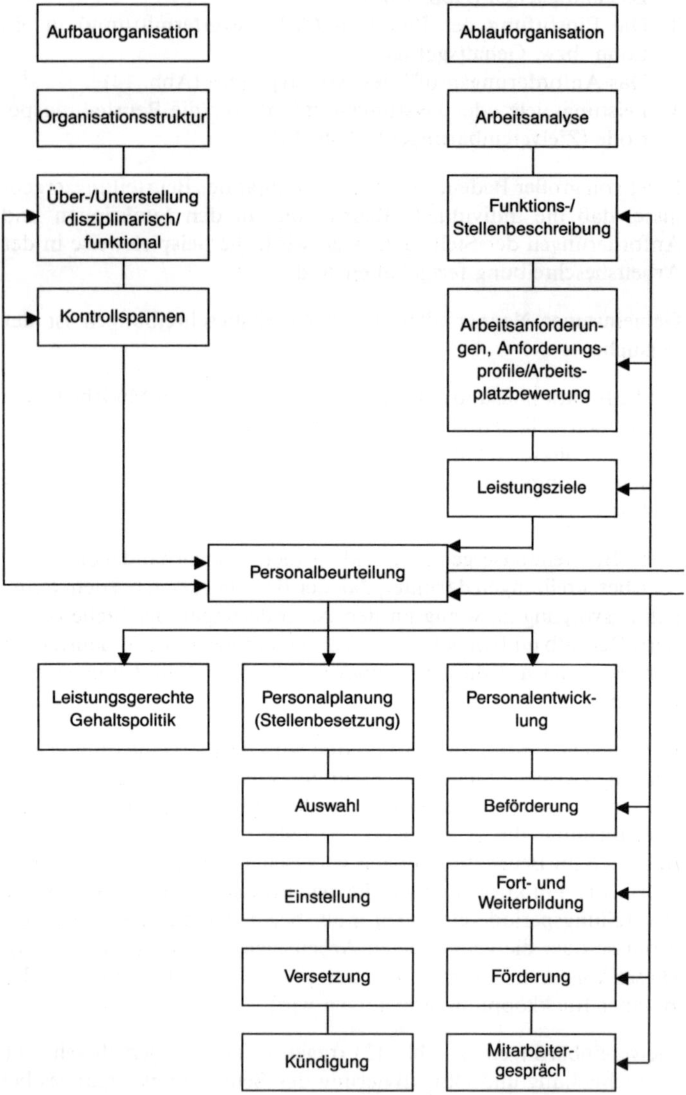

Beliebtheit. Neuere Beurteilungsverfahren für qualifizierte Mitarbeiter werden künftig ohne die Integration eines Zielvereinbarungssystems kaum noch Akzeptanz finden. Diesen Verfahren gehört die Zukunft.

Die Wertung der Leistungsziele erfolgt in einem mehrstufigen Verfahren, wonach dann eine Unterscheidung erfolgt nach folgenden Kriterien:

- Das Ziel wurde wesentlich unterschritten
- Das Ziel wurde unterschritten
- Das Ziel wurde erfüllt
- Das Ziel wurde überschritten
- Das Ziel wurde wesentlich überschritten

Die mathematische Umsetzung von Leistungsbeurteilungsergebnissen auf der Grundlage von Zielvereinbarungen ist problematisch. Mit den *Leistungszielen* werden nicht alle, sondern nur besonders wichtige Aufgaben quantifiziert und erfaßt. Daneben müssen die Mitarbeiter noch viele *Routineaufgaben* – auch gut – erfüllen, deren Ergebnis ebenfalls in eine Gesamtbeurteilung einfließen muß. Wie sich nun Zielvereinbarungs- und Routinebereich prozentual aufteilen, wie stark das eine oder andere gewichtet werden muß aufgrund der Bedeutung für die Gesamtarbeit, das bedarf einer Abstimmung (Einzelheiten s. Teil 2, Kapitel 1.3).

Dabei ist allerdings noch keine *Verhaltensbeurteilung* berücksichtigt, die auch für das Beurteilungsergebnis relevant ist und quantifiziert werden muß. Diese zusätzlichen Bewertungskriterien geben aber neue Gewichtungsprobleme, die letztlich zusätzlichen Konfliktstoff darstellen. Wir kommen letztlich – ob mit oder ohne Zielvereinbarungen – aber nicht umhin, daß überall dort, wo Leistungen erwünscht sind, definiert werden muß,

„was eine gute Leistung darstellt".

Abb. 17: Funktionskreis Leistungsförderung (nach *Schuler* 1991)

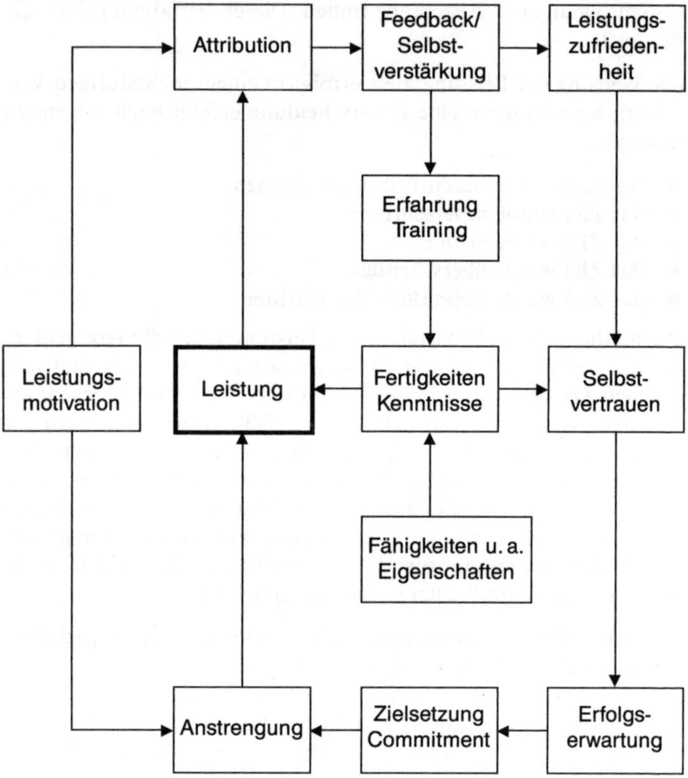

3. Rechtliche Zulässigkeit von Beurteilungskriterien

Der Arbeitgeber leitet sein Recht, den Mitarbeiter zu beurteilen, aus dem Arbeitsvertrag ab. Danach ist der Arbeitgeber für betriebsbedingte Zwecke berechtigt, über jeden seiner Mitarbeiter einen Personalbeurteilungsbogen anzulegen und die sachgerechten Maßnahmen zu einer persönlichen Beurteilung zu treffen. Er kann dem Mitarbeiter bestimmte Fragen aus dem Beurteilungskatalog stellen. Der Mitarbeiter ist verpflichtet, angemessene Fragen zu beantworten;

das läßt sich aus einer spezifischen, aus dem Arbeitsvertrag hervorgehenden Nebenpflicht ableiten. Damit werden innerhalb des Beurteilungsvorganges Rechte und Pflichten der Beteiligten abgegrenzt.

Ein Vorgesetzter darf einen Mitarbeiter nur insoweit beurteilen und dies in einem Beurteilungsbogen niederlegen, als er hierfür unter Berücksichtigung der Besonderheiten des eingegangenen Arbeitsverhältnisses und im Hinblick auf die arbeitsvertraglich übernommene Tätigkeit ein berechtigtes und billigenswertes Interesse hat.

Damit wird nicht ausgeschlossen, daß auch solche persönlichen Merkmale beurteilt werden können, die sich in der zu erbringenden Leistung konkretisieren. Trotzdem können als Bezugsgrößen für eine persönliche Bewertung nur Merkmale anerkannt werden, die für eine Beurteilung der Arbeitsleistung und des Arbeitsverhaltens in Betracht kommen. Dieser Rahmen darf nicht verlassen werden.

Ein Bewertungssystem, das leistungsfremde Merkmale enthält, ist rechtlich unzulässig. Nur solche Beurteilungsfaktoren dürfen Eingang in die betriebliche Personalbeurteilung finden, die für die Arbeitsausführung erheblich sind. *Gaul* vertritt die Ansicht, daß durch eine Bewertung nur *der* Anteil innerer Werte erfaßt werden darf, der sich in irgendeiner Form bei der Ausführung der dem Arbeitnehmer zugewiesenen Tätigkeit auswirkt. Will man also die Leistungspersönlichkeit eines Mitarbeiters beurteilen, zu der auch eine Anzahl außerbetrieblicher, arbeitsfremder Momente wie z. B. höchstpersönliche oder familiäre Einflüsse gehören, so dürfen nur solche Eigenschaften berücksichtigt werden, welche die Arbeitsleistung unmittelbar bestimmen. Dem Arbeitgeber muß derjenige Persönlichkeitsbereich verschlossen bleiben, der mit dem Arbeitsverhältnis in keiner unmittelbaren Beziehung steht oder stehen kann.

Zur Absicherung dieser Vorschriften hat der Gesetzgeber allgemeine Beurteilungsgrundsätze (und dazu gehören die Kriterien) der Mitbestimmung des Betriebsrates unterstellt (§ 94 Abs. 2 BetrVG). Da die sachgerechte Ausgestaltung der Beurteilungsgrundsätze von erheblicher Bedeutung ist, gilt auch hier das notfalls über die Einigungsstelle durchsetzbare Mitbestimmungsrecht des Betriebsrats. Der Betriebsrat besitzt jedoch kein *Initiativrecht* zur Einführung einer systematischen Mitarbeiterbeurteilung, kann also nur die Einführung eines von ihm nicht akzeptierten Beurteilungssystems verhindern, und zwar auch nur dann, wenn er hierfür sachgerechte Gründe hat.

Von den Gewerkschaften wird der Abschluß von Betriebsvereinbarungen empfohlen, um das Beurteilungssystem für alle bestehenden Einzelarbeitsverhältnisse verbindlich zu machen.

Dabei sollen aus der Sicht der Arbeitnehmervertretung folgende Vorstellungen neutralisiert werden (*K. Lang* u. a. 1990):

- Verbindlicher Schutz vor Benachteiligungen für einzelne oder Gruppen von Arbeitnehmern und Sicherstellung eines darauf gerichteten Reklamationsverfahrens,
- Fördermöglichkeiten nach dem Gleichbehandlungsgrundsatz,
- Ausschluß von reiner Elitenförderung.

Kein Mitbestimmungsrecht hat der Betriebsrat bei der für den einzelnen Mitarbeiter abgegebenen *konkreten Beurteilung*. Die individuelle Beurteilung ist nämlich allein Sache des Arbeitgebers bzw. seines Vertreters und des Mitarbeiters. Der Mitarbeiter allerdings hat einen Anspruch auf Beurteilung seiner Leistungen sowie auf Erörterung seiner beruflichen Entwicklung im Betrieb (vgl. § 82 Abs. 2 Satz 1 BetrVG). Dieses Recht steht dem Mitarbeiter aber *höchstpersönlich* zu. Freilich kann er nicht verlangen, nach einem bestimmten System oder überhaupt nach einem System beurteilt zu werden. Vielmehr muß er sich notfalls auch damit begnügen, nur mündlich und vielleicht nicht ausschließlich nach dem besten Können seines Vorgesetzten beurteilt zu werden. Seinem Anspruch ist ferner Genüge getan, wenn das Beurteilungsgespräch in angemessenen Zeitabständen stattfindet.

Wenn das Gesetz dem Mitarbeiter in § 82 Abs. 2 Satz 2 BetrVG das Recht einräumt, ein Mitglied des Betriebsrates zu diesem Gespräch hinzuzuziehen, so verleiht es dem Betriebsratsmitglied den Status eines Beraters und Fürsprechers; es handelt dann gleichsam im Auftrage des Mitarbeiters, jedenfalls aber nicht als autonomes Betriebsverfassungsorgan. Deshalb darf der Betriebsrat dem Mitarbeiter nicht vorschreiben, welches seiner Mitglieder die Aufgabe übernimmt. Das Bestimmungsrecht steht also ausschließlich dem Mitarbeiter zu. Das Betriebsratsmitglied hat über den Inhalt der Verhandlungen absolutes Stillschweigen zu bewahren, es sei denn, es wäre vom Arbeitnehmer im Einzelfall ausdrücklich von dieser Verpflichtung entbunden worden (vgl. § 82 Abs. 2 Satz 3 BetrVG). Dieses Gebot gilt – abweichend von § 79 – auch gegenüber den anderen Betriebsratsmitgliedern.

Selbstverständlich aber ist der Mitarbeiter auch berechtigt, das Beurteilungsgespräch unter vier Augen zu führen. In der Praxis ist dies sogar die Regel.

Die vorstehenden Grundsätze gelten entsprechend, wenn die Beurteilung schriftlich abgegeben wird. Auch in diesem Falle steht dem Betriebsrat weder ein Recht auf Mitwirkung bei der Anfertigung der Beurteilung noch auf Kenntnisnahme und Gegenzeichnung zu. Der Mitarbeiter kann den Betriebsrat also in jeder Weise von der Information über seine Beurteilung ausschließen, und der Arbeitgeber ist verpflichtet, sich hieran zu halten. Gesichert wird diese Privatsphäre der Einzelbeurteilung vor den ansonsten mit autonomen Rechten ausgestatteten Betriebsvertretungen im übrigen auch dadurch, daß der Betriebsrat die in der Personalakte des Mitarbeiters abgelegte Beurteilung ohne Willen und Wissen des Mitarbeiters nicht einsehen darf (abgeleitet aus § 83 Abs. 1 BetrVG).

Kapitel 3: Die Beobachtung

1. Beobachtungsprinzipien

Der häufigste Beurteilungsfehler ist eine vorschnelle Bewertung ohne ausreichend abgesicherte Beobachtung über einen längeren Zeitraum. Deshalb ist dieses Thema sehr wichtig für Personalbeurteilungen in der Praxis.

Etwas zu beoachten bedeutet:

1. sich eine Vorstellung zu verschaffen, indem man den Gegenstand, die Situation oder eine Person mit den Sinnen wahrnimmt;
2. durch methodisches Vorgehen zu einer sicheren Erkenntnis zu gelangen.

Beobachten – so definiert – heißt, Vorstellungen und Erkenntnisse gewinnen. Vorstellungen gewinnt der Mensch einfach schon dadurch, daß er „in der Welt ist“, daß seine Umwelt auf ihn einwirkt und daß er sich gegenüber seiner Umwelt behaupten muß. Alles das prägt den Menschen und hinterläßt Eindrücke, Vorstellungen und Bilder. Aus der Summe dieser Erfahrungen macht sich der Mensch sein „Weltbild“, das die Grundlage seines „gesunden Verstandes“ ist.

Nicht wenige Vorgesetzte sind der Meinung, daß dieser sog. „gesunde Menschenverstand“ als Grundlage für Menschenkenntnis und Menschenbeurteilung ausreicht. Diese Auffassung kann u. U. gerechtfertigt sein, „denn es ist unwirtschaftlich und deshalb nicht sinnvoll, dort einen Komplex organisierter Maßnahmen zu fordern, wo die Intuition zum gleichen Ziel führt“ *(Banniza).* Eine solche Situation findet man z. B. im Elternhaus vor, wo die Eltern durch das ständige Zusammensein mit den Kindern die Eigenart ihrer Sprößlinge ohne besondere Beobachtungsmethode kennenlernen.

Das ist aber nicht so in Betrieben. Einen kooperativen und partnerschaftlichen Führungsstil, den sich alle Mitarbeiter wünschen, weil er Selbständigkeit und Freiräume fördert, unterstützen Unternehmen immer häufiger. Er kann die unternehmerische Leistung und Zufriedenheit der Mitarbeiter steigern. Er setzt Vertrauen voraus, darf jedoch auf Zielvereinbarungen und Ergebnisauswertung, Zwischenkontrollen und Eingreifen bei Abweichungen nicht verzichten, wenn der Erfolg und die Wettbewerbsfähigkeit der Leistung erhalten bleiben soll. Deshalb darf die Unternehmensleitung auch bei kooperativer Führung auf abgestimmte Kontrollgespräche nicht verzichten, will sie den Erfolg nicht gefährden.

Die Beobachtung, die zur Grundlage einer Beurteilung werden soll, richtet sich deshalb auf besonders bedeutsame Vorgänge, Entscheidungen oder Verhaltensweisen. Diese Einengung des Bewußtmachens ist „Aufmerksamkeit". Der sorgfältige Vorgesetzte fixiert seine Beobachtung. Das Beobachtete wird sofort angesprochen bzw. aufgezeichnet. Ein auf diese Weise erstelltes „Gesprächsjournal" ist wie ein guter Krankenbericht, in dem die beobachteten Krankheitssymptome genau und treffend beschrieben, aber nicht gedeutet werden. In einem solchen Bericht gibt es kaum wertlose Beobachtungen und Absprachen. Keiner kann über einen längeren Zeitraum für ein späteres Beurteilungsgespräch alle erforderlichen Details im Kopf behalten (Leistungsbilanz).

Hier erhebt sich die Frage, *wann und wo* der Vorgesetzte seine Beobachtungen anstellen soll. Allgemeine verbindliche Regeln gibt es nicht; dennoch sind natürlich der Arbeitsplatz bzw. der Rahmen der beruflichen Tätigkeit hierfür besonders geeignet. In jedem Arbeitsbereich gelten aber andere Überlegungen, und jeder Vorgesetzte muß sich selbst Beobachtungssituationen zurechtlegen und sich Gedanken darüber machen, wo und auf welche Weise er Beobachtungen anstellen kann, um zu den Beurteilungsmerkmalen Rohmaterial zusammenzutragen, das sich verarbeiten läßt. (Lerneifer zeigt sich beispielsweise im Arbeitsverhalten: Wie schnell eignet sich der Mitarbeiter neuen Wissensstoff an; wie schnell arbeitet er sich in neue Arbeitsbereiche ein?) Welche außerbetrieblichen Weiterbildungsbemühungen unternimmt er und mit welchem Erfolg? Aus der Art der Arbeitsbewältigung kann man Schlüsse auf den Stand des Fachwissens ziehen.

Neben der Frage nach dem „wo beobachten?" ist die Frage, „wann beobachten?" insofern bedeutungsvoll, als die Leistungskurve des Menschen *typische Tageshöchstwerte* bzw. *ausgesprochene Leistungstäler* aufweist. Ständige Beobachtungen um die Mittagszeit, wo erfahrungsgemäß die Leistungsfähigkeit des Mitarbeiters stark eingeschränkt ist („Mittagstief"), führen zu Fehlurteilen.

Es scheint sich am besten zu bewähren, wenn der Vorgesetzte in einem offenen Gespräch seinen Mitarbeitern erklärt, daß es seine

Aufgabe als Vorgesetzter ist, die Arbeit der Gruppe zu fördern, wozu auch gehört, sich vom Erfolg der durchgeführten Arbeiten zu überzeugen. Diese Aufsicht und Erfolgskontrolle ist keine „Schnüffelei", sondern Pflicht des Vorgesetzten der Unternehmensführung gegenüber. Unter solchen Bedingungen kann man reinen Herzens jeden Mitarbeiter um Auskunft bitten, warum er eine Arbeit so oder so durchgeführt habe, ob ein Termin eingehalten werde, ob er eine bestimmte Anweisung beachte und dergleichen.

Hierbei ergeben sich genügend Anhaltspunkte, die als Beurteilungsgrundlage notiert werden können. Darüber hinaus sollte der Vorgesetzte dem Beurteilten Rechenschaft darüber ablegen, wie er zu seinen Urteilen gekommen ist. Wenn er nicht in die peinliche Lage kommen möchte, aus der unkontrollierbaren Tiefe seiner vermeintlichen Erinnerungen die Beweise für seine Urteile herauszuangeln, dann muß er schon aus diesem Grunde – zu seinem Vorteil und seiner Mitarbeiter Befriedigung – Aufzeichnungen von seinen Beobachtungen und Dienstaufsichts-Rundgängen, Erfolgskontrollen und Absprachen zur Hand haben.

Es ist nicht immer einfach, aus bestimmten Beobachtungen eine zutreffende allgemeine Erkenntnis abzuleiten. Das Wichtigste, was ein Beurteiler tun muß, ist die gewissenhafte Sammlung einer Vielzahl von Beobachtungen und Befunden. Und selbst dann, wenn viele Beobachtungen vorliegen, sind Folgerungen oder Schlüsse mit großer Vorsicht zu ziehen. Kommt man aufgrund vieler Beobachtungen über einen langen Zeitraum hinweg zu denselben Ergebnissen, so besteht eine große Wahrscheinlichkeit, daß bei gründlicher Betrachtung (!) ein richtiges Urteil zustande kommt. Wird ein Urteil über einen Menschen aufgrund weniger Beobachtungen – oder nur einer einzigen – ausgesprochen, so ist das Urteil mit großer Wahrscheinlichkeit fragwürdig, wenn nicht sogar falsch. Daraus ergibt sich zwangsläufig die Forderung nach regelmäßiger und häufiger Beobachtung und Gesprächen, ggf. mit Aufzeichnungen.

Folgende Regeln gelten für die Beobachtung:

1. Konzentriert beobachten.
2. Das Beobachtete nicht deuten, sondern wertfrei aufzeichnen.
3. Die Erfordernisse der Beurteilung berücksichtigen. (Zu welchen Beurteilungsgesichtspunkten werden Angaben verlangt?)
4. Regelmäßig und fortlaufend beobachten.

5. Den Mitarbeiter über die Beobachtungen informieren und ihm die Aufzeichnungen zeigen.
6. Das Verfahren mit dem Betriebsrat abstimmen.

Die Aufzeichnungen müssen dem Beurteilten zur Verfügung stehen. Ein gutes Beispiel dafür zeigt der wiedergegebene „Beobachtungsbogen“, der in einer renommierten Bank entwickelt worden ist (s. Abb. 18). Die Ergebnisse dieser Beobachtungen fließen in einen Auswertungs- oder Beurteilungsbogen ein.

Die weiteren Beispiele für Beobachtungsformulare (Abb. 19–22) zeigen, wie derartige Unterlagen aufbereitet sein können und dazu beitragen, das Beurteilungsergebnis zu verbessern. Solche Aufzeichnungen müssen aber den Beobachteten zur Einsicht gegeben werden.

2. Auswerten von Beobachtungen

Wer einen Menschen beobachtet, verzichtet zunächst einmal auf jede Wertung; Menschenbeobachtung bedeutet sachliche Feststellung der menschlichen Wesenszüge. Dennoch ist es erwiesen, daß keine Beobachtung wertfrei registriert, sondern *jeder Eindruck subjektiv gefärbt* ist. Es besteht lediglich die Möglichkeit, *subjektive Einflüsse so gering wie möglich* zu halten. Wenn man nun aber voraussetzt, daß eine Beobachtung grundsätzlich wertungsfrei erfolgt, dann muß aus der Beobachtung durch den besonderen Akt des Bewertens und Auswertens eine Beurteilung werden.

Es muß an dieser Stelle noch einmal betont werden, auch wenn es allzu selbstverständlich klingt, daß man einen Mitarbeiter nur dann zutreffend beurteilen kann, wenn man genügend von ihm weiß. Der Beurteiler muß sich dieser Grundforderung stets bewußt sein. Deswegen können sorgfältig registrierte Beobachtungen nicht hoch genug eingeschätzt werden.

Für die Verarbeitung der Beobachtungen gibt es im Rahmen der Personalbeurteilung zwei unterschiedliche Auslegungen des Begriffes „Beurteilung“. Für die Bereiche der Leistung und des Arbeitseinsatzes, der Funktionstüchtigkeit, bedeutet es das Gegenüberstellen von „Ist“ und „Soll“, d. h. Herstellung einer Beziehung zwischen einem Zustand bzw. Geschehen und einer betrieblichen Norm oder einem feststehenden Bewertungsmaßstab. „Die Eigenschaft des Wertur-

Abb. 18: Beobachtungsbogen „Auszubildender“ (dient als Gedankenstütze während des Beurteilungszeitraumes)

Die Beobachtungen sollten das natürliche Verhalten des Auszubildenden im Arbeitsprozeß erfassen. Sie sollten wertfrei niedergelegt werden und zu unterschiedlichen Tageszeiten erfolgen (unterschiedliche Leistungsfähigkeit während des Tagesverlaufs).
Die kontinuierlich niedergelegten Beobachtungen helfen dem Beurteiler, die spätere Beurteilung so objektiv wie möglich zu gestalten.

Beobachtungskriterien:

1. Ausbildungsverhalten

a) Einstellung zur Mitarbeit und Ausbildung

- Stellt der/die Auszubildende von sich aus Fragen, wenn ihm/ihr am Arbeitsplatz Arbeitsabläufe oder Zusammenhänge unklar sind?
- Verrichtet der/die Auszubildende auch von sich aus Arbeit; zeigt er/sie Interesse, zusätzlich zum Ausbildungsplan Kenntnisse und Fertigkeiten zu erwerben?
- Hat der/die Auszubildende häufig über längere Zeit hinweg seinen/ihren Platz verlassen, ohne daß Ihnen ein triftiger Grund bekannt war; ist er/sie mehrfach ohne wichtigen Grund zu spät gekommen?

b) Sorgfalt und Genauigkeit

- Vergißt der/die Auszubildende die ihm/ihr übertragenen Arbeiten auszuführen; kontrolliert er/sie unaufgefordert seine/ihre eigene Arbeit?
- Macht der/die Auszubildende häufig Fehler, die auf mangelnde Sorgfalt oder auf Gedankenlosigkeit zurückzuführen sind; hält er/sie Ordnung an seinem/ihrem Ausbildungsplatz?

c) Lernverhalten und Lerngeschwindigkeit

- Benötigt der/die Auszubildende mehrmalige Erklärungen, bis er/sie den Sachverhalt verstanden hat; vergißt er/sie bereits Erklärtes?
- Macht der/die Auszubildende häufig Fehler, die auf mangelnde Auffassungsgabe zurückzuführen sind; begreift er/sie Zusammenhänge/Arbeitsabläufe schnell und gut?
- Ist es dem/der Auszubildenden möglich, die Ausbildungsziele in der im Ausbildungsplan vorgesehenen Zeit zu erreichen?

Abb. 18 (Fortsetzung)

2. Sozialverhalten

a) Auftreten

- Vernachlässigt der/die Auszubildende sein/ihr Äußeres; paßt er/sie sein/ihr Äußeres den jeweiligen Erfordernissen an?
- Gelingt es dem/der Auszubildenden, Kontakt zu anderen Mitarbeitern oder Kunden herzustellen?
- Verhält sich der/die Auszubildende höflich und zuvorkommend?

b) sprachliche Gewandheit

- Ist der/die Auszubildende in der Lage, sich schriftlich verständlich auszudrücken oder führen unklare Formulierungen oft zu Mißverständnissen?
- Hat der/die Auszubildende einen umfangreichen Wortschatz; spricht er/sie gängige Fachwörter falsch aus oder benutzt er/sie diese falsch?

c) Verhalten gegenüber Mitarbeitern

- Zeigt der/die Auszubildende Bereitschaft zur Teamarbeit; übernimmt er/sie bei Zusammenarbeit mit anderen eine aktive, konstruktive Rolle?
- Zeigt sich der/die Auszubildende bei besonderem Arbeitsanfall hilfsbereit und belastbar; ordnet er/sie sich in die Arbeitsgruppe ein?
- Neigt der/die Auszubildende dazu, eigene Fehler anderen oder den besonderen Umständen anzulasten?

3. Ausbildungsergebnis

a) erworbene Kenntnisse/Fertigkeiten

- Hat der/die Auszubildende die im Ausbildungsrahmenplan vorgesehenen Kenntnisse/Fertigkeiten erworben?
- Kann der/die Auszubildende auf dem jeweiligen Sachgebiet auch ohne besondere Anweisung Arbeitsvorgänge ausführen; gibt er/sie sachlich richtige Auskünfte?
- Kann der/die Auszubildende die Tätigkeit des jeweiligen Sachgebietes richtig erklären?
- Hat der/die Auszubildende Kenntnisse/Fertigkeiten erworben, die über den Ausbildungsrahmenplan hinausgehen?

Abb. 19: Arbeitssicherheit (nach *H. Tragau*, Chemie Linz AG)

Definition: Bereitschaft, sicher zu arbeiten und Verläßlichkeit, vorgesehene Schutzmaßnahmen einzuhalten

Sehr unachtsam, mißachtet bewußt Sicherheitsvorschriften, gefährdet Arbeitskollegen	Wenig achtsam, vergißt Sicherheitsbestimmungen, zuweilen leichtsinnig	Manchmal unachtsam, muß regelmäßig auf die Sicherheit bei der Arbeit hingewiesen werden	Umsichtig, beachtet Sicherheitsvorschriften	Sehr umsichtig, achtet genau auf die Sicherheitsvorschriften, denkt auch für Arbeitskollegen

Abb. 20: Arbeitsausführung

Definition: Grad der Sorgfalt, mit der die Arbeit durchgeführt wird

Viele Fehler, sehr flüchtig, ungenau, schlampig, dauernde Kontrolle notwendig	Teilweise fehlerhaft und flüchtig, nachlässig, unaufmerksam, hat öfters Kontrolle nötig	Nur ganz ausnahmsweise Fehler, qualitativ zuverlässig, exakt, Kontrolle selten notwendig, Ordentliche Arbeit	Sorgfältig u. genau, macht praktisch nie Fehler, arbeitet selbständig ohne Kontrolle	Besonders gewissenhaft, exakt u. gründlich; denkt u. handelt im Sinne der Wirtschaftlichkeit d. Firma

Abb. 21: Arbeitstempo

Definition: Schnelligkeit bei Durchführung der Arbeit, wobei die Verwendbarkeit des erzielten Arbeitserfolges entscheidend ist

Umständlich, langsam, bringt nichts weiter	Oberflächlich, wechselnd in der Leistung, schwunglos, bequem	Gleichmäßig, stetig, ausgeglichen	Flott, bringt viel weiter	Jede Arbeit geht frisch von der Hand, immer eifrig, außergewöhnlich flott

Abb. 22: Arbeitsbereitschaft

Definition: Pers. Einstellung zur Bewältigung des tägl. Arbeitsanfalles, Willenseinsatz bei Zuteilung neuer oder zusätzlicher Arbeit

Gleichgültig, lustlos, will es sich leicht machen, braucht Aufsicht	Auftragserfüllung ohne Interesse, braucht Ermahnung und Ansporn, schwankend	Willig	Arbeitsfreudig, einsatzfreudig, voll bei der Sache	Mitreißend, initiativ, zieht Arbeit an sich, nie erlahmendes Interesse auch bei unangenehmen Arbeiten

teils ist also nicht die Bestätigung ... sondern das Aussprechen einer qualitativen Bewertung ..." *(Gex)*. Damit ist für die Bereiche „Leistung", „Arbeitseinsatz" und „Funktionstüchtigkeit" ein *Bewertungsmaßstab* unerläßlich.

Ebenso bedeutet das Wort „Beurteilung" aber auch „Verstehen" und „Deuten". Gerade innerhalb der Beurteilungsgesichtspunkte, die sich um das Sichtbarmachen der „Wesensart" bemühen, wird man die Beurteilung in diesem Sinne schreiben müssen. Nach der Materialsammlung, der Anhäufung von Tatsachen muß nun die Deutung des Materials erfolgen, d. h. wir suchen nun hinter dem beobachteten Verhalten die eigentlichen Gründe, die Voraussetzungen, Anlagen, Einstellungen, Motive für dieses Verhalten. Eine solche Beurteilung – die besser als Begutachtung bezeichnet würde – soll natürlich den Beurteilten in seiner Gesamtheit erfassen. Mosaikartige Eigenschaftslisten oder unorganische Anhäufungen von Teilgesichtspunkten machen die Beurteilung zur toten Materialsammlung und werden eher Schaden anrichten als helfen.

Wenn die grundsätzliche Forderung erhoben wird, daß ein Mitarbeiter Anspruch auf eine „individuelle" (d. h. eine „ungeteilte") und gerechte Behandlung habe, dann muß jeder Beurteiler auch danach handeln: Bei jedem Menschen, den er beurteilen soll, hat er es immer wieder mit der „Individualität", der „Einzigartigkeit" und der „Originalität" der Person zu tun. Deswegen müssen wir fordern, daß jeder Vorgesetzte sich ehrlich und gewissenhaft bemüht, den zu beurteilenden Menschen in seiner Einmaligkeit zu erfassen.

Und er muß den Mitarbeiter ganzheitlich im Rahmen seines Umfeldes und seiner Bedürfnisse betrachten, nie isoliert. Gerade die Verhaltenswirkung sozialer Bedürfnisse wurde lange Zeit unterschätzt. Gesicherte Erklärungsansätze zum Arbeitsverhalten geben dazu Anlaß, das Bewerten von Arbeitsverhalten sehr wichtig zu nehmen und vorsichtiger im Urteil zu sein. Insbesondere die veränderten Werteskalierungen der jungen Generation müssen erkannt und zur Grundlage von Beurteilungen und Sanktionen gemacht werden, wenn sie Akzeptanz und Wirkung zeigen sollen.

Was neben „Können" und „Arbeitsbedingungen" noch die Leistung bestimmt, müssen wir aus einer ganzheitlichen Sicht heraus betrachten. D. h. es wird grundsätzlich alles einbezogen, was beim einzelnen Menschen Einfluß auf die Intensität seiner Leistungsbemühungen, also auf sein konkretes „Wollen", haben kann.

Die Schemaskizze in Abb. 23 soll insbesondere veranschaulichen, daß ein direkter Einfluß auf das „Wollen“ nicht möglich ist. Das „Wollen“ ist nämlich Ergebnis eines im Menschen selbst sich abspielenden Prozesses.

Dem Beurteilungsvorhaben abträglich ist ein gar nicht so seltener Negativismus; besonders häufig ist er bei der Bewertung schriftlicher Arbeiten bzw. handwerklicher Leistungen zu beobachten. Der

Abb. 23: Die „psychologisch-ganzheitliche“ Auffassung (nach *Hub* 1990)

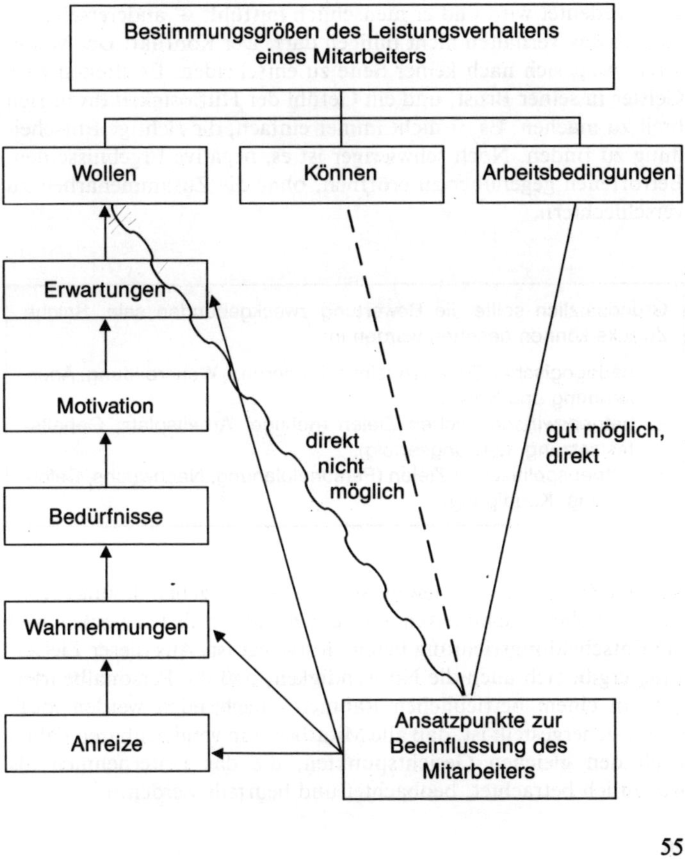

Beurteiler ist darauf aus, „Fehler zu finden". Häufig wird diese Einstellung noch verstärkt: Benutzung von „Minus-Punkten" als Wertmesser oder gar die Verwendung roter Tinte oder farbiger Stifte. Diese Manie, grundsätzlich das Falsche hervorzuheben, lenkt das Augenmerk auf das Mangelhafte eines oftmals im Verhältnis zur Masse des Guten geringfügigen Fehlers. Von pädagogischen Gesichtspunkten aus soll auch in der Art und Weise der Leistungsbeurteilung dem Beurteilten geholfen werden, sich seiner individuellen Veranlagung gemäß zu größter Leistung zu entfalten.

Zweigleisigkeit in der Auffassung der Beurteilung kann den Vorgesetzten in eine *Konfliktsituation* führen. Das ist dann der Fall, wenn einerseits das beobachtete Verhalten vom Vorgesetzten psychologisch gedeutet wird und er menschlich mitfühlt – andererseits der Betrieb das Verhalten nicht billigen darf. Der Konflikt: Der Vorgesetzte wagt sich nach keiner Seite zu entscheiden. Es streiten zwei Geister in seiner Brust, und ein Gefühl der Hilflosigkeit droht sich breit zu machen. Es ist nicht immer einfach, die richtige Entscheidung zu finden. Noch schwieriger ist es, negative Ergebnisse dem Betroffenen gegenüber zu eröffnen, ohne die Zusammenarbeit zu verschlechtern.

Grundsätzlich sollte die Bewertung zweckgebunden sein. Solche Zwecke können gesehen werden in:

1. pädagogischen Zielen (Auslese, Förderung, Weiterbildung, Anerkennung und Kritik),
2. betriebswirtschaftlichen Zielen (richtiger Arbeitsplatz, Gehaltsfestsetzung, Leistungserfolg),
3. betriebspolitischen Zielen (Personalplanung, Nachwuchs, Beförderung, Kündigung),

Werden Ziel und Zweck jeweils so konkret angegeben, können Konflikte der oben geschilderten Art weitgehend vermieden werden, weil die Entscheidungsrichtung bereits festgelegt ist. Aus dieser Zielsetzung ergibt sich auch die Notwendigkeit, daß die Personalbeurteilung in einem betrieblichen Rahmen eingebunden werden muß, damit sichergestellt ist, daß alle Mitarbeiter in vergleichbaren Fällen nach den gleichen Gesichtspunkten, die das Unternehmen als wesentlich betrachtet, beobachtet und beurteilt werden.

Allerdings sollte dieser Rahmen nur eine Arbeitshilfe für die Führungskräfte sein. Standardisierte Verfahren stoßen bei Führungskräften immer mehr auf Ablehnung. Sie wollen situativ, der jeweiligen Beurteilungslage angepaßt, aus einer Reihe von Merkmalen und Kriterien diejenigen auswählen, die für das Mitarbeitergespräch und das individuelle Führungsziel am erfolgreichsten scheinen.

Häufig soll die Beurteilung nach allen drei hier angegebenen Richtungen aussagefähig sein. Die Personalabteilung überwacht die regelmäßige Beurteilung nach betriebsindividuellem Ryhthmus. Sie übersendet dem jeweiligen Vorgesetzten den im Kopf ausgefüllten Beurteilungsbogen ohne nähere Begründung. Von einer solchen zweckfrei geforderten Beurteilung werden dann später Aussagen für alle möglichen Zwecke verlangt; es ist verständlich, daß eine solchermaßen entstandene Beurteilung das nur in den seltensten Fällen zu leisten vermag.

Für die Bewertung der Beobachtungen ist es gut, eine *Liste der betrieblichen Arbeitsanforderungen* und *abgesprochenen Ziele* zur Hand zu haben. In ihr ist die Mehrzahl der Bewertungsmaßstäbe begründet. So geben die *Arbeitsbewertungssysteme* (*Knebel/Zander* 1994) eine brauchbare Bewertungsgrundlage für den Bereich der Arbeitsleistungen.

Das bedeutet:

Der Prozeß der Beurteilung verlangt das konsequente Einhalten aller 6 Stufen, soll er zum Erfolg führen (s. Abb. 24).

Zusammengefaßt gelten für das Auswerten von Beobachtungen folgende Richtlinien:

1. Die Bewertung der Leistung und der Funktionen kann durch einen Vergleich „Ist/Soll" ermittelt werden.
2. Die personenbezogenen Merkmale können aufgrund der Beobachtungen nur vermutet werden. Der Beurteiler muß dazu fähig und bereit sein, über menschliche Eigenschaften und Verhaltensweisen individuell und sorgfältig nachzudenken.
3. Die Bewertung der Beobachtungen ist abhängig von Zweck und Ziel der gesamten Beurteilung.
4. Der Soll/Ist-Vergleich wird erleichtert durch eine Anforderungsermittlung und Zielvereinbarungen.

Abb. 24: Darstellung der sechs Beurteilungsphasen

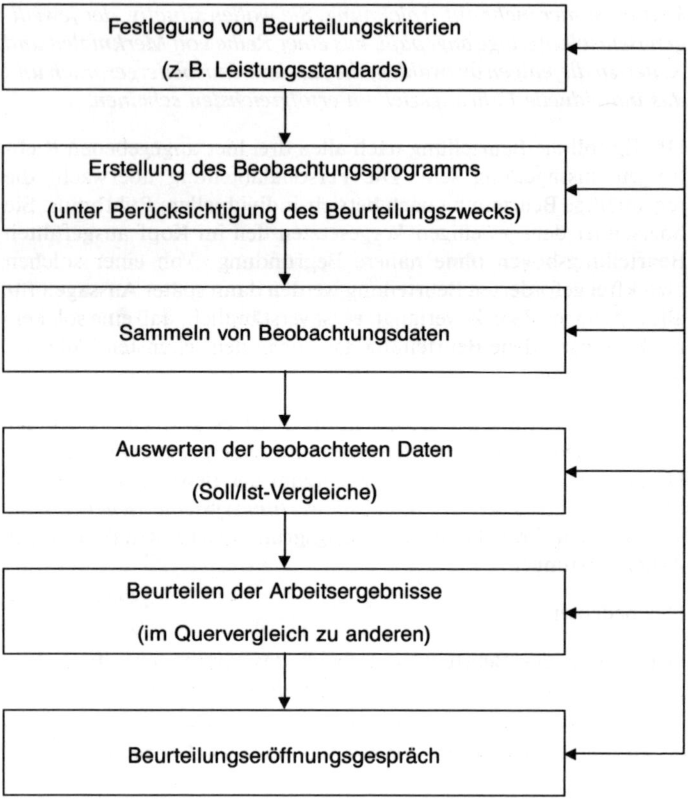

Kapitel 4: Die Beurteilung

1. Das Wertmaß

Bewerten – und darin besteht letztlich der ganze Beurteilungsvorgang – ist von dem Vorhandensein eines allgemein anerkannten und erkennbaren Wertes abhängig. Mit anderen Worten: So wie man zwischen einfachen Steinen den Edelstein sofort als wertvoll erkennen würde, so soll auch der *Wert* des Beurteilten *klar erkennbar* sein. Der Beurteiler muß deswegen für seine Skalierung (deskriptive Ebene) die vom Betrieb geforderten Mindestqualifikationen (= Normen) kennen, die mit ihrer Definition das Wertmaß bestimmen. Es ist nicht Aufgabe des Beurteilers, Werte zu setzen oder zu erfinden, sondern er soll durch Vergleich des Beobachteten mit der für alle erkennbaren Wertnorm ein Urteil finden (s. Abb. 25). Insoweit beeinflußt die Unternehmenskultur („Wie machen es alle?") ganz wesentlich die Maßstabsbildung.

Abb. 25: Wie ist der Vorgang der Mitarbeiterbeurteilung?

Es sind zwei Ebenen zu unterscheiden:

deskriptive Ebene:

Beobachten
Erläutern
Beschreiben
Bewerten

normative Ebene:

Soll-Zustand
Maßnahmen
Ist-Aufnahme
Soll/Ist-Vergleich

Beurteilungsgespräch

- Beurteilung erläutern
- Maßnahmen vereinbaren

Hierzu ist immer eine gründliche Schulung der Beurteiler erforderlich!

Damit ergibt sich die Frage nach der *Abstufung der Beobachtungen* und ihrer *wertmäßigen Differenzierung*. Einerseits gibt es Beurteilungsbereiche, die *Mengeneigenschaften* besitzen; solche Bereiche können entsprechend der beobachteten „Menge“ oder dem Umfang bewertet werden, z. B. Fachkenntnisse. Jemand kann ein Fachgebiet „beherrschen“. Damit gehört der Beurteilte in die oberste Rangstufe: „Beherrschung“ ist die höchste Bewertung. Das Gegenteil ist „Unkenntnis“ über das Fachgebiet. Entsprechend der Wissensmenge wird eine Differenzierung vorgenommen. Zwischen diesen beiden Polen, dem „Ganzen“ und dem „Nichts“, liegt die gesamte Skala der Bewertungsmöglichkeiten.

Andererseits gibt es Beurteilungsbereiche, die durch unterschiedliche *Stärkegrade* charakterisiert sind und die keine Mengeneigenschaft besitzen. So fallen zum Beispiel alle Bereiche, in denen die Willenskraft mitwirkt (Lernwilligkeit, Anstrengungsbereitschaft u. a.) unter diese Kategorie. Ein entsprechend aufgebauter Maßstab wäre vergleichbar mit einer Skala für Windstärken.

Problematisch bei der Gestaltung des Wertmaßstabes und seiner wertmäßigen Untergliederung ist der *Abstand der Wertstufen voneinander.* Genau wie bei einem Zentimetermaß ein Zentimeter nicht länger ist als der nächste, sollte der Abstand von einem Wertgrad zum nächsten denselben „wertmäßigen“ Abstand haben. Vernachlässigt man die Genauigkeit der Skala, so kann es vorkommen, daß sich beispielsweise hinter dem Anstieg von der Notenstufe 5 auf 4 eine viel stärkere Willensenergie verbirgt als hinter dem Anstieg von der Notenstufe 2 auf 1. Dennoch verbindet man fälschlicherweise mit dem Anstieg von Notenstufe 2 auf 1 immer die Vorstellung von größerer Willensstärke und Energie. Die Skalierungsart ist häufig ein Streitpunkt bei Beurteilern (s. Kap. 7). Je nach persönlicher Wesensart bevorzugen manche Vorgesetzte – aber auch Beurteilte – eine mehr verbale freie oder numerisch präzise Skalierung. Für die Praxis ist eine wissenschaftliche Analyse der Vor- und Nachteile unerheblich. Entscheidend ist, daß die Beteiligten diejenige Skalierungsart gemeinsam festlegen, mit der sie das Gesprächsziel am besten erreichen.

2. Absolute und relative Bewertungen

Es gibt Wunschbilder vom sog. „idealen", d. h. in jeder Weise perfekten Mitarbeiter. Wird nun die Leistung eines „normalen" Mitarbeiters mit dieser Idealvorstellung verglichen, so mißt man die Leistung an einem feststehenden Idealbild. Dieses Leitbild ist eine Größe wie etwa in der Physik der absolute Nullpunkt. Man spricht deswegen sinngemäß von „absoluter Bewertung". Absolute Meßgrößen müssen in der Personalbeurteilung nicht unbedingt „Bestwerte" sein. Man kann ebenfalls auf diese Weise absolute „Durchschnittsleistungen" (besser: Betriebsstandards) oder „Minderleistungen" definieren. Dementsprechend sind die Forderungen.

Im allgemeinen entspricht das „absolute" Leitbild wohl dem idealperfekten Mitarbeiter und stellt somit eine Höchst- oder Bestform dar.

Im Bereich ethischer Kriterien finden wir absolute Wertmaßstäbe z. B. in: „Ehrlichkeit", „Verantwortung" usw. Ideale Leitbilder müssen genau definiert sein, wenn sie als Beurteilungsmaßstäbe herangezogen werden.

Von einer relativen Bewertung spricht man, wenn innerhalb einer kleinen Gruppe die dort beobachtete Bestform – die tüchtigste Frau oder der beste Mitarbeiter – als „Höchstwert" angenommen wird („besser als Krause"; „nicht ganz so gut wie Krause"). Genausogut kann auch der „Durchschnittsmitarbeiter" als Orientierungshilfe angenommen werden.

Ideal wäre es schon, wenn wir für alles quantitativ und qualitativ meßbare Ziele verabreden könnten. Wo es möglich ist, sollten die Beteiligten das tun, weil es die Auswertungen konfliktfreier gestaltet. In vielen Fällen ist das jedoch schwierig, und mit abnehmender Arbeitsteilung und komplexeren Arbeitsprozessen wird dies immer schwieriger.

In der Praxis setzt sich immer mehr die relative Bewertung durch, weil absolute Standards immer seltener zu definieren sind und Akzeptanz finden.

3. Gewichtung der Beobachtungs- und Beurteilungsgesichtspunkte

Ein Beurteilungssystem mit vielen Beurteilungsgesichtspunkten verleitet dazu, sich den Menschen als eine aus soundsovielen Teilen zusammengesetzte Seelenapparatur zu denken. Man schneidet die ganze Person sozusagen in Streifen, in Segmente, und hält diese für gleichwertig. So gesehen besteht dann – je nach dem benutzten Schema – jeder Mensch aus 10% Arbeitsgüte, 10% Lernwilligkeit, 10% Umgangsformen usw. Eine solche Einstellung ist falsch. Es wird jedem einleuchten, daß eine Stenotypistin anders beurteilt werden muß als ein Fernmeldemonteur, ein Werkstattleiter anders als ein Speditionsakquisiteur oder Verkäufer. Es wäre ein Schildbürgerstreich, wollte man vom Akquisiteur die Fertigkeiten und speziellen Kenntnisse eines Fernmeldemonteurs verlangen; das gilt nicht nur für den Bereich der Arbeit. Die gleiche Tatsache trifft ebenso für das Arbeitsverhalten zu: Während es bei einem Akquisiteur von Bedeutung ist, welchen Eindruck er beim Anknüpfen neuer Geschäftsverbindungen beim Kunden hinterläßt, spielen dieselben Gesichtspunkte für die Qualität des Fernmeldemonteurs so gut wie keine Rolle.

Aus dieser Einsicht heraus sollte die *Gewichtung* der Beobachtungs- und Beurteilungsgesichtspunkte eng mit der *speziellen Arbeitsplatzstruktur* verknüpft werden. Für jeden Arbeitsplatz ergibt sich eine ganz eigene Rangliste der Werte. Will der Vorgesetzte ein Höchstmaß an Gerechtigkeit walten lassen, muß er die Bedingungen der Arbeit, die Umstände am Arbeitsplatz usw. genau kennen; darüber hinaus sollte er auch das Klima in der Arbeitsgruppe und die davon ausgehenden Anreize berücksichtigen.

Manche Unternehmen bevorzugen es, für die einzelnen Tätigkeiten das Gewicht der Beurteilungsmerkmale festzulegen: Die Summe aller Gewichte beträgt 1,0. Jedem Merkmal ist ein bestimmter Prozentsatz zuzuteilen, welcher die Bedeutung des Merkmals innerhalb der gesamten Merkmalgruppe widerspiegelt. Bei einem Meß- und Regelmechaniker mag das folgendermaßen aussehen:

Merkmal	*Gewichtsfaktor*
Quantität der Arbeit	0,15
Qualität der Arbeit	0,40
Initiative und Einsatzbereitschaft	0,25
Vielseitige Verwendbarkeit	0,20
Gesamt:	1,00

Dies ist nur ein Beispiel. Tatsache ist: Immer häufiger wird von der Verwendung unterschiedlicher Gewichtungen abgegangen. Dem ist durchaus zuzustimmen. Die Beurteilung bleibt – trotz aller Bemühungen für eine Absolutierung im Sinne der Gerechtigkeit – ein subjektiver Akt. Dazu müssen wir stehen. Arbeiten mit Gewichtungsfaktoren bringt zusätzliche Kompliziertheit und fehlende Nachprüfbarkeit in das Verfahren und noch mehr Subjektivität in die Beurteilung. Außerdem darf nicht die Summe der Einzelbeurteilungen ein Ergebnis prägen, sondern die Gesamtheit der Person mit ihren Stärken und Schwächen, bezogen auf das Anforderungsprofil des jeweiligen Arbeitsplatzes und die Zielvereinbarungen.

4. Der Quervergleich

Es ist auf die Vergleichbarkeit der Beurteilungen im Betrieb hingewiesen worden. Die Leistungen der Mitarbeiter in gleichartigen Positionen sollen sich vergleichen lassen. Aus mehreren Beurteilungen, die über denselben Mitarbeiter geschrieben wurden, will der Vorgesetzte die Leistungsentwicklung ablesen können. Bei der Vergabe von Leistungsprämien ist der Beurteilungsvergleich die einzige Möglichkeit, zu gerechteren Entscheidungen zu kommen.

Wenn der Vorgesetzte mehrere Mitarbeiter zugleich beurteilen muß (wie es oft bei der Vergabe von Leistungszulagen vorkommt), ist es ratsam, zunächst alle Mitarbeiter nebeneinander hinsichtlich einer Eigenschaft zu beurteilen und erst dann mit dem nächsten Kriterium zu beginnen. Erfahrungen zeigen, daß bei den Beurteilungen eines Mitarbeiters, bei denen alle Eigenschaften hintereinander bewertet werden, sehr leicht das Urteil über eine Eigenschaft auf die nächste abfärbt. Der Quervergleich sichert eine gerechtere Rangordnung innerhalb der Gruppe.

Es hat sich bewährt, bei der Beurteilung vergleichbarer Mitarbeiter mit Namenskärtchen zu arbeiten, die entsprechend der Rangordnung in der Gruppe leicht umgestellt werden können. Auf diese Weise erreicht der Beurteiler über eine Rangordnung innerhalb eines jeden Beurteilungskriteriums eine geringere Subjektivität und mehr Gerechtigkeit. Es wird dadurch auch der oft vorkommende Fehler vermieden, daß die Beurteilungen um so besser ausfallen, je höher das Gehalt des Beurteilten ist.

Sehr bewährt hat sich auch das Einbeziehen zusätzlicher Beurteiler. In sog. Harmonisierungsgesprächen werden die Maßstäbe verschie-

Abb. 26: Gesprächsrunden zur Harmonisierung von Beurteilungen

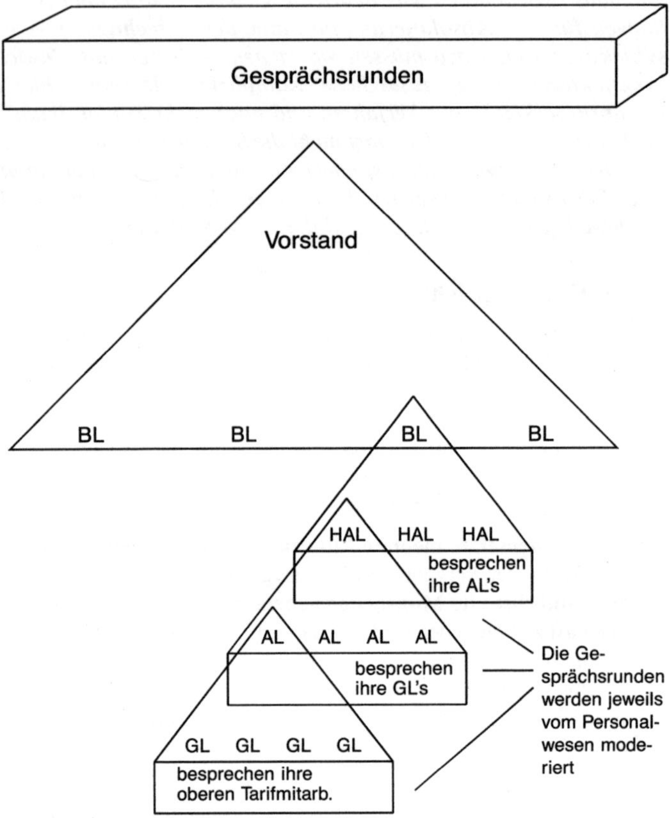

„Horizontale **und** hierarchische Gesprächsrundenverschleifungen"
HAL = Hauptabteilungsleiter
AL = Abteilungsleiter
GL = Gruppenleiter

dener Beurteiler verglichen und angepaßt, werden Beurteilungsergebnisse und Potentiale verschiedener Mitarbeiter und Vorgesetzter diskutiert und relativiert (s. Abb. 26).

5. Beurteilungszeitpunkte

Der unsichere Vorgesetzte braucht Instrumente und Hilfen. Das zeigt die Praxis. Es hat sich deshalb als praktisch erwiesen, die Beurteilungszeitpunkte von der Personalabteilung überwachen zu lassen. Das geschieht am besten in der Form, daß der Beurteilungsbogen mit ausgefülltem Kopf dem jeweiligen Vorgesetzten mit Angabe des Rückgabetermins zugesandt wird.

Verschiedene Firmen beurteilen ihre Mitarbeiter im regelmäßigen Turnus von 1–2 Jahren. Als gebräuchlich haben sich folgende Beurteilungszeitpunkte ergeben:

1. Regelmäßige Beurteilungen:

1.1 vor Festeinstellung und Ablauf der Probezeit,
1.2 nach 1- bis 2jähriger Betriebszugehörigkeit,
1.3 bei Auszubildenden: nach jedem abgeschlossenen Ausbildungseinsatz oder -abschnitt,
1.4 bei Auszubildenden: nach Abschluß der Lehre,
1.5 zweite Beurteilung spätestens nach 5jähriger Betriebszugehörigkeit,
1.6 weitere Beurteilungen jeweils nach 3–5 weiteren Betriebsjahren.
1.7 Zielvereinbarungen und deren Auswertungen jährlich.

2. Besondere Anlässe:

2.1 bei Versetzungen von einem in den anderen Bereich,
2.2 bei Wechsel in ein neues Arbeitsgebiet,
2.3 bei außergewöhnlichen gehaltlichen Höherstufungen,
2.4 beim Wechsel des Vorgesetzten,
2.5 auf Wunsch der Mitarbeiter,
2.6 bei einer Potentialanalyse,
2.7 bei Ausscheiden aus dem Unternehmen (Zeugnis).
2.8 Klimaanalyse (Vorgesetztenbeurteilung)

Bei jüngeren Mitarbeitern empfiehlt es sich, häufiger zu beurteilen, um ihre Entwicklung zu verfolgen. Viele Unternehmen beurteilen ihre Mitarbeiter nicht mehr regelmäßig, wenn sie ein bestimmtes Alter überschritten haben (z. B. 55 Jahre), oder dann nur noch auf Wunsch des Mitarbeiters.

Kapitel 5: Fehlerquellen bei der Beurteilung

Bei der Beobachtung und Beurteilung von Mitarbeitern durch die Vorgesetzten gibt es eine Reihe von Fehlerquellen und Schwierigkeiten, die den Nutzen einer Personalbeurteilung erheblich schmälern, ja mitunter großen Schaden anrichten können. Nicht nur, daß der Betrieb dann seine Entscheidung aufgrund eines Fehlurteils fällt; die Gefühle und Reaktionen, die eine solche Fehlbeurteilung bei dem Betroffenen auslöst, sind teilweise gar nicht wiedergutzumachen. Es ist aus diesen Gründen erforderlich, daß jeder Beurteiler die Schwierigkeiten und Fehlerquellen beim Beurteilen kennt und sich über die Folgen einer Fehlbeurteilung im klaren ist.

1. Der Charakter des Beurteilers

Jeder Mensch ist ein Produkt aus Erbanlagen und Umwelteinflüssen. Sie prägen ihn zum „Typ". Dementsprechend wird seine Beurteilung immer eine für ihn „typische" Form erhalten. Er kann – sozusagen – „aus seiner Haut nicht heraus". Bei aller Bemühung um Objektivität beim Beobachten und Beurteilen bleibt immer ein mehr oder weniger großer Rest an Subjektivität. Mit anderen Worten: restlose Beseitigung der subjektiven Einstellung ist nicht möglich. Das hat vorwiegend seinen Grund darin, daß unser allgemeines Verhalten viele Impulse aus dem Bereich des Unter- und Unbewußten erhält. Sie entziehen sich einer bewußten Kontrolle. Nur das, was in den Raum unseres Bewußtseins emporgehoben worden ist, kann gesteuert und kontrolliert werden.

So läßt sich jeder Beurteiler einem der folgenden Beurteiler-Typen zuordnen bzw. ist eine Mischung aus mehreren Typen.

a) Der Vorsichtige

Er scheut sich vor extremen Bewertungen und findet alles durchschnittlich, um sich in keiner Weise festlegen zu müssen oder gar jemanden mit einer zu scharfen Beurteilung zu nahe zu treten. Mit seiner Vorsicht oder Unsicherheit tendiert er zu einem blassen Mittelwert, der wenig Aussagekraft besitzt. Bei einem solchen Verfahren wird die gute Leistung abgewertet, die mangelhafte dagegen aufgewertet.

b) Der Scharfe

Kaum einer seiner Mitarbeiter bekommt das Prädikat „gut". Mittlere und negative Urteile bestimmen das Bild seiner Beurteilung. Er gibt sich als scharfer Kritiker, besitzt aber selten genügend Urteilsfähigkeit, da Gefühle und unkontrollierte Triebe seine Eindrücke verfälschen.

c) Der Großzügige

Er besitzt ein ausgezeichnetes Einfühlungsvermögen. Von negativen Bewertungen macht er nur vorsichtig und mit großem Verantwortungsbewußtsein für ihre Tragweite Gebrauch; er benutzt alle verfügbaren Bewertungsabstufungen.

d) Der Pedantische

Er bewertet die Leistung nach Einzelverstößen, klebt am Einzelnen und Negativen der Leistung. Daneben neigt er zu komplizierter Bewertung und zur Vergabe von Zwischennoten.

e) Der Konstruktive

Er hat einen Blick für das Tragende und Gleichbleibende in der Persönlichkeit. Seine Beurteilungs- und Bewertungseinstellung ist in den meisten Fällen nicht nur auf Leistung gerichtet, sondern auch auf die dahinterstehende Persönlichkeit und die darin ruhende Konstruktivität.

f) Der Sachliche

Er ist ausschließlich auf die Leistung ausgerichtet, die Wertzumessungen werden aufgrund einer nüchternen, kaltherzig wirkenden, „objektiven" Betrachtungsweise gewonnen und gesetzmäßig fixiert, alles Persönliche scheidet aus. Zweck seiner Bemühungen ist nur die Bewertung bzw. Benotung.

g) Der Subjektive

Seine Bewertungen sind einer besonderen Absicht untergeordnet. Positiv gesehen sind es z. B. Beurteiler, die mit ihren Bewertungen erzieherisch wirken wollen. Alle Bewertungen sind ihnen nur Mittel zum Zweck. So wird eine Bewertung bewußt zum Positiven verfälscht, um auf solche Weise den Beurteilten zu weiterer Leistung anzureizen.

2. Subjektivität

Fehlurteile entstehen in den weitaus meisten Fällen durch zu starke Subjektivität des Beurteilers. Er läßt seine Einstellungen, Ideale, Gefühle, Stimmungen unkontrolliert in die Bewertung einfließen. So wird z. B. die „Normalleistung" von jedem Beurteiler anders definiert. Meistens kann sich der Leser einer Beurteilung unter der Wertung „normal" nur etwas vorstellen, wenn er die Einstellung des Beurteilers zur Leistungsbewertung kennt. Wie häufig wird die Wertung „normal" zur Kennzeichnung des Durchschnitts angewandt! Der Fehler liegt natürlich darin, daß der Bewerter eine ganz individuelle, also „subjektive", Vorstellung vom sog. „Durchschnittswert" besitzt.

„Normal" oder betriebsüblich aber ist das Verhalten, das 752 von 1000 Personen zeigen. 213 weichen geringfügig ab, 29 stärker, und 6 benehmen sich völlig anders *(Moser)*. Das soll bedeuten: Was normal ist, kann man nur statistisch ermitteln. Es ist keine Frage der subjektiven Auslegung. Deswegen sollte der Begriff der „Normalleistung" oder „Durchschnitt" stets auf dieser Basis im Unternehmen interpretiert werden. Doch auch dabei bleibt genügend Konfliktstoff für die Diskussion von Beurteilungsergebnissen übrig. *Es macht auch in den meisten Fällen wenig Sinn, eine solche Diskussion zu fördern. Wir sollten die Subjektivität von Beurteilungen akzeptieren und die Lösung den jeweils direkt Beteiligten überlassen: Sie einigen sich auf ihren Maßstab, den sie gemeinsam akzeptieren.*

Auch Altersunterschiede wirken sich in der Beurteilung aus. Bei ein und demselben Mitarbeiter neigen ältere Beurteiler im allgemeinen zur Milde, junge Vorgesetzte aufgrund ihrer jugendlichen Schaffenskraft zur Strenge. Ähnliche Erscheinungen lassen sich bei Geschlechtsunterschieden feststellen: Männer werden strenger beurteilt als Frauen, auch wenn sie mit gleichen Arbeiten beschäftigt werden. Andererseits beurteilen weibliche Vorgesetzte geringe Leistungen wesentlich strenger, gute Leistungen dagegen milder und nicht differenziert genug.

Um objektiver urteilen zu können, muß der Beurteiler:

(a) unkontrollierte Einflüsse verhindern (nicht unter Zeitdruck und nicht in erregter Stimmung beurteilen, ständige Störungen vermeiden, u. a.),
(b) sich über die Beweismöglichkeit seines Urteils klar werden.

3. Egoismus und charakterliche Fehleinstellung

Andere Fehlurteile haben ihre Ursache in
(a) Begünstigungsabsichten (Protektion),
(b) Unsicherheit des Beurteilers als Vorgesetzter oder Fachmann. Daraus entsteht dann das bewußte Abwerten von Leistungen, um die eigene Stellung nicht zu gefährden – oder um einen eingearbeiteten Fachmann nicht zu verlieren (Abwertung in Verbindung mit Sperrung des Aufstiegs),
(c) dem Wegloben unbequemer und gefährlicher Mitarbeiter (Ausbooten etwaiger Konkurrenz),
(d) Schädigungsabsichten, Rache, Vergeltungssucht, häufig auch als Folge des Bewußtseins der eigenen Schwäche.

4. Vorurteile

Eine andere Art der Entstehung von Fehlurteilen, die nicht minder gefährlich ist, liegt in der Denkträgheit des Beurteilers begründet. Er macht sich nicht die Mühe, das Beobachtete sorgfältig auszuwerten, sondern verallgemeinert leichtfertig und mißachtet die Individualität des Beurteilten, indem er ihn mit schablonenhafter Denkweise aburteilt. Es ist ein verbreiteter Fehler, an Vorurteilen zu hängen.

Zwei Gruppen von Vorurteilen, die eine Art des Verallgemeinerns darstellen, sind besonders typisch:

(a) Vorurteile aufgrund von schon vorliegenden, meist schriftlich festgelegten Einzelbeurteilungen. Auch mündliche Aussagen Dritter, die kritiklos übernommen werden, bilden eine ähnliche Fehlerursache. Eigene Unsicherheit, Verantwortungsscheu und eine gewisse Gleichgültigkeit führen dazu, daß solche Vorurteile bedenkenlos nachgeschrieben und weitergeschleppt werden.
(b) Vorurteile, die bestimmten Berufsgruppen, Landsmannschaften, Nationalitäten oder Rassen anhaften. Auch innerhalb eines Betriebes können bestimmte Abteilungen mit derartigen Vorurteilen belastet sein.

5. Überstrahlungen

Die Beurteilung der Leistung vollzieht sich leichter als die Beurteilung des Arbeitsverhaltens einer Person. Das hat seinen Grund darin, daß in den meisten Fällen der Vergleich zwischen Leistungs-Soll und Leistungs-Ist durch betrieblich vorgegebene Bewertungsmaßstäbe (analytische Arbeitsbewertung) oder Zielabsprachen und Leistungsstandards erleichtert wird. Nun besteht allerdings die Gefahr, daß bei den sog. „Leistungshelden" das tatsächliche Arbeitsverhalten falsch gesehen wird. Die Leistungsbewertung überstrahlt grell die Struktur des Arbeitsverhaltens. So kommt es, daß dem Beurteilten Eigenschaften angedichtet werden, die er nicht besitzt.

Ähnlich verhält es sich, wenn von dem Vorgesetzten bestimmte Verhaltensweisen persönlich als angenehm empfunden werden. Werden solchermaßen empfundene Charakterzüge – die für sich allein keine echte Wertung darstellen – vom Vorgesetzten zum Schwerpunkt der Beurteilung erhoben, verfälschen sie die Beurteilung erheblich. Die Feststellung, daß jemand „fleißig" oder „ruhig" ist, besagt für sich genommen recht wenig. Diese Eigenschaften dürfen keinesfalls einfach als Pluspunkte des Wesensbildes gezählt werden. Erst wenn echte Qualitäten hinzutreten, können sie zu positiven Wertaussagen werden.

Untersuchungen ergaben, daß entgegen der statistischen Wahrscheinlichkeit bei den „besten Schülern" wesentlich mehr Fehler von den Lehrern übersehen worden waren als bei den schlechten. Dem gleichen Überstrahlungseffekt droht auch der Vorgesetzte bei der Beurteilung seiner Mitarbeiter zu unterliegen.

6. Der Hierarchieeffekt

Es zeigt sich immer wieder, daß eine starke Tendenz besteht, Mitarbeiter der oberen Leistungsgruppen besser zu beurteilen als solche der unteren Leistungsgruppen. Vergleicht man eine genügend große Anzahl von Direktoren, so gibt es dort ebenso schlechte wie gute, und es besteht kaum Grund, mit aufsteigender Hierarchie die Mitarbeiter edler und besser werden zu lassen. Es muß daher streng darauf geachtet werden, daß dieser Hierarchieeffekt nicht zu einer Beurteilungsverfälschung führt.

7. Einzelbeobachtungen

Wenn es auch verständlich ist, daß Einzelvorfälle sich häufig intensiv einprägen, so liegt in diesem psychologischen Moment eine große Gefahr: nämlich an einem solchen Einzelvorfall sklavisch zu hängen. Um diesem Fehler nicht zum Opfer zu fallen, ist es gut, sich folgende Frage zu stellen: „Welcher Wert kommt diesem Vorfall zu, wenn einige Jahre verstrichen sind? Verdient er dann noch diese Sonderstellung als Symptom?"

Klammert sich der Beurteiler fanatisch an Einzelerlebnisse, so zeugt solches Verhalten von dessen unverantwortlicher Engstirnigkeit. Im Gegensatz zur Menschenbehandlung, wo *ein* falsches Wort alles zunichte machen kann, *ein* richtiges Wort Ungeahntes bewirkt, gilt für den Beurteiler: „Einmal ist keinmal". Mit anderen Worten: „Wer *einmal* lügt, ist noch lange kein Lügner! Wer *einmal* hilft, muß nicht gleich als hilfsbereiter Mensch angesehen werden! Wer bei *einer* Entscheidung zögert, muß nicht ein unentschlossener Mensch sein!" Verhaltensformen werden nicht nur durch den Charakter gelenkt. Motive, die das Verhalten bestimmen, entspringen oft ganz anderen seelischen Bezirken. Manchmal dient gerade die auffälligste Verhaltensform nur zur Tarnung und Verschleierung; man ist nicht schlecht beraten, wenn man solchen Erscheinungen mit gehöriger Skepsis gegenübersteht, denn nicht selten versteckt sich dahinter genau das Gegenteil: Der Geschäftige tarnt damit seine Faulheit; der Vielredner, daß er nichts weiß. Betriebsamkeit kann zwar auf Aktivität schließen lassen, aber auch auf Mangel an wirklicher Aktivität. Vielleicht sind die zugrundeliegenden Motive aber ganz anderer Art: Unruhe, Auffallenwollen oder innere Leere.

Dennoch soll ein Gegenbeispiel nicht unerwähnt bleiben. Ein Bankkassierer, der nur ein einziges Mal eine Unterschlagung begangen hat, ist als Mitarbeiter in dieser Position unhaltbar. Hier ist die Einzelbeobachtung von so großem Gewicht, daß der Betrieb bei noch so großer psychologischer Einsichtigkeit gar nicht anders handeln kann.

8. Erster Eindruck

Eine weitere Warnung gilt dem sog. „ersten Eindruck". Er gehört zu den unsichersten Kriterien. Der erste Eindruck ist deswegen so intensiv, weil „er überrascht, wie alles Erstmalige überrumpelt". Dem

Röntgenblick, den mancher zu besitzen glaubt, und jenem Fingerspitzengefühl, mit dem einige prahlen, sollte man grundsätzlich nicht trauen. Untersuchungen haben längst bewiesen, daß solche Fähigkeiten so selten sind wie rosa Diamanten. Der erste Eindruck als entscheidender Gesichtspunkt gilt nur für einige wenige Berufe, so z. B. für einen Verkäufer, einen Reisenden, einen Vertreter, einen Empfangschef, kurz für alle Berufe, bei denen die erste Begegnung wesentlich über den Erfolg oder Nichterfolg einer Zielsetzung mitbestimmt.

9. Sympathie und Antipathie

Gefährlich sind Sympathie bzw. Antipathie gegenüber der zur beurteilenden Person. Grundsätzliche Antipathie des Vorgesetzten gegenüber einem seiner Mitarbeiter ist ohnehin eine so starke Leistungsbremse, daß diese Tatsache genügt, um einen Arbeitsplatztausch vorzunehmen. Andererseits ist Sympathie eine der besten Grundlagen für eine positive Arbeitsstimmung, für Leistungsstärke und Lernwilligkeit, Sympathie bzw. Antipathie lassen sich niemals ausschalten; krampfhafte seelische Neutralität ist geradezu unmenschlich. Nur ein Roboter könnte sich seelisch steril verhalten. Bei der Beurteilungsarbeit kann ein Schuß Sympathie bzw. Antipathie durchaus belebend wirken. Lediglich wenn Sympathie bzw. Antipathie sich unkontrolliert in den Vordergrund schieben, wirken sie auf die Beurteilung verfälschend. Das gilt in gleichem Maße für seelische Zustände wie Verbitterung, Ärger, zufällige Freude, Feiertagslaune.

10. Fehldeutungen

Sie mögen unter anderem damit zusammenhängen, daß jeder ein bestimmtes Wunschbild vom Menschen mit sich herumträgt. Verhaltensweisen dieses Idealbildes projizieren manche Beurteiler in andere Personen hinein, weil sie sich Menschen ohne diese Eigenschaften oder Wesenszüge nicht denken können. Daher geschieht es fast unbemerkt, daß gewisse Vorgesetzte Eigenschaften in das Personenbild des anderen projizieren, die sie selbst in starkem Maße besitzen. Ebenso werden auch Konflikte, Ängste und Agressionen aus dem Verhalten anderer herausgelesen, die der Beurteiler aufgrund seiner eigenen Seelenstruktur so empfindet, obwohl sie in der beurteilten Person gar nicht vorhanden sind.

Es gibt Vorgesetzte, die mit ihren Einstellungen an Fanatiker erinnern. Sie sind so stark von reformistischen und doktrinären Gedanken erfüllt, daß sie alles nur durch die von ihren Auffassungen gefärbte Brille betrachten können. Zu einigermaßen objektiver Betrachtungsweise sind sie unfähig. Solche Menschen sind z. B. der Meinung, „das Heil der Welt" liege in der Jogapraxis, im Vegetariertum, in extremen Sozialreformen, in dem Glauben an die Berechenbarkeit aller Entwicklungen usw. Menschen dieser Art neigen dazu, den Wert der anderen danach zu messen, inwieweit diese sich ihren Meinungen anschließen. Es liegt auf der Hand, daß findige Karrierehascher ihre Fahne nach dem Winde hängen und solche Vorgesetzten zu nehmen wissen. Welch eine Skala von Fehlbeurteilungen ergibt sich allein aus der falschen Einstellung und der geistigen Unbeweglichkeit solcher Beurteiler! Unbeabsichtigt versäumen sie, sich um eine Wesenserforschung zu bemühen. An deren Stelle setzen sie eine reichlich subjektiv orientierte, ethisch-moralische Wertung von vornherein, wobei der Maßstab der Wertung ihrer z. T. schon abwegigen Privat- oder Sektiererethik entnommen wird.

Aus dieser Einstellung gedeutete Leistungen oder Wesenseigenschaften können zu völlig falschen Ergebnissen führen. Die Aufgabe des Bewertens darf für den Beurteiler keinesfalls bedeuten, er dürfe Wertungen willkürlich oder „nach Gefühl" vornehmen! Werten ist nicht ein Akt des Fühlens, sondern des Erkennens. Bewerten ist nur dann möglich, wenn der Wert außerhalb des Bewerters liegt, für alle gleich gut erkennbar ist und von allen bejaht werden kann, sowohl vom Beurteiler wie vom Beurteilten. „Deuten" kann man nämlich alles. Dazu genügt bereits geringes Denkvermögen mit einem Schuß Phantasie. Irgend etwas in einen beobachteten Vorgang „hineinzugeheimnissen" ist jedoch nicht das Ziel einer „Bewertung". Beurteilen ist kein Übungsfeld für Phantasten.

11. Gruppenegoismus

Von Überheblichkeit und geistiger Vierschrötigkeit zeugt die Einstellung, die eigene Abteilung und Gruppe sei die Sonne des Betriebes. Vorgesetzte dieser Art tendieren häufig dazu, die eigenen Mitarbeiter stets günstiger zu bewerten als die Mitarbeiter fremder Bereiche.

Ein Gruppengeist, der solche Fehlbeurteilungen stärkt, ist auf die Dauer ein Krebsschaden im Betrieb. Aus ihm entspringen nicht selten erhebliche betriebsatmosphärische Störungen. Praktiken der geschilderten Art beweisen nur, daß es dem Beurteiler an Sachlichkeit und Toleranz mangelt, wie auch daraus die Forderung abgeleitet wird: Je mehr sich der Beurteiler um Selbstkritik bemüht, je mehr er sich selbst erforscht, um so größer ist die Wahrscheinlichkeit für ein gerechtes Urteil. Seelisch ungeordnete Menschen sind völlig ungeeignet für die Abgabe von Beurteilungen über andere Menschen.

12. Mangelnde Differenzierung

Viele Vorgesetzte scheuen die Auseinandersetzungen mit den Mitarbeitern über Beurteilungsergebnisse. Entweder haben sie nicht genügend die Leistung der Mitarbeiter beobachtet, um Unterschiede begründbar feststellen zu können, oder sie möchten den Wettbewerb der Mitarbeiter untereinander – mit den damit verbundenen Reaktionen und Führungsanforderungen – nicht unnötig anfachen. Solche Führungskräfte machen es sich leicht und beurteilen alle Mitarbeiter ähnlich, möglichst auf hoher Ebene. So wird eine „scheinbare“ Ruhe erzeugt, die aber jeglichen Ansporn zur Entwicklung von Leistung und Persönlichkeit reduziert. Hier hilft nur eine kritische Prüfung der nächsthöheren Führungsebene, um zu verhindern, daß in solchen Arbeitsgruppen die Besten das Unternehmen verlassen, weil sie den Preis für die Unterstützung der „Faulen“ bezahlen.

13. Beschönigungstendenzen

Nicht viel anders steht es um diesen Beurteilungsfehler: Vorgesetzte, die eine kritische Auseinandersetzung mit den Mitarbeitern scheuen, die allen Konfliktgesprächen gern aus dem Weg gehen, beurteilen ihre Mitarbeiter sehr sanft. Alle kritischen Beurteilungspunkte werden vermieden oder verniedlicht. Die Mitarbeiter erfahren so eigentlich nie das echte Fremdbild ihrer Leistung und Person und haben Probleme mit ihrer Entwicklung. Insbesondere bei Beurteilung für Förderung und Entwicklung sind solche Beschönigungstendenzen für das Unternehmen sehr gefährlich, weil imkompetente Mitarbeiter befördert werden.

14. Zu wenig Zeit

Dies ist der größte Fehler im Beurteilungsprozeß. Alle Führungskräfte stöhnen über eine volle Auslastung mit dem Tagesgeschäft und operative Aufgaben. Der Kunde ist König, und die Mitarbeiter müssen warten. Insoweit nehmen sich fast alle Führungskräfte zu wenig Zeit für die Personalführung – was auch allgemein von den Betroffenen beklagt wird.

Beurteilen kostet aber sehr viel Zeit. Mehrere Mitarbeiter sehr verantwortungsbewußt zu beurteilen kostet mehrere Wochenenden: Nachdenken, Erinnern, Vergleichen, Relativieren, Verändern und Beschreiben von Beobachtungseindrücken über die Arbeitsleistung und das Verhalten.

Doch das ist nicht alles. Die Beurteilungen müssen den Betroffenen eröffnet werden. Und dazu ist noch mehr Zeit notwendig, denn auch von dem Gesprächsablauf hängt der Erfolg ab.

Wolff und *Göschel* (1990) haben die übliche betriebliche Situation sehr anschaulich beschrieben:

„War es schon schwierig, innerhalb der normalen Arbeitszeit die umfangreichen Beurteilungsbögen auszufüllen, viele der Beurteiler mußten dies abends oder am Wochenende zu Hause tun, so wurde die Bekanntgabe der Beurteilung an die Beurteilten für viele Vorgesetzte zum echten Zeitproblem. Woher sollte man innerhalb des hektischen Tagesgeschäfts hierfür die Zeit nehmen? Als Führungskraft ohnehin mit Überstunden schon reichlich gesegnet, mußte man sich hierfür förmlich die Zeit stehlen. Manche Gespräche mußten verschoben, andere wiederum, weil Dringendes dazwischen kam, unter- oder gar abgebrochen werden. Da die Geschäftsleitung auf den Vollzug der Gespräche bis zu einem gewissen Stichtag drängte, blieb oft nur eine Notlösung übrig. Man händigte dem Beurteilten die Beurteilung kurzerhand aus: ‚Wenn Sie noch Fragen haben, können wir uns ja noch einmal darüber unterhalten.' Die wenigsten hatten Fragen. Damit war die Sache erledigt.

Nicht weil die Beurteilten, oder sollte man nicht treffender sagen ‚die Verurteilten', keine Frage gehabt hätten. Im Gegenteil, da gab es viele Fragen, insbesondere, nachdem man sich mit den gleichfalls beurteilten Kollegen unterhalten hatte. Kollegen, die man im übrigen ja gut kannte, von denen man wußte, was diese leisteten, wie belastbar sie waren, von denen ja auch bekannt war, daß sie während der

Arbeitszeit mal einen oder mehrere hoben, was sich auch auf die Arbeitsleistung auswirkte. Kollegen, von denen man wußte, daß bei ihnen privates Interesse gegenüber den betrieblichen eindeutig Vorrang hatte, Kollegen, von denen bekannt war, daß sie sich auf Kosten anderer gern in Szene setzten, aber auch Kollegen, die wegen ihre Arbeitsergebnisse nicht viel Aufhebens machten, die selbst mit dem Kopf unter dem Arm in den Betrieb kamen, wenn andere schon längst ausgefallen waren. Alles in allem: man kannte sich, man wußte, was man voneinander zu halten hatte. Der Vergleich war möglich und wurde auch angestellt.

Mit diesen Fragen aber zum Vorgesetzten gehen? Ihn fragen: ‚Warum der und ich nicht?' Dann müßte man doch auch sagen, daß man mit den anderen Kollegen über die Beurteilung gesprochen hatte. Dann würde man doch auch die Fähigkeiten des Beurteilenden anzweifeln, den richtigen Maßstab zu finden, die Fähigkeiten und die Leistungen seiner Mitarbeiterinnen und Mitarbeiter treffend einzuschätzen. Kritik an der Leistung eines Vorgesetzten, und darum geht es letzten Endes, wenn man sich ungerecht beurteilt fühlt, ist problematisch.

Diese Zurückhaltung ist auch begreiflich, denn mehr als ein Drittel der Befragten war der Ansicht, daß eine solche Kritik ihrer Karriere schaden würde.

Bei dieser Einstellung, sie muß wohl ihre Ursache im Führungsverhalten der Vorgesetzten haben, darauf zu vertrauen, der Beurteilte werde ‚von sich aus kommen', ist weitgehend Illusion. Aus der Tatsache, daß sich, von Ausnahmefällen abgesehen, hier nichts rührt, zu schließen, daß die ‚Beurteilung in meinem Bereich problemlos gelaufen ist', ist sicher sehr gewagt. Dies müssen Vorgesetzte ins Kalkül ziehen. Sie müssen hier unbedingt auf ihre Mitarbeiter im wahrsten Sinne des Wortes zugehen, die Beurteilung ausführlich besprechen, sich viel Zeit für eine solche Besprechung nehmen. Die Zeitfrage darf in Beurteilungsfragen nicht zum Problem werden. Dies gilt es bei der Planung und Einführung von Beurteilungsgrundsätzen und Verfahren zu bedenken. Wird diese Zeit nicht zur Verfügung gestellt, wird das ganze Beurteilungsverfahren zum Beurteilungsunwesen. Es schadet mehr als es nutzt. Mit einem ‚beurteilt mal schön' ist es nicht getan."

15. Vermeidung von Beurteilungsfehlern

Es ist sehr schwierig, alle Einflußvariablen zu erfassen, die auf eine Beurteilung einwirken (s. Abb. 27) und diese angemessen zu berücksichtigen oder auch auszuschalten. Insoweit gibt es kaum eine schwierigere Aufgabe für Vorgesetzte als die möglichst gerechte Beurteilung der Mitarbeiter. Hier hilft nur eine ständige Sensibilisierung für mögliche persönliche Fehler und ein hohes Verantwortungsbewußtsein gegenüber anderen.

Sehr heilsam ist eine *Vorgesetztenbeurteilung*. Hierbei haben die Beurteiler die Möglichkeit, ihre Zufriedenheit mit dem Beurteilungsverhalten der Vorgesetzten zum Ausdruck zu bringen.

Noch besser ist ein vertrauensvolles Zusammenarbeitsverhältnis, das es ermöglicht, offen und kritisch über abweichende Einschätzungen zu sprechen.

Vorgesetzte können sich in Konfliktgesprächsführung trainieren, und Mitarbeiter sollten ebenfalls dafür geschult werden. Das Mitarbeitergespräch ist die Keimzelle guter Zusammenarbeit und Führung und muß geübt, geschult und wiederholt werden.

Fehlervermeidungstechniken

Subjektive Beurteilungen können etwas objektiver werden, wenn Sie folgendes beachten:

- Halten Sie sich strikt an die Merkmale und deren Definitionen.
- Beobachten Sie genau und machen Sie sich jeweils den Zusammenhang zwischen
  - Beobachten
  - Bewerten
  - Beurteilen

  deutlich!
- Machen Sie sich regelmäßig schriftlich Notizen
  - über sog. kritische Vorfälle, und zwar möglichst kurzfristig
  - zusammenfassend über bestimmte Eindrücke.

  Je konkreter Ihre Notizen sind, desto leichter fällt Ihnen die Argumentation später im Gespräch.
  Wichtig ist, daß nur konkrete Tatsachen, nicht Rückschlüsse auf psychologische Dimensionen notiert werden.
- Lassen Sie sich nicht vom ersten Eindruck leiten, dann „fällen“ Sie ein Vorurteil. Schieben Sie Ihr Urteil so lange auf, bis alle Informationen vorliegen.

- Das Beurteilungssystem verlangt nicht von Ihnen, Ihre Beurteilungen gemäß der Gaußschen Normalverteilungs-Kurve „über die Mitarbeiter zu streuen“.
- Beziehen Sie in die Beobachtung die jeweilige Situation möglichst klar mit ein, Verhalten ist häufig ein Rollenverhalten. Ein lächelnder Verkäufer kann privat sehr unfreundlich sein.
- Beobachten Sie sich selbst (Selbstdiagnose) und versuchen Sie herauszufinden, für welche Beurteilungsfehler Sie besonders anfällig sind. Seien Sie hier besonders kritisch mit sich selbst. Achten Sie besonders auf folgende Beurteilungsfehler:
  - Was für ein Beurteilungstyp bin ich?
  - Beurteilungshöhe (beurteile ich stets zu streng oder zu milde?)
  - Beurteilungsstreuung (streue ich zu weit oder denke ich nur in zwei Kategorien („gut – böse“)?
  - Vermutete Ähnlichkeit (neige ich dazu
    - mir sympathische,
    - mir in meiner Person ähnliche,
    - aus meiner sozialen Schicht kommende Menschen

    ähnlich zu beurteilen wie mich selbst und davon abweichende tendenziell schlechter?)
  - Unterscheidungsfähigkeit (Wie gut kann ich zwischen Personen der gleichen Gruppe differenzieren?)
- Dem Halo-Effekt (Überstrahlungseffekt) können Sie entgegenwirken, wenn Sie Ihre Mitarbeiter nur für ein Merkmal miteinander vergleichen, eine „Rangreihe“ bilden und sich dann dem nächsten Merkmal zuwenden.

Beurteilungsergebnisse werden besser durch folgende Maßnahmen:

1. Fehlerquellen bewußt machen. Sensibilität für Fehler bei sich selbst herstellen.
2. Noch mehr beobachten, bevor beurteilt wird.
3. Andere Meinungen anhören, von anderen helfen lassen, die den Beurteilten auch bei seiner Arbeit beobachten (mehrere Beurteiler).
4. In Rollenspielen beurteilen üben (Maßstabangleichung).
5. Dem Mitarbeiter Gelegenheit geben, kritisch die Beurteilung zu reflektieren.
6. Beurteilungsergebnis innerhalb der Arbeitsgruppe zur Diskussion stellen.

Abb. 27: Einflußvariablen in einer Leistungsbeurteilung

Beurteiler

- Alter
- Geschlecht
- Rasse
- Persönliche Maßstäbe
- Führungsstil
- Selbstvertrauen
- Kognitive Strukturierung
- Sozio-ökonomische Lebensumstände
- Vorurteile
- Rollenerwartungen
- Arbeitserfahrungen
- Beurteilungsfähigkeit
- Kenntnis der Position des Beurteilten
- Persönliche Beziehungen zum Untergebenen
- Abhängigkeit von Untergebenen
- Beobachtete Leistung
- Instrumenten- und Systemakzeptanz
- Sympathie
- Antipathie
- Einfluß des Vorgesetzten

Organisations-Variablen

- Zweck der Beurteilung
- Kriterien
- Instrumentation
- Beobachtungsgelegenheiten
- Beurteilungsfrequenz
- Überwachung (Kontrolle)
- Systemkompliziertheit
- Vorhandensein von Leistungszielen
- Schulung
- Gebrauch von Arbeitsanalysen
- Firmenpolitik
- Unternehmenskultur
- Wertewandel

Beurteilter

- Alter
- Geschlecht
- Rasse
- Auftreten
- Erscheinung
- Kommunikationsvermögen
- Sozio-ökonomische Lebensumstände
- Arbeitsposition
- Kriterien
- Fremdeinflüsse (Abhängigkeit von Mitarbeitern, Geräten)
- Schwierigkeit des Leistungsziels
- Wirkliche Leistung
- Einstellung
- Persönliche Ziele

Kapitel 6: Die schriftliche Formulierung

1. Schwierigkeiten der sprachlichen Formulierung

Die deutsche Sprache bietet eine Fülle von Ausdrucksmöglichkeiten. Auf 4000 Wörter schätzt der Altmeister der Verhaltensforschung, *Ludwig Klages,* den Vorrat an Bezeichnungen, mit denen allein menschliche Eigenschaften beschrieben werden. Hierbei sind gemischte Formen oder Abstufungen nicht mitgerechnet. Liest man allerdings die Beurteilungen, die im allgemeinen von den Vorgesetzten über die Mitarbeiter angefertigt werden, so möchte man glauben, daß die deutsche Sprache für diese Aufgabe nicht viel mehr als 30–40 Wörter zur Verfügung habe. Das hat seinen Grund in der mangelnden Sprachgewandtheit der meisten Vorgesetzten; die Feinheiten des sprachlichen Ausdrucks werden nur selten beherrscht. Haben aber die Beschreibungen, Beobachtungen oder Urteile nicht die erforderlichen sprachlich klaren Konturen, so taugen sie als Mittel der Personalbeurteilung so gut wie gar nichts. Die an sich schwierige psychologische Aufgabe wird also durch sprachliche Unzulänglichkeit im höchsten Grade problematisch. Das Gefühl sprachlicher Hilflosigkeit führt dann dazu, daß die Beurteilung immer wieder aufgeschoben wird, bis nach mehrmaliger Anmahnung durch die vorgesetzte Dienststelle die Beurteilung unter Zeitdruck und mit etwas „seelischem Unbehagen“ zurechtgezimmert wird. Dem abzuhelfen, durch Hinweise, Ratschläge, Tabellen und Formblätter, ist der Hauptzweck dieses Buches.

Je mehr Einblick man in den Vorgang des Beurteilens bekommt, um so klarer erkennt man, welche Bedeutung die sprachliche Sicherheit hat. Jedenfalls ist die Fähigkeit, richtig zu formulieren, ebenso wichtig wie psychologisches Fachwissen.

Es wäre schon viel gewonnen, wenn die Beurteiler den Mut hätten, mit treffenden Dialektausdrücken die Aussagekraft zu erhöhen, insbesondere dann, wenn es darum geht, in ungebundener Form eine treffende Charakteristik zu verfassen. Es bedeutet aber auch, daß eine vorgegebene Rangreihe von Beurteilungsbegriffen der lebendigen Sprache entnommen sein muß, wenn sie von allen verstanden werden soll. Viele pseudowissenschaftlich aufpolierte Begriffe sind für die meisten Praktiker nicht handhabbar, wenn nicht sogar verwirrend. Jede Landschaft besitzt eine Vielzahl von Wörtern und Sätzen, die sich nur schwer in die Schriftsprache übersetzen lassen, jedoch mit großer Farbkraft ausgestattet sind. Auch sollte der Beurteiler stets daran denken, daß er seine Beurteilung nicht nur für sich selbst, sondern für andere Leser schreibt, die sich auf seine Worte stützten wollen und ihn vor allen Dingen gut verstehen sollen. In diesem Zusammenhang gilt in übertragenem Sinne der tiefsinnige Ausspruch *Luthers*: „Man muß die Mutter im Hause, die Kinder auf der Gassen, den gemeinen Mann auf dem Markte drumb fragen und denselbigen auf das Maul sehen, wie sie reden – und *darnach* dolmetschen; so verstehen sie es denn und merken, daß man deutsch mit ihnen redet."

Ein anderer Weg wäre: Ein qualifizierter Fachmann geht in einem Gespräch mit jedem Vorgesetzten die im Beurteilungsbogen erfragten Qualifikationen und Verhaltensweisen durch und hält die Aussage des Vorgesetzten im Fragebogen fest. Anschließend vergleicht man nochmals und zeichnet gemeinsam den Bogen ab.

Vorteile: Man ist sicher, daß sich jeder Vorgesetzte zu bestimmten Zeiten die Mühe des Beurteilens und Nachdenkens über seine Mitarbeiter macht. Man ist ferner sicher, daß der Maßstab, die Strenge oder Milde, mit der beurteilt wird, für alle Beteiligten einer Abteilung dieselbe Strenge oder Milde der gleichen Stunde bzw. des gleichen Tages ist und nicht den Schwankungen eines ganzen Quartals oder Jahres unterliegt; zum anderen, daß die interindividuelle Schwankung der „Maßstäbe" verschiedener Beurteiler vom Interviewer erkannt und zumindest in ihrer Schwankungsbreite beschränkt werden kann. Endlich hat dieses Beurteilungsinterview den pädagogischen Effekt, daß das auch hierzulande noch so ungewohnte, ruhige, affekt- und wertungsfreie Gespräch über Mitarbeiter und ihr Verhalten praktiziert, demonstriert und geübt wird.

2. Mehrdeutigkeit der Begriffe

Unsere Sprache läßt vieles im dunkeln. In jedem Satz ist immer ein Rest, der ungesagt oder ungeschrieben bleibt. Der spanische Philosoph *Ortega y Gasset* schrieb sinngemäß: Man sagt mit seinen Worten stets mehr und zugleich weniger, als man sagen will. – Für den Akt der schriftlichen Beurteilung ist das fatal. Tatsächlich sind in vielen Fällen die Beurteilungsbegriffe ungenau und dehnbar. Der eine verbindet mit dem Wort einen anderen gedanklichen Hintergrund als ein zweiter oder dritter. Diese Bedeutungsschwankungen der Begriffe erschweren das Beurteilen und sind mit schuld daran, daß es den Beurteilungen häufig an Präzision und Klarheit mangelt. So wird z. B. der Ausdruck „zufriedenstellend“ ganz unterschiedlich aufgefaßt. Es gibt sozusagen eine positive und eine negative Ausgabe dieses Begriffes:

Positiv: Tüchtiger Mitarbeiter, hat nie versagt, mit der Arbeitsleistung war der Betrieb stets zufrieden; es bestand nie Grund zur Klage oder Beanstandung; vergleichbar mit der Note 2; allgemein überdurchschnittlich.

Negativ: Etwas fader Typ, gerade eben mittelmäßig, meistens etwas unter dem Durchschnitt, vergleichbar Note 3–4, gerade noch zufriedenstellend.

Das hier angeführte Beispiel ist ein simpler Fall. Es gibt wesentlich krassere Unterschiede bei ein und demselben Ausdruck. Unter solchen Gesichtspunkten leistet ein *Katalog von Beurteilungsbegriffen mit den dazugehörigen Rangstufen* eine gute Hilfe, der verbindlich die Werte der Beurteilungsbegriffe in einem „Beurteilungssystem für Betriebe“ ordnet und mit dem Betriebsrat abzustimmen ist. Die ungeübten Beurteiler wünschen solche Hilfen in den Betrieben (s. Abb. 28). Es ist bei diffizilen schriftlichen Beurteilungen eine zusätzliche Absicherung gegen Fehldeutungen, wenn zur verbalen Bezeichnung oder Wertung eine Note in Klammern hinzugefügt wird (z. B. Herr X arbeitet schnell [2]. Mit seiner Arbeitsgüte sind wir zufrieden [2]).

Der kluge Unternehmer versucht, diesen Übelstand der Mehrdeutigkeit dadurch zu beseitigen, daß er nur solche Begriffe in einer Fibel zusammenstellt, bei denen durch Tests abgesichert ist, daß alle Beurteiler eines Betriebes von diesen Begriffen dieselbe (bzw. innerhalb zulässiger Toleranzen) Wertvorstellung haben. Beurteilungsbegriffsabstimmungen sind durchaus zweckmäßig und üblich.

Personalleiter verwenden auch gern eine weitverbreitete Skalierung (s. Abb. 29), die auch von Arbeitsgerichten zwischenzeitlich akzeptiert wird. Ein weiteres interessantes Beispiel zur Unterstützung der Beteiligten für klare Aussagen im Beurteilen von Verhaltensweisen hat *Rückle* (1994) veröffentlicht (Abb. 30).

Abb 28: Definition von Skalenwerten (nach *Kempe* 1994)

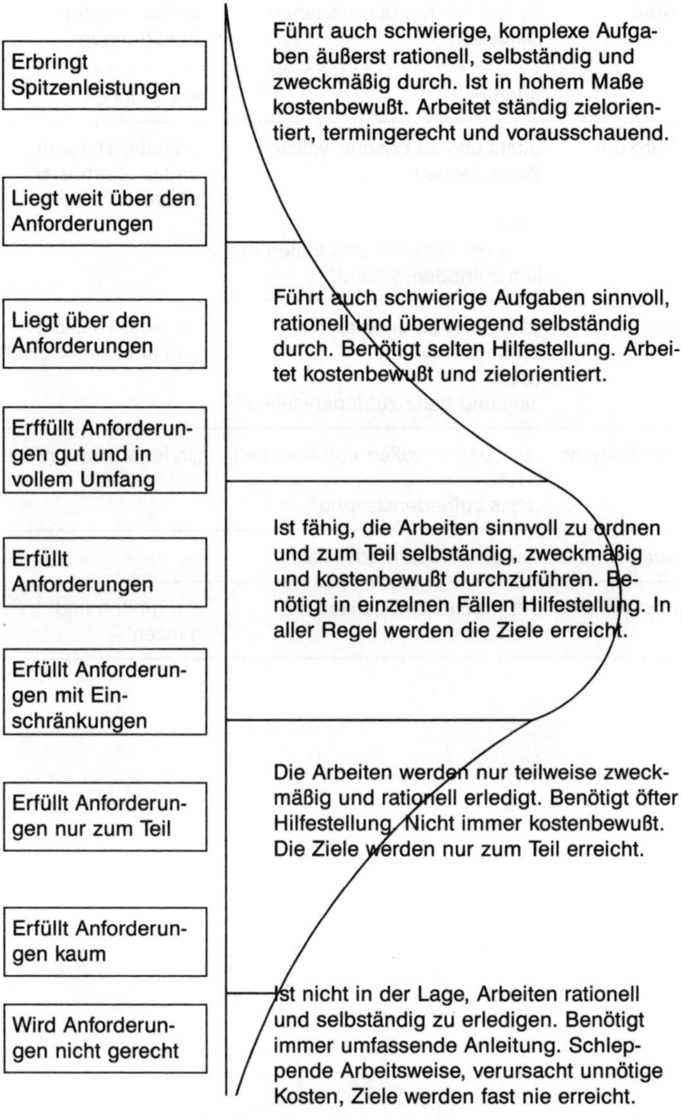

Abb. 29: Beurteilungen in Arbeitszeugnissen (nach *Knebel* 1995)

Note	Er hat die ihm übertragenen Aufgaben … erledigt	Er hat unseren Erwartungen … entsprochen
Sehr gut	„stets und zu unserer vollsten Zufriedenheit" oder „in jeder Hinsicht und außerordentlich zufriedenstellend"	„in jeder Hinsicht und in allerbester Weise"
gut	„stets und zu unserer vollen Zufriedenheit" oder „voll und ganz zufriedenstellend"	„in jeder Hinsicht und in bester Weise"
befriedigend	„zu unserer vollen Zufriedenheit" oder „stets zufriedenstellend"	„in jeder Hinsicht"
ausreichend	„zu unserer Zufriedenheit"	–
mangelhaft	„im großen und ganzen zufriedenstellend"	„im großen und ganzen"

Abb. 30: Werteorientierte Verhaltensbeurteilung und Vereinbarung (nach *Rückle*)

Anforderungen aus den Werten	Feedback Beobachtungen zu den Kriterien	1	2	3	4	5	Feedforward Vereinbarungen/Fördermaßnahmen
kompetent							
bringt seine Fachkompetenz in Gesprächen zum Ausdruck							
berücksichtigt vorhandene Qualitätsstandards							
verhält sich entsprechend der Qualitäts-Sicherungsregeln und -Normen							
trifft Entscheidungen aufgrund von Informationen und Analysen							
überprüft eigene Vorgehensweisen und Ergebnisse							
gibt überprüfte Informationen klar und nachvollziehbar weiter							

Abb. 30 (Fortsetzung)

Anforderungen aus den Werten	Feedback Beobachtungen zu den Kriterien	1	2	3	4	5	Feedforward Vereinbarungen/Fördermaßnahmen
partnerschaftlich							
argumentiert sachlich und nutzungsorientiert							
orientiert sich am anderen und der Situation							
gestaltet Beziehungen offen und ehrlich							
nimmt die Belange und Argumente anderer ernst							
ist offen für begründete Kritik und gesteht eigene Fehler ein							
unterstützt andere und bezieht sie ein							
respektiert persönliche und vertrauliche Informationen							

Abb. 30 (Fortsetzung)

Anforderungen aus den Werten	Feedback Beobachtungen zu den Kriterien	1	2	3	4	5	Feedforward Vereinbarungen/Fördermaßnahmen
effizient							
arbeitet selbständig und systematisch							
reagiert schnell und flexibel auf Anforderungen							
handelt ressourcenbewußt (persönlich, finanziell, zeitlich)							
erkennt Fehler und lernt aus ihnen							
erkennt und verbessert Abläufe							
wägt Risiken und Chancen gegeneinander ab							

Kapitel 7: Der Beurteilungsbogen

1. Der Kopf des Beurteilungsbogens

Der Kopf des Bogens soll nicht das Studium der Personalakte ersetzen. Zwei Gesichtspunkte sind zu berücksichtigen:

1. Der Leser soll mit wenigen Angaben über die wichtigsten Personalien informiert werden.
   Hierunter fallen:
   1.1 Name und Vorname des Beurteilten
   1.2 Geburtsdaum
   1.3 Dienststellung, Aufgabenbereich, seit wann Betriebsangehöriger
   1.4 Seit wann in dieser Position tätig
   1.5 Beurteilungszeitraum
2. Dem mit der Bearbeitung beauftragten Personal-Sachbearbeiter soll das Ordnen und Auswerten bestimmter Angaben erleichtert werden; die Ablage darf nicht durch Unübersichtlichkeit der Kopfgestaltung erschwert werden. Folgende Angaben dienen dieser Forderung:
   2.1 Personal-Nr.
   2.2 Abteilung/Bereich
   2.3 Lfd. Nummer der Beurteilung für den Beurteilten
   2.4 Anlaß der Beurteilung
   2.5 Datum der Beurteilung
   2.6 Name des Beurteilers
   2.7 Wie lange Vorgesetzter des Beurteilten
   2.8 Evtl. Wertziffer
   2.9 Rückgabe- bzw. Abgabetermin der Beurteilung

(Viele Beispiele für verschiedene Ausführungen enthält der Anhang.)

2. Die freie Beurteilung

Es lassen sich in der Darstellung der Person (als Beurteilung) zwei Extreme unterscheiden:

(a) die freie und offene Beurteilung,
(b) die gebundene und geschlossene Beurteilung.

„Frei“ bedeutet soviel wie an kein äußeres System, an keinen Kriterienkatalog gebunden. Das darf jedoch nicht darüber hinwegtäuschen, daß gerade die freie Beurteilung außergewöhnlich große Übung erfordert; sie ist vergleichbar mit dem Personenbild, das begabte Schriftsteller in guten Romanen darstellen. Darauf kommt es ja an: das Zusammenwirken der seelischen Kräfte und Erscheinungen sichtbar zu machen. „Nicht darin besteht das Muster eines Gewebes, daß es blaue, grüne und rote Fäden enthält, sondern in der Eigentümlichkeit der Verteilung, derzufolge für jede beliebige Stelle die bestimmte Fadenfärbung gefordert wird aus dem Zusammenhange des Ganzen“ (*Klages*). Solche freien Beurteilungen haben mehr den Charakter eines Gutachtens und müssen dementsprechend eine innere Gliederung besitzen, die dem Zweck der Beurteilung (z. B. Beendigung der Probezeit) und dem Personentypus entsprechen. (Im Vordergrund der Beurteilung sollen diejenigen Züge und Beobachtungen stehen, die das Verhalten der Person überwiegend bestimmen.) Solche Gliederungen können folgende Gestalt haben:

(a) Vorzüge und Mängel des Beurteilten,
(b) Arbeitsbild,
(c) Bisherige Entwicklung und empfehlenswerte Maßnahmen zur Weiterentwicklung für einen bestimmten Aufgabenkreis,
(d) Verhalten und Umwelt (Anpassung),
(e) Verhaltenseigenschaften und Berufserfolg.

3. Die gebundene Beurteilung

Am häufigsten verbreitet sind die Einstufungsverfahren mit vielen Vorgaben im Beurteilungsbogen.

In einer streng geschlossenen und gebundenen Beurteilung werden vom Betrieb die Beurteilungskriterien und Bewertungsgrade vorgeschrieben. Der Vorgesetzte kann sich also nicht aus einer Palette von Möglichkeiten bestimmte Kriterien und Bewertungen auswählen, um schon durch die Art der Auswahl die persönliche Eigenart und Entwicklungsstufe des Beurteilten auszudrücken. Eine solche Beurteilungsweise ist nur in der freien Beurteilung möglich.

Bei der gebundenen Beurteilung handelt es sich immer um eine Reihe von Mindestbewertungen; die feinen Verästelungen der persönlichen Eigenarten können damit nicht sichtbar gemacht werden.

Deswegen sind solche Beurteilungen besonders dort angebracht, wo das Tätigkeitsbild bzw. die Funktion der Arbeit einen ganz bestimmten Menschentypus erfordern, wo das Arbeitsbild eine gewisse Einfachheit besitzt und die Skala der Fähigkeiten und des Könnens auf einige wenige Grundbereiche reduziert werden kann. Beurteilungsbogen dieser Art findet man häufig für angelernte Kräfte, Hilfskräfte, Helfer, Arbeiter, Fließbandarbeiter; im weiteren Sinne auch für gewerbliche Arbeiter, bei denen Arbeitsmengen vorgegeben und gemessen werden können.

Eine Normung der Beurteilungsgesichtspunkte ist auch aus anderen Gründen zweckmäßig. Sie erleichtert dem Beurteiler den Beurteilungsvorgang. Er ist der Schwierigkeit enthoben, die Skala der betriebsnotwendigen Beobachtungs- und Beurteilungsgesichtspunkte selbst herauszufinden. Ein anderer Vorteil liegt in der Vergleichbarkeit der Beurteilungen untereinander; sie ist besonders dann von Nutzen, wenn Mitarbeiter für eine bestimmte Aufgabe ausgewählt werden sollen. Aber auch in Fragen der Umsetzung, Eignung und Förderung, der Zusatzausbildung und Entlohnung trägt eine Vergleichbarkeit der Beurteilungsbogen zur schnelleren Entscheidung bei.

Es gibt viele Arten der gebundenen Beurteilung. Die Grenze des Übergangs zur freien Beurteilung ist fließend. So gibt es Beurteilungen, die dem Beurteiler die Kriterien vorgeben, ihm bei der Wortwahl aber freie Hand lassen.

Bei der gebundenen Beurteilung müssen:

(a) die Kriterien genau definiert sein,
(b) die Rangwerte der Beurteilungsausdrücke festliegen und betrieblicherseits definiert sein.

Diese geschlossene Vorgabe überläßt dem Beurteiler nur noch die Einstufung, weshalb diese Verfahren manchmal auch *„Einstufungsverfahren“* genannt werden.

Unterschiedlich sind sie hinsichtlich

- verbaler Skalierung,
- numerischer Skalierung,
- Punktvorgabe,
- verbal, numerisch gewünschter Skalierung,
- polarisierter Items mit Ausprägungsstandards,
- Mischskalen.

(Mehr dazu in Kap. 12.)

Ohne eine Systematisierung der Beurteilung und damit Bindung des Beurteilers an bestimmte Formen ist eine statistische Auswertung größeren Umfangs gar nicht möglich. Will man z. B. die Werte einer Beurteilung mit der Datenverarbeitung erfassen, so muß eine betrieblich festgelegte Skala von Beurteilungsbereichen vorhanden sein. Nur unter solchen Voraussetzungen lassen sich z. B. Strukturuntersuchungen vornehmen; man kann auf diese Weise zu betriebstypischen Durchschnittswerten gelangen. Mit Hilfe solcher Untersuchungen läßt sich feststellen, ob das Niveau eines Beurteilungsbereiches angehoben werden muß, oder welche Ausbildungsmaßnahmen notwendig sind, um in bestimmten Betriebsteilen die Produktivität zu steigern.

Die gebundene Beurteilung findet dort ihre Grenze, wo es gilt, einen Mitarbeiter individuell zu sehen, ihn aus der Uniformität eines großen Schemas herauszulösen.

4. Rangordnungsverfahren

Für den ersten Eindruck am einfachsten erscheint das Rangordnungsverfahren, das eigentlich ein Einstufungsverfahren ist. Hiernach werden die Leistungen der Mitarbeiter allerdings summarisch erfaßt. Es erfolgt keine Differenzierung nach verschiedenen Beurteilungskriterien.

Man stelle sich vor, für jeden Mitarbeiter wird eine Karte geschrieben. Dann werden diese sortiert nach ihrer Wertschätzung, untereinander in einer Rangfolge oder nebeneinander bei gleicher Einschätzung.

Dieses Verfahren hat schon einen gewissen Reiz, weil es dem Vorgesetzten alle Freiheiten läßt. Er kann seine ganze Sympathie oder Antipathie, Faktoren wie Alter, Konkurrenzangst, persönliche menschliche Rücksichtnahme oder die Gesamtpersönlichkeit in seine Rangfolge einfließen lassen und braucht diese Beweggründe weder zu überprüfen noch zu begründen.

Viele Kritiker von Beurteilungssystemen anspruchsvoller Art behaupten, daß die Beurteiler sowieso ihre emotionellen oder geheimen Beweggründe nur hinter sachlichen Kriterien und Differenzierungen verstecken, die also dennoch entscheidend bleiben. Ganz ist dieser Kritik nicht zu widersprechen. Natürlich ist die Qualität der Beurteilung sehr abhängig von der persönlichen Führungsqualifikation des Beurteilers.

Allerdings können solche an den betrieblichen Zielen der Beurteilung vorbeigehenden Verhaltensweisen reduziert werden durch

- einen erzwungenen stärkeren Bezug der Beurteilung an Zielvereinbarungen,
- Begründungszwang und Offenlegung gegenüber den Betroffenen,
- Einfluß und Kontrolle der Beurteilung durch Kollegen, Vorgesetzte und Arbeitnehmervertreter
- oder besser: durch ein positives Arbeitsklima, in dem offen und kritisch über Arbeitsergebnisse und deren Einschätzung im Team diskutiert wird.

Vorgesetzte sind, auch bei einer summarischen Beurteilung ihrer Mitarbeiter schon bereit, leistungsorientiert vorzugehen, wenn sie personell sehr knapp gehalten werden (also sich schwache Mitarbeiter nicht leisten können), Leistungsziele und Leistungsergebnisse ihres Bereiches von der Leitung beurteilt werden und ihr persönlicher Vorteil davon entscheidend abhängt.

In solchen Fällen rufen Führungskräfte dann nach verbesserten differenzierteren Beurteilungssystemen, die ihnen mehr Sicherheit geben.

5. Der Kompromiß – die praktikable Lösung

Obwohl die freie Beurteilung viel schwieriger ist als das Ankreuzen vorgegebener Kriterien und Beurteilungsstufen, wird sie nicht selten von den Beurteilern bevorzugt. Manche Unternehmen gehen inzwischen auch wieder von der gebundenen zur freien Beurteilung über, weil diese mehr Spielraum für eine situative und individuelle Beschreibung zuläßt und dem Vorgesetzten die Möglichkeit gibt, mit seiner persönlichen Beurteilungssprache (die der Mitarbeiter kennt) treffsicher und verständlich für den Beurteilten zu formulieren. Allerdings spielt dabei auch eine Rolle, daß die Rechtfertigung für den Beurteiler erleichtert wird und die gewollte Vergleichbarkeit von verschiedenen Beurteilungsergebnissen durch einheitliche Kriterien und Stufendefinitionen in der Praxis nicht den erwarteten Erfolg für Personalentscheidungen gebracht hat.

Natürlich erhält der Vorgesetzte Hilfsmittel in Form eines umfangreichen Kriterienkatalogs zur eigenen Auswahl und Anregung geeigneter Beurteilungsfelder. Der weitverbreitete Kompromiß ist dann immer häufiger die Vorgabe weniger Hauptkriterien oder Merkmale (Arbeitsergebnisse, Arbeitsvorbehalte, Führungsverhalten) mit viel Raum für ausführliche individuelle Beschreibungen durch den Beurteiler, wobei der Schwerpunkt dann auf das ausführliche und qualifizierte Mitarbeitergespräch durch geschulte Führungskräfte gelegt wird.

6. Zusatzfragen im Beurteilungsbogen

Zusatzfragen dienen dazu, den Aussagewert des Beurteilungsbogens abzurunden und bestimmte allgemeine Gesichtspunkte nochmals ganz bewußt in den Vordergrund zu stellen. Diese Zusatzfragen sollen sowohl den Beurteiler vor falschen Urteilen, Fehlern und Unterlassungen schützen als auch den Blick auf betrieblich zwingende Überlegungen richten.

a) Zusammenfassende Beurteilung

(Zusammenfassende Bewertung, zusammenfassende Stellungnahme)

Sinn dieser Zusatzfrage ist, durch die ganzheitliche Sicht den Beurteiler aus der Enge der differenzierten Beurteilung herauszuführen und von ihm eine übersichtliche und verständliche Gesamtdarstellung zu verlangen. In ihr sollen die Bewertungen der einzelnen Beurteilungskriterien angemessen verarbeitet sein.

Auf diese Zusammenfassung wird in neueren Verfahren allerdings immer häufiger verzichtet, um Überschreitungen, Verwässerungen und Widersprüche zu vermeiden.

b) Entwicklungsmöglichkeiten

(Entwicklungsfähigkeit, besondere Eignungen, besondere Neigungen, besondere Fähigkeiten; aber auch besondere Schwierigkeiten, Gründe für eine nachteilige Entwicklung).

Sinn der Frage: Wie und wo kann die beurteilte Person im Hinblick auf den Zweck des Betriebes sinnvoll eingesetzt werden, und durch welchen Einsatz können die Fähigkeiten des Beurteilten am besten entwickelt werden.

c) Förderung, Maßnahmen

(Allgemeine Fördermaßnahmen, Förderungsvorschläge, Einsatzvorschläge, Hinweise für späteren Einsatz, Aufstiegsmöglichkeiten – welche Position könnte er erreichen – Hinweise für weitere Ausbildung, Schulungsmaßnahmen für den Beurteilten, aber auch Ursachen und Gründe, wenn nicht förderungswürdig)

Sinn der Frage: Mit Rücksicht auf die natürlichen Entwicklungstendenzen der Person die für den Betrieb und den Beurteilten optimale und kostenmäßig vertretbare Weiterbildung zu ermitteln.

d) Vorzüge und Mängel

(Stärken und Schwächen; starke Seiten, schwache Seiten, aber auch: Vorschläge, wie Mängel und Schwächen zu beheben sind, Begründung für Mängel und Schwächen aus privaten Motiven)

Sinn der Frage: Verhinderung von einseitigen Beurteilungen, Klärung der Verwendbarkeit im Betrieb, Abbau von Schwächen und Einsatz nach den Stärken.

e) Stellungnahme des Beurteilten zur Beurteilung

(Um Abweichungen in der Beurteilung aus der Sicht des Beurteilten festhalten zu können)

Mitarbeiter haben oft Befürchtungen bei solchen Eintragungen und denken an Nachteile für die Zukunft. Der Wert von Eintragungen ist zweideutig und muß ggf. erfragt werden. Es kann sowohl ein Signal für ein offenes, vertrauensvolles gegenseitiges Verhalten sein als auch die Spiegelung eines echten kritischen Spannungsverhaltens.

Weitere Beispiele dazu siehe Anhang.

Kapitel 8: Das Beurteilungsgespräch

Das Mitarbeitergespräch wird immer mehr zum zentralen Führungsmittel. Insbesondere die Gespräche über die Arbeitsziele und Arbeitsergebnisse, aber auch das Gespräch über Arbeitsbedingungen und Führungssituationen, sind Eckpfeiler erfolgreicher Führung geworden.

Solche Mitarbeitergespräche haben drei Wirkungsweisen,

1. den Informationsaspekt,
2. den Lernaspekt,
3. den Motivationsaspekt.

Zwangsläufig stehen Anerkennung und Kritik sehr oft im Mittelpunkt der Gespräche, wenn es um die Arbeit geht, Kritik im positiven Sinn, als klärende Bestandsaufnahme und helfende Unterstützung zur Verbesserung der Fähigkeiten und Verhaltensweise des Beurteilten.

Solche Gespräche sind sehr schwierig zu führen und bedürfen einer sorgfältigen Vorbereitung und Qualifikation des Gesprächsführenden.

1. Die Beurteilung aus der Sicht des Beurteilten

Der Beurteilte selbst steht dem Akt der Beurteilung mit einer gewissen Hilflosigkeit und dem Gefühl des Ausgeliefertseins gegenüber. Mit Skepsis hört er in der Eröffnung, was der Vorgesetzte über ihn denkt und wie er ihn beurteilt. Nur in seltenen Fällen wird das Bild, das er von sich selbst in sich trägt, mit dem übereinstimmen, das der Vorgesetzte von ihm hat.

Nicht alle Beurteilten äußern freimütig, ob der Beurteiler sie ihrer Meinung nach richtig oder falsch sieht. Es gibt eine ganze Reihe von Personen, die in einem Beurteilungsgespräch stumm und schüchtern sind und die Beurteilung für einer Art Naturereignis halten, an dem man sowieso nichts ändern kann. Die meisten Beurteilten empfinden, daß sie mit der Beurteilung gewissermaßen „eingefärbt" worden sind. Sich von dieser Farbe wieder reinzuwaschen, erscheint ihnen aufgrund der Erfahrungen kaum denkbar.

Leider haben Beurteilungen, die in Personalakten abgeheftet werden, tatsächlich so etwas wie einen „Abstempelungscharakter". Es ist aber ein Irrtum zu glauben, die in den Personalakten gesammelten Belege und Beurteilungen seien ein Spiegelbild des Mitarbeiters oder gäben den Lebenslauf ausreichend genau und gründlich wieder. Dennoch wird der oft schmalen Personalakte eine solche Mammutleistung zugemutet. Weil aber viele Leser von Beurteilungen bzw. Personalakten so denken, kann gerade durch eine leichtfertige oder oberflächliche Beurteilung dem Beurteilten schwerer ideeller und materieller Schaden zugefügt werden.

Eine Beurteilung als endgültig zu betrachten, ist schon deswegen unsinnig, weil die Beurteilung nur einer Momentaufnahme vergleichbar ist. Sie schildert den Zustand des Menschen zu einem bestimmten Zeitpunkt, während sich in Wirklichkeit die Persönlichkeitsstruktur des Menschen ständig ändert. Eine Beurteilung ist daher im allgemeinen nur für eine kurze Zeit annähernd richtig. Alte Beurteilungen haben insofern einen Wert, als sie zum Vergleich herangezogen werden können, um aus den Unterschieden zwischen alten und neuen die Veränderungen, d. h. Leistungs- und Verhaltensentwicklungen festzustellen. Bei Beurteilungen von Auszubildenden ist dies eine wichtige Beobachtung, weil hieraus pädagogische Maßnahmen abgeleitet werden können oder aber die Wirksamkeit von Erziehungsmaßnahmen und Schulungen bestätigt wird.

Jeder Vorgesetzte sollte es sich zur Regel machen, die Einwände des Beurteilten in dessen Gegenwart zu protokollieren und dieses Protokoll der Beurteilung anzuheften, oder der Beurteilte hält seine Meinung in einer dafür vorgesehenen Spalte des Beurteilungsformulars fest. Alle Beurteilungsergebnisse sollten nach deren Eröffnung vom Beurteilten „als Zeichen seiner *Kenntnisnahme*" unterschrieben werden *(nicht Einverständnis!).*

Sehr gute Beurteiler gehen einen Schritt weiter. Neben einer gründlichen Vorbereitung des Gespräches mit Hilfe eines Strukturierungsbogens (s. Abb. 31) versuchen sie im Gespräch, das Fremdbild mit dem Eigenbild des Beurteilten möglichst in Übereinstimmung zu bringen. Nur so kann eine konfliktfreie Zusammenarbeit hergestellt werden. Deshalb ist es von großem Vorteil, dem Mitarbeiter Gelegenheit zu einer Selbsteinschätzung nach den gleichen Kriterien zu geben, die vom Vorgesetzten angewendet werden. Fortschrittliche Vorgesetzte lassen die Mitarbeiter – wenn diese es möchten – selbst ihre Beurteilung anfertigen oder geben ihnen ihren Entwurf der

Abb. 31: Strukturierungsbogen für Mitarbeitergespräche

Name des Mitarbeiters	Name des Vorgesetzten	Bereich	Datum

1. Wie sehen Sie als Vorgesetzter Arbeitsergebnisse und -verhalten des Mitarbeiters?

2. Wie sieht der Mitarbeiter seine Arbeitssituation?

3. Welche Empfehlungen, Vereinbarungen und Maßnahmen für die Zukunft können getroffen werden bzw. sind erforderlich?

4. Wie zufrieden ist der Mitarbeiter mit Durchführung + Resultaten des Mitarbeitergespräches?

Unzufrieden	– –	–	0	+	+ +	zufrieden

Erläuterungen hierzu:

Erläuterungen s. S. 98

Anlage zum Strukturierungsbogen (Abb. 31)

1. **Aussagen des Vorgesetzten**
   Wie sehen Sie als Vorgesetzter Arbeitsergebnisse und -verhalten des Mitarbeiters?

Arbeitsergebnis:
z. B. Qualität der Ergebnisse in bezug auf Wirksamkeit, Verwertbarkeit, Genauigkeit, Fehler-/Mängelfreiheit, Menge und Umfang des Ergebnisses sowie Zeitbedarf, Wirtschaftlichkeit (Verhältnis Aufwand zum Nutzen), Umsetzung bzw. Einhaltung von Vorgaben, Methoden, Fachwissen, Richtlinien, Normen, Terminen

Arbeitsverhalten:
z. B. Engagement, Entschlossenheit, Zielstrebigkeit, persönliches Auftreten und Umgehen mit anderen, Einsatzbereitschaft, Arbeitsintensität und Ausdauer, Umsicht, Geschicklichkeit, Sorgfalt und Zuverlässigkeit, Lern- und Informationsverhalten, Zusammenarbeit mit Kollegen und Vorgesetztem, Flexibilität und Mobilität

- **Besondere Stärken:**
  Was macht der Mitarbeiter besonders gut? Geben Sie konkrete Beispiele!
- **Besondere Schwächen:**
  Was macht der Mitarbeiter nicht so gut bzw. auf welchen Gebieten sollte er sich verbessern? Geben Sie konkrete Beispiele!

2. **Aussagen des Mitarbeiters**
   Wie sieht der Mitarbeiter seine Arbeitssituation?

- Was finden Sie gut, was stört Sie an Ihrer Arbeit?
- Was wäre aus Ihrer Sicht zu tun, damit Sie Ihre persönliche Leistung steigern oder zumindest erhalten können?
- Wie sehen Sie die Zusammenarbeit mit Ihrem Vorgesetzten?
- Was müßte in Ihrem Arbeitsumfeld sonst geändert werden, damit Sie besser arbeiten können?

3. **Welche Empfehlungen, Vereinbarungen und Maßnahmen für die Zukunft können getroffen werden bzw. sind erforderlich?**

- **Empfehlungen, Hinweise des Vorgesetzten:**
  Was sollte der Mitarbeiter tun, um bestimmte Ziele zu erreichen? Wie könnte der Vorgesetzte helfen?
- **Führungs- bzw. Managementverhalten:**
  z. B. bezogen auf Planung, Organisation, Delegation und Kontrolle im eigenen Projektbereich, Einsatz, Information und Anleitung der Mitbeteiligten, Zielorientierung und Entscheidungsverhalten, Zusammenarbeit mit Vorgesetzten, Kollegen und Mitarbeitern, Förderung, Qualifizierung und Unterstützung der Mitarbeiter
- **Vereinbarte Maßnahmen:**
  Was soll geschehen, was erreicht werden? Bis wann soll es realisiert sein?
- **Vorschläge des Mitarbeiters:**
  Was sollte wie, durch wen und bis wann geschehen, um bestimmte Ziele zu erreichen?

4. **Zufriedenheit Mitarbeiter**

Der Mitarbeiter sollte in jedem Fall die Möglichkeit besitzen, zum Verlauf des Gespräches seine Zufriedenheit bzw. Unzufriedenheit (mit Begründung) aktenkundig zu machen.

Beurteilung zu lesen. Dann vergleichen sie die Ergebnisse der eigenen Beurteilung mit der des Beurteilten im Gespräch. Das trägt sehr zu einem fairen, sachlichen und offenen Gespräch bei. Solche „Entwurfsgespräche“ haben sich vielerorts bewährt und erfüllen den eigentlichen Zweck des Anerkennungs- und Kritikgespräches, die Verbesserung der Selbstbeurteilung als ersten Ansatz für eine Korrektur. Ein entsprechender Fragebogen zur Vorbereitung hilft dabei sehr, wenn er sowohl vom Vorgesetzten als auch vom Mitarbeiter ausgefüllt wird (s. Abb. 32 und 33).

Abb. 32: Fragebogen zur Vorbereitung auf eine Beurteilung

	negativ → positiv							
	1	2	3	4	5	6	7	8
1. Versucht der Mitarbeiter, seine Leistung ständig zu verbessern?								
2. Kümmert sich der Mitarbeiter um die fachliche Förderung schwächerer Mitarbeiter und Auszubildender?								
3. Hat der Mitarbeiter Freude an der eigenen Arbeit?								
4. Bemüht sich der Mitarbeiter um die Entwicklung seiner Persönlichkeit?								
5. Macht der Mitarbeiter Verbesserungsvorschläge?								
6. Ist der Mitarbeiter bereit, Verantwortung zu übernehmen?								
7. Fördert der Mitarbeiter durch sein Verhalten den Zusammenhalt des Teams?								
8. Berücksichtigt der Mitarbeiter in ausreichendem Maße Kundeninteressen?								
9. Berücksichtigt der Mitarbeiter in ausreichendem Maße Unternehmensinteressen?								
10. Ist der Mitarbeiter in schwierigen betrieblichen Situationen ausreichend belastbar?								
11. Ist der Mitarbeiter fähig, seine eigene Arbeit auch in Streß-Situationen gut zu organisieren?								
12. Ist der Mitarbeiter bereit, neue Ideen positiv aufzunehmen?								

Abb. 32 (Fortsetzung)

13. Sorgt der Mitarbeiter in ausreichendem Maße für Ordnung und Sauberkeit an seinem Arbeitsplatz?								
14. Achtet der Mitarbeiter darauf, daß sein privater Lebensstil seine berufliche Leistungsfähigkeit nicht einschränkt?								
15. Achtet der Mitarbeiter in notwendigem Maße auf sein Äußeres?								
16. Ist der Mitarbeiter in der Lage, das Arbeitstempo je nach Notwendigkeit zu variieren?								
17. Ist der Mitarbeiter bereit, auch schwierigen Kunden positiv zu begegnen?								
18. Ist der Mitarbeiter bereit, sich selber Ziele zu setzen oder vom Chef gesetzte Ziele zu akzeptieren?								
19. Ist der Mitarbeiter bereit, sich auch außerhalb der Arbeitszeit weiterzubilden?								
20. Ist der Mitarbeiter bereit, Kritik positiv zu verarbeiten?								
21. Ist der Mitarbeiter in ausreichendem Maße kostenbewußt?								
22. Ist der Mitarbeiter bereit, ein notwendiges Maß an Kontrolle zu akzeptieren?								
23. Kann der Mitarbeiter sich wechselnden Situationen sofort und richtig anpassen?								
24. Hat der Mitarbeiter in ausreichendem Maße Eigeninitiative?								
25. Ist der Mitarbeiter bereit, schwierige oder unangenehme Aufgaben zu erfüllen?								

(vom Mitarbeiter und Vorgesetzten getrennt auszufüllen)

Abb. 33: Checkliste zur Vorbereitung (für Beurteiler und Beurteilte) für ein verabredetes Beurteilungsgespräch

1. Was gefällt Ihnen an Ihrer jetzigen Aufgabe am meisten?
2. Was gefällt Ihnen an Ihrer jetzigen Aufgabe am wenigsten?
3. a) Können Sie in Ihrer gegenwärtigen Stellte Ihre Fähigkeiten voll einsetzen?
   b) Wenn nicht: welche Fähigkeiten können Sie nicht ausnützen?
   c) Wie müßte Ihre Aufgabe beschaffen sein, damit Ihre Fähigkeiten möglichst umfassend eingesetzt werden können?
4. Haben Sie die nötige Unterstützung (Informationen, Arbeitsmittel, Kompetenzen usw.) und wenn nein, wo könnte etwas verbessert werden?
5. a) Gibt es besondere Schwierigkeiten bei der Durchführung Ihrer Aufgabe?
   b) Wie könnte ich Ihnen hier mehr Unterstützung geben?
6. Sehen Sie irgendwelche innerbetrieblichen Probleme, die Sie in Zukunft an der Entfaltung Ihrer Fähigkeiten hindern könnten? Wenn ja, haben Sie Vorschläge, was dagegen getan werden könnte?
7. Haben Sie irgendwelche Vorschläge, wie Ihre Arbeitszufriedenheit in Zukunft erhalten oder erhöht werden könnte?
8. Was könnte in den nächsten Monaten getan werden, um Ihre berufliche Entwicklung zu fördern?

2. Die Eröffnung; das Gespräch mit dem Beurteilten

Jeder Mitarbeiter hat das Recht (auch nach BetrVG) zu erfahren, wie der Vorgesetzte über ihn denkt. Bei vielen Menschen hängt die Leistungsbereitschaft stark von dieser Information ab. Man weiß heute mit Sicherheit, daß gerade die Anerkennung der Leistung zu den wirksamsten Arbeitsimpulsen gehört. Aus diesem Grunde *muß* ein Gespräch mit dem Beurteilten geführt werden. Es ist aber nicht einfach, dieses Gespräch zu führen. Häufig erfordert es großes Geschick, zumal dann, wenn nicht nur über erfreuliche Dinge gesprochen werden kann.

Letztlich ist der Vorgesetzte für die Beurteilung verantwortlich. Trotz einer guten und vertrauensvollen Zusammenarbeit und gemeinsamer Auswertung der erreichten Ziele in einer abgeschlossenen Periode wird die endgültige Anerkennung der Leistung für den Betroffenen ein spannender Augenblick.

Einen Mitarbeiter wissen zu lassen, daß man mit seiner Arbeit, mit seinem Verhalten selten ganz zufrieden ist, heißt aber, ihm augenblicklich oder vorübergehend in mehr oder weniger starkem Maße Vertrauen, Achtung und Sympathie zu entziehen. Für den Betroffenen bedeutete es eine Unannehmlichkeit. Wie scharf einerseits die Kritik und der Tadel auch sein mögen, das Vertrauensverhältnis zum Mitarbeiter soll und muß erhalten bleiben. Das geschieht am besten dadurch, daß der Vorgesetzte dem Beurteilten hilft, festgestellte Schwächen und Mängel zu beseitigen, indem er ihm annehmbare Vorschläge anbietet und mit ihm bespricht.

Beurteilungseröffnungen mit weitschweifigen Reden einzuleiten, ist falsch. Es hat sich dagegen bewährt, wenn der Vorgesetzte die Eröffnung der Beurteilung mit eigenen positiven Feststellungen beginnt. Irgend eine positive Seite oder Entwicklung hat im allgemeinen jeder Mitarbeiter aufzuweisen. Es ist dann auch leichter, hin und wieder Kritik in das Gespräch einfließen zu lassen oder einen Ratschlag zu geben, wie diese oder jene Schwäche beseitigt werden kann. Der gute Vorgesetzte sollte danach streben, im gemeinsamen Gespräch Mittel und Wege zu finden, wie bestehende Mängel beseitigt werden können.

Es ist grundsätzlich davon abzuraten, dem Mitarbeiter ohne besondere Erklärungen den Wortlaut der ganzen Beurteilung einfach vorzulesen oder ihm gar die Beurteilung zur Einsicht auszuhändigen. Das ist insbesondere deswegen nicht empfehlenswert, weil der Beurteilte gerade in dieser Situation möglicherweise den einzelnen Worten andere Bedeutungen unterlegt, als der Beurteiler damit hat ausdrücken wollen. Alle Einwände des Beurteilten sind möglichst in seiner Gegenwart zu notieren. In jeder guten Beurteilung sind dafür entsprechende Rubriken vorgesehen. Der Beurteilte muß in jedem Fall das Gefühl bekommen, daß er ehrlich und fair beurteilt worden ist und daß seine Selbstbeurteilung ernst genommen wird.

Eine gute Beschreibung des idealen Verhaltens gibt *Weber* (1976) wieder:

> „Findest du einen Menschen,
> der ruhig ist,
> ohne Affektation,
> der mit Gegenwart des Geistes,
> mit wahrer Teilnehmung,
> mit stillem Bedürfnis hören kann,

der dich nicht leicht unterbricht,
der nicht zwei Fragen auf einmal tut,
die Antwort auf eine gelassen abwartet und ganz auffaßt,
der nicht vorwärts, nicht zurückgreift,
dessen Blick dich nicht geflissentlich fixiert und niederschlägt
dessen Blick dem deinigen nicht geflissentlich ausweicht,
der nicht in die Höhe und nicht in die Tiefe zielt,
der in demselben Grade unnachlässig und unangespannt ist,
so denke, einen Schatz im Acker,
eine Perle gefunden zu haben."

Auf keinen Fall soll die Beurteilung Haß- oder Rachegefühle wecken oder in irgendeiner Form als Störfaktor bei der zukünftigen Arbeit wirken. Das kann aber leicht passieren, wenn der Beurteiler im Gespräch keine Rücksicht auf das Geltungsbedürfnis des Beurteilten nimmt. Verletztes Geltungsbedürfnis kränkt; der Weg zum „das zahle ich ihm heim" ist dann nicht mehr weit.

O. Neuberger (1987) hat die wesentlichen Schritte eines erfolgreichen Anerkennungs- und Kritikgespräches wie folgt beschrieben:

1. Hinweise zum praktischen Vorgehen bei der Anerkennung

- Sofort anerkennen
- ausdrücklich anerkennen
- differenziert anerkennen
- angemessen anerkennen
- die Leistung, nicht die Person anerkennen
- nicht vor anderen anerkennen?
- nicht nur herausragende Leistungen anerkennen
- Taten folgen lassen
- öfter anerkennen

2. Hinweise zum praktischen Vorgehen bei der Kritik

- Sich klarwerden über das Ziel
- positiven Kontakt herstellen
- von „Tatsachen" ausgehen
- eine klare Sprache sprechen
- unter vier Augen kritisieren
- schonend kritisieren
- konstruktiv kritisieren
- sachlich, nicht affektiv kritisieren
- einen positiven Abschluß finden

Die Eröffnung der Beurteilung geschieht am besten in der Form:

1. Es wird Anerkennung ausgesprochen.
2. Zu beanstandende oder zu tadelnde Verhaltensweisen werden in positiver Form vorgetragen. (Denken Sie an das orientalische Sprichtwort: „Vom scharfen Ton kann Glas zerbrechen." – Um wieviel mehr eine empfindliche Seele!)
3. Positive Leistungen und Verhaltensweisen sollten besonders herausgestellt und anerkannt werden.
4. Werden schlechte Leistungen genannt, so muß auch gleich ein Weg aufgezeigt werden, um diesen Mangel auszumerzen.
5. Sprechen Sie mit dem Beurteilten über:
   seine Fähigkeiten und fragen Sie ihn, welche er für seine stärkste hält;
   sein Fortkommen und welche Fortbildung er betreiben sollte;
   die Positionen, die er erreichen möchte und welche Tätigkeiten er gern ausüben möchte;
   persönliche Schwierigkeiten, und klären Sie die Gründe;
   die Forderungen, die er an das Unternehmen stellt, d. h. was erwartet er vom Unternehmen?
   Sprechen Sie ihm Mut zu, wenn es nötig ist.
   Sagen Sie ihm, wieweit Sie mit ihm zufrieden sind und was Sie verbessert sehen möchten;
   zeigen Sie ihm, wie sehr Sie ihn als Mitarbeiter schätzen.
6. Einwände des Beurteilten sind in seiner Gegenwart zu protokollieren. Vermerken Sie, ob der Mitarbeiter die Beurteilung als treffend anerkennt, die Besprechung als Hilfe ansieht, sich in den kritischen Punkten höher einschätzte, an der Beurteilung etwas übel nimmt.

Nicht nur die inhaltliche Ausgestaltung des Beurteilungsvorganges, auch die Organisation eines vernünftigen Beurteilungsprozesses ist für den Erfolg von großer Bedeutung. Kleinigkeiten können dabei schon den Erfolg des sensiblen Mitarbeiters gefährden. Manche Unternehmen (wie z. B. die Kreissparkasse Ludwigsburg) haben deshalb für die Führungskräfte eine Checkliste aufgestellt, die sehr nützliche Dienste leisten kann (s. Abb. 34).

Abb. 34: Checkliste zur Mitarbeiterbeurteilung (aus *Kempe* 1994)

Mitarbeiter-Beurteilung/Checkliste	Personalnummer ______

Wiedervorlagen:

3. ______

2. ______

1. ______

____

(Name)

I. Planung **erledigt:**

1. Festlegen wer beurteilt ______
2. PA-Rückgabetermin ändern Nein/Ja
   Wenn Ja, PA mitteilen, neuer Termin ______
3. Beurteilungsgespräch vorgesehen für ______

II. Vorbereitung

1. Gesprächstermin verlegen?
   a) **Sind Beteiligte anwesend?**
      Mitarbeiter: – Urlaub/Krankheit ______
      – Fortbildung ______
      – Sonstige Gründe ______
      Beurteiler: – Urlaub/Krankheit ______
      – Fortbildung ______
      – Sonstige Gründe ______
   b) **Terminverschiebung zweckmäßig wegen**
      – Betrieblicher Gründe/Vertretung ______
      – Besonderer Arbeitsbelastungen ______
      – Persönlicher Schwierigkeiten ______
      Ergebnis: Ja, neuer Termin ______
      Nein
2. Unterlagen zusammenstellen ______
3. Ggf. mit direktem Vorgesetzten abstimmen ______
4. Vorgesetzter wünscht Terminänderung auf ______
5. Mitarbeiter bittet um Verlegung auf ______
6. Beteiligten endgültigen Termin nennen ______

III. Durchführung

1. Gespräch geführt am ______
2. Ggf. direkten Vorgesetzten unterrichten ______
3. Evtl. nochmaliges Gespräch, Termin ______
4. Deswegen PA benachrichtigen ______
5. Bogen an PA, ggf. über Vorgesetzten ______
6. Mit PA Besonderheiten besprechen ______

3. Vom Beurteilungsgespräch zum Mitarbeitergespräch

Die Bewährung der Standardisierung von Beurteilungsverfahren mit Kriterien und Skalierungen wird in den Unternehmen unterschiedlich beurteilt. Unternehmen und Führungskräfte, die viele Jahre mit diesen Systemen gearbeitet haben, Hunderte von Beurteilungsgesprächen hinter sich haben, werden skeptisch. Warum?

1. Sie erkennen nach längerer Zeit immer stärker die Unzulänglichkeiten solcher Verfahren (s. Beurteilungsfehler) und erkennen, daß sie die Beurteilungsfehler trotz intensiver Bemühungen nicht ablegen können und den Mitarbeiterbedürfnissen nicht gerecht werden.
2. Sie tun sich auch nach vielen Jahren schwer, die Beurteilungsgespräche regelmäßig zu führen. Oft werden sie uninteressant, weil langjährig geführten Mitarbeitern alles gesagt worden ist und diese sich doch wenig ändern.
3. Trotzdem bedarf jedes Gespräch einer intensiven Vorbereitung und ist eine zusätzliche Belastung und ein psychologischer Streß, insbesondere wenn jüngere Mitarbeiter erhöhte Anforderungen an die faire Beurteilung stellen oder Arbeitsgruppen die Ergebnisse mit dem Chef gemeinsam diskutieren wollen.
4. Offene Führung führt zwangsläufig zur Vorgesetztenkritik (z. T. Vorgesetztenbeurteilung) und ist auch kein reines Vergnügen für den Vorgesetzten, zumal er erkennen muß, daß auch er seine Schwächen nur unzureichend abbauen kann.
5. Die Akzeptanz von bestehendem und verbleibendem Subjektivismus ist ein Stück Selbsterkenntnis, mit dem man noch leben könnte, wenn alle die nötige Toleranz aufbrächten. Das ist aber nicht so.
6. Die Forderung nach Beschränkung des „aufwendigen“ Instrumentariums für eine „gerechte“ Beurteilung ist deshalb die erste Konsequenz. Sie bringt Entlastung und wird deshalb sehr schnell befürwortet.
7. Es ist eigentlich viel einfacher und konfliktfreier, die Ansichten in einem freundlichen Mitarbeitergespräch auszutauschen. Wobei der Vorgesetzte (als der Klügere) die Beraterrolle und Förderungsfunktion einnimmt, die sehr angenehm ist.
8. Damit die Leistungsbeurteilung dabei nicht zu kurz kommt (schließlich lebt das Unternehmen von der Leistung der Mitar-

beiter), werden Arbeitsziele verabredet, die dann im nächsten Gespräch gemeinsam ausgewertet werden. Experten fordern quantifizierte Leistungsstandards für die Beurteilung der Zielerreichung. Doch das ist nicht einfach.

9. Die Bedeutung eines solchen Verfahrens reicht somit weit über die reine Persönlichkeitsdiagnostik hinaus. Es soll Sinn vermitteln, den Mitarbeiter in die Planung der Arbeit einbeziehen und ihn zum zielorientierten und engagiert tätigen Mitarbeiter machen (s. Abb. 35).

Abb 35: Vom Beurteilungssystem zum Mitarbeitergespräch bei der Drägerwerk AG (aus *Henschel* 1993)

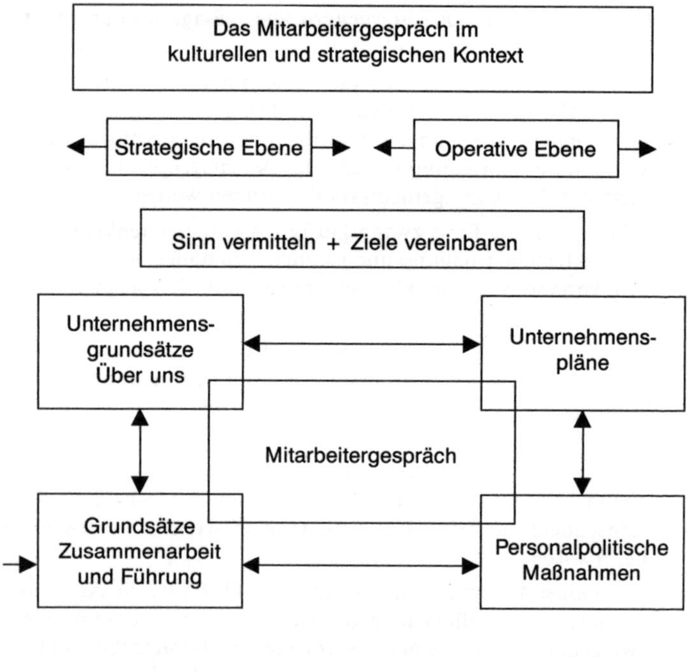

Ergänzt wird diese Vorgehensweise durch ein intensives Training der Führungskraft im Führen von Mitarbeitergesprächen (s. Abb. 36).

Abb. 36: Regeln für ein erfolgreiches Mitarbeitergespräch (aus *Herbst* 1995)

1. Reservieren Sie sich einen Termin zur Vorbereitung des Gesprächs.
2. Überprüfen Sie, ob Sie alle notwendigen Informationen für die Beurteiung der Person vorliegen haben. Falls relevant, so sprechen Sie mit Kollegen und Vorgesetzten, seien Sie jedoch vorsichtig mit der Übernahme von nicht belegbaren Vorurteilen.
3. Informieren Sie den Mitarbeiter rechtzeitig über das Gespräch und geben Sie ihm eine Chance, sich vorzubereiten.
4. Suchen Sie einen passenden Raum, in dem Sie ungestört mit dem Mitarbeiter sprechen können.
5. Planen Sie genügend Zeit für das Mitarbeitergespräch ein. Mindestens 45 Minuten.
6. Bereiten Sie sich vor, wie Sie das Gespräch eröffnen und weiterführen wollen. Überlegen Sie sich verschiedene Möglichkeiten und sprechen Sie, wenn nötig, mit einem Kollegen oder auch mit einem der Personalmitarbeiter darüber.
7. Sorgen Sie dafür, daß Sie während des Gespräches nicht gestört werden können.
8. Führen Sie das Mitarbeitergespräch grundsätzlich unter vier Augen. Ausnahme ist, daß Sie selber noch unsicher sind und Ihren eigenen Vorgesetzten gerne dabei hätten, oder im Falle einer negativen Personalentscheidung ein Mitarbeiter aus dem Personalbereich anwesend sein soll.
9. Führen Sie das Mitarbeitergespräch nicht in Eile, Hast oder Erregung.
10. Seien Sie locker und entspannt.
11. Helfen Sie dem Mitarbeiter, entspannt zu sein. Zeigen Sie Verständnis für mögliche Aufregung des Mitarbeiters.
12. Eröffnen Sie das Mitarbeitergespräch immer positiv.
13. Sprechen Sie den Mitarbeiter mit Namen an.
14. Bemühen Sie sich um eine ruhige und sachliche Gesprächsführung.
15. Lassen Sie keine gereizte Atmosphäre zu.
16. Machen Sie präzise Aussagen und verlangen Sie ebenfalls solche. Lassen Sie sich nicht auf Mitarbeitertratsch ein.
17. Sagen Sie konkret, was Sie in diesem Gespräch beide erreichen wollen, und notieren Sie ggf. die Ziele.

Abb. 36 (Fortsetzung)

18. Behalten Sie das Gesprächsziel im Auge.
19. Urteilen Sie nicht vorschnell.
20. Lassen Sie den Mitarbeiter zu Wort kommen.
21. Hören Sie aktiv zu, hinterfragen Sie.
22. Geben Sie auch persönliche Fehler zu.
23. Teilen Sie Negatives deutlich, jedoch ohne persönlichen Vorwurf mit.
24. Versprechen Sie nichts, was nicht versprochen werden darf!
25. Mißbrauchen Sie nicht das Vertrauen des Mitarbeiters.
26. Halten Sie am Gesprächsende deutlich fest, was erreicht wurde (Gesprächsziele).
27. Finden Sie einen positiven Gesprächsabschluß. Fassen Sie die Ergebnisse zusammen und unterstreichen Sie, was jeder zu tun hat.
29. Legen Sie fest, wie Sie den gemeinsam begonnenen Prozeß positiv fortsetzen wollen. Vereinbaren Sie, was jeder zu tun hat.
30. Bedanken Sie sich bei Ihrem Mitarbeiter für das Gespräch und nehmen Sie sich noch einige Minuten Zeit für einen positiven Ausklang.

Viele Unternehmen mit langjähriger Beurteilungspraxis gehen diesen Weg (Bayerische Vereinsbank, Drägerwerke AG, Siemens AG, Bosch GmbH, Dr. Thomae GmbH, HEW AG, Hewlett-Packard). Sie sammeln dabei die Erfahrungen, daß auch diese Änderung neue Schwächen aufweist, die eine grundlegende Verbesserung der Führung in Frage stellt, z. B.:

1. Es werden nur sehr zögerlich Ziele verabredet, schon gar nicht auf unteren Arbeitsebenen.
2. Wenn es Zielvereinbarungen gibt, sind diese selten mit harten Leistungsstandards (s. Abb. 37) verbunden.
3. Die Mitarbeitergespräche werden allgemeiner im Inhalt. Man „plaudert“ über die Arbeit in der Vergangenheit und Zukunft und sucht Harmonie herzustellen für eine weitere gute Zusammenarbeit.

Abb. 37: Anforderungen an Leistungsstandards (nach *Herbst* 1995)

Leistungsstandards müssen dem Gesamtziel dienen. Sie dürfen kein Eigenleben führen, sondern sind zielgerichtet. In der Summe aller Standards spiegelt sich das Gesamtziel wider. **Leistungsstandards sind vorweggenommene Resultate.** Sie konkretisieren den Ist-Zustand, der bei Erreichung des Zieles eintritt. Sie stellen Leistungsergebnisse dar. **Leistungsstandards müssen meßbar sein.** Nur meßbare Standards tragen zu einer objektiven Leistungsbewertung bei. Die Meßbarkeit hilft dem Mitarbeiter, den Grad seiner Zielerreichung selber kontrollieren und steuern zu können. Dem Manager helfen sie bei der Führung seiner Mitarbeiter in gleicher Weise. **Leistungsstandards müssen realisierbar sein.** Das heißt nicht, daß sie einfach erreichbar sein müssen. Sie müssen vom Mitarbeiter bei vollem Einsatz seines Leistungsvermögens und seiner Leistungsbereitschaft realisiert werden können. **Leistungsstandards müssen vom Mitarbeiter entwickelt werden.** Um eine hohe Identifikation des Mitarbeiters zu erreichen, ist es notwendig, daß er die Standards selber entwickelt und die Daten und Fakten dafür selber zusammenträgt. Sollten die Standards, im Gespräch mit dem Manager, durch diesen als zu hoch oder zu niedrig bewertet werden, so hat eine Abstimmung mit dem Ziel eines gemeinsamen Konsenses zu erfolgen. **Leistungsstandards dürfen keine Aktivitäten enthalten.** Um nicht zu unübersichtich zu sein, ist es wichtig, daß in den Standards keien Aktivitäten eingebaut werden. Diese gehören in die Aktivitätenpläne, die den Weg der Realisierung aufzeichnen.

4. Die harten „facts“ einer individuell erreichten oder verfehlten erfolgsbezogenen Leistungserfüllung als Teilbeitrag zur Unternehmenszielsetzung werden in der Realität nicht deutlich, solange man keine konkrete Leistungsprämienzahlung abhängig davon verabredet.

Unternehmen mit keiner oder wenig Beurteilungspraxis gehen diesen Weg nicht. Die Führungskräfte solcher Unternehmen suchen noch nach Kriterien, Gewichtungen und Systematiken für eine „gerechtere“ Beurteilung der Mitarbeiter, die das bisherige willkürliche Vorgehen eindämmen sollen.

Führungskräfte und Unternehmen müssen wohl selbst ihre eigene Entwicklung von Beurteilungen und Beurteilungsgesprächen durchlaufen und werden sich je nach Erfahrungszeit für die eine oder andere Vorgehensweise entscheiden. Letztlich ist aber das Verfahren weniger wichtig als die Führungskultur der Unternehmen für den richtigen Umgang mit den Mitarbeitern.

Kapitel 9: Das Beurteilungsverfahren

Um Beurteilungsverfahren einzuführen, bedarf es – neben der Zustimmung des Betriebsrates – der Akzeptanz der Beteiligten und Betroffenen. Führungskräfte und Mitarbeiter müssen das Instrument wollen, soll es akzeptiert und sinnvoll angewendet werden.

In den meisten Fällen werden solche Voraussetzungen in den Unternehmen vorhanden sein, weil ohne systematisches Vorgehen beim Beurteilen zu leicht Willkür Platz greift. Alle Mitarbeiter sprechen dann von „Nasenzulagen", wenn es um Prämienverteilung geht, oder Vetternwirtschaft, wenn es um Förderung geht.

Befragungen von Mitarbeitern haben deshalb in der Praxis fast überall Zustimmung gefunden, auch bei Betriebsratsmitgliedern.

Allerdings werden dabei zugleich oft Forderungen gestellt, für die man Verständnis haben muß, wie z. B.

- Schulung der Führungskräfte (s. Abb. 38),
- Bekanntgabe der Ergebnisse,
- Einspruchsrecht gegen Willkür.

Abb. 38: Vier Lernziele zur Schulung der Beurteiler

1. Zur fachgerechten Handhabung des Beurteilungsformulars sind notwendig:
   → Kenntnisse über
   - Grundlagen,
   - Ziele,
   - praktische Handhabung des Verfahrens.
2. Klärung des situativen und persönlichen Führungsstils . . .
   → als Voraussetzung für die motivierende Wirkung eines Beurteilungssystems.
3. Wirkungsvolles und vergleichbares Beurteilungsverhalten trainieren:
   → Praktische Übungen zur Verbesserung des Beobachtungsvermögens und der Fremd- und Selbstbeurteilung.
4. Zur erfolgreichen Führung von Mitarbeitergesprächen ist es notwendig,
   → kommunikative Fähigkeiten zu verbessern, weil widerwillig geführte Gespräche nicht fruchten!

Abb. 39: Das Beurteilungsverfahren

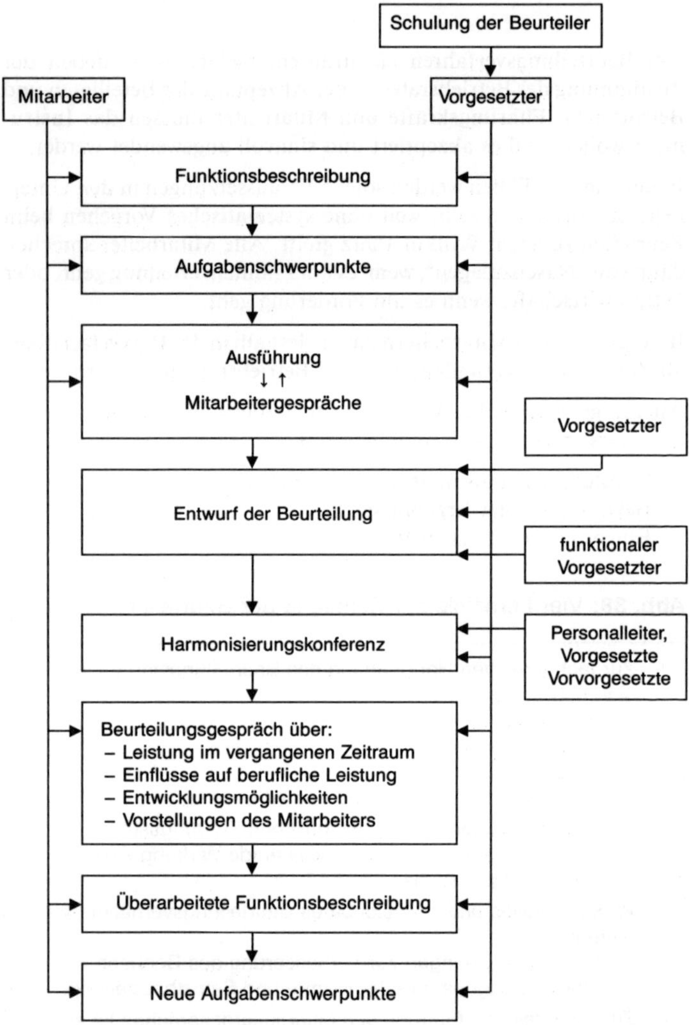

Solche Ergebnisse sind auch festzustellen, wenn es um die Befragung von AT-Mitarbeitern oder leitenden Angestellten geht.

Beurteilungsverfahren verlangen verschiedene Prozeßschritte, wenn sie funktionieren sollen (s. unten). Sie alle müssen durchdacht, organisiert und konsequent eingehalten werden, wenn das Verfahren erfolgreich das angestrebte Ziel erreichen soll.

Betriebsindividuelle Verfahren werden leichter akzeptiert als Kopien von fremden Systemen. Jeder möchte an dem System selbst mitwirken, es so beeinflussen, daß er es anschließend auch akzeptieren kann. Also sind die Betroffenen in Workshops einzubinden und darüber zu informieren, mit welcher Vorgehensweise andere Unternehmen die Beurteilung erfolgreich praktizieren (ggf. durch einen externen oder internen Berater). Die Themen, Fragen und Phasen eines solchen speziellen Workshops für Personalbeurteilung sind nach einem konkreten praktischen Beispiel die folgenden:

Thesenkatalog zur Abfrage mit Metaplan zur Entwicklung von Mitarbeiterbeurteilungsverfahren

- **Erfahrungen und Ziele?**
  1. Welche Erfahrungen wurden mit bestehenden Verfahren gemacht?

  1.1 Welche Erfahrungen wurden mit Leistungsbeurteilungsverfahren gemacht?

Angestellte	Gewerbliche AN

  1.2

Was war gut?	Was war schlecht?

  2. Warum neue Mitarbeiterbeurteilungsverfahren?
  3. Welches Ziel verfolgen Sie mit Mitarbeiterbeurteilungsverfahren?
  4. Was waren Ihrer Meinung nach die Ursachen für die Kritik?
     - Einführung
     - Praxis
     - Unterlagen
     - Information

- **Welche Mitarbeiter?**
  1. Für welchen Mitarbeiterkreis sollen die Verfahren gelten (Vorgesetzte/Mitarbeiter)?
  2. Sollen die Verfahren für Angestellte/gewerbliche Mitarbeiter/AT/Leitende gelten?
- **Was und wie beurteilen?**
  1. Was sollte Ihres Erachtens beurteilt werden?
  2. Welche Hauptbeurteilungskriterien schlagen Sie vor?
  3. Form/Art der Beschreibung der Beurteilungskriterien.
  4. Wie viele Beurteilungskriterien?
  5. Beurteilungsstufen/Unterkriterien
     - 5.1 Wie viele Beurteilungsstufen?
     - 5.2 Art der Beschreibung
       - Zwischenstufen
       - Noten
       - Text
       - Kombination
- **Faire Beurteilung**
  1. Was halten Sie von Vorgaben, um eine faire Beurteilung zu erhalten?
     - Grundsätze
     - Definitionen
     - Quervergleiche
     - Sonstige Vorgaben, z. B. erzwungene Verteilung
  2. Wie stellen Sie sich die Umwandlung von Beurteilung in Personalförderungsmaßnahmen (Personalförderung) vor?
- **Welche Grundlagen und Hilfsmittel?**
  1. Welche Grundlagen müssen geschaffen werden?
     - Arbeitsplatzbeschreibung/Stellenbeschreibung
     - Zielvereinbarungen usw.
  2. Welche Hilfsmittel erwarten Sie?
     - Einführung
     - Durchführung einer Beurteilung/Beurteilungsgespräch
     - Information
  3. Welche Hilfs-/Informationsmittel erwarten Ihres Erachtens

Vorgesetzte?	Mitarbeiter

Ein weiteres Hilfsmittel ist die nachfolgende Prüfliste, an Hand derer Sie feststellen können, ob Sie an alles gedacht haben (vgl. S. 118).

Bei der Auswahl der Beurteilungskriterien muß sichergestellt werden, daß die unterschiedlichen berufstypischen Anforderungskriterien berücksichtigt werden.

Viele Unternehmen haben in der Vergangenheit im Interesse einer einheitlichen Beurteilungssystematik und Vergleichbarkeit der Ergebnisse allgemeine Beurteilungskriterien vorgezogen, die für alle Tätigkeiten gleichermaßen angewendet werden können, z. B. für alle Arbeiter, für alle Angestellten, für alle Führungkräfte.

In der Praxis hat sich das wenig bewährt, weil sich die Mitarbeiter mit ihren speziellen arbeitstypischen Anforderungen im Beurteilungsergebnis nicht wiederfanden und sich falsch beurteilt fühlten. Deshalb wählten die Vorgesetzten eigene Unterkriterien.

Diese „Gleichmacherei" paßt nicht mehr in den heute verlangten Führungsstil.

Mehr Dezentralisierung, Führungsaufgaben zurückverweisen an die Führungskräfte, Förderung kleinerer Organisationseinheiten und mehr Individualisierung, Flexibilität und Veränderungswilligkeit führen dazu, daß fortschrittliche Beurteilungsverfahren stärker tätigkeitstypische, abteilungsspezifische oder sogar arbeitsplatzbezogene unterschiedliche Beurteilungskriterien fördern, denn die Akzeptanz der Beteiligten steht im Mittelpunkt des Verfahrens. Der Beurteilungsbogen soll ein intensives Beratungs- und Fördergespräch unterstützen und als Wegweiser für den Gesprächsablauf dienen. Dabei sollen den Beteiligten die Kapitel 10 und 11 helfen.

Prüfliste für die Einführung eines systematischen Beurteilungsverfahrens

	ja	nein
Tarifvertraglich vereinbartes Verfahren?		
Betrieblich zu vereinbarendes Verfahren?		
– Hauptziele festgelegt?		
– Methodische und grundsätzliche Probleme geklärt?		
– Fachliche Beratung von außen erforderlich?		
– Betriebsvereinbarungen abgeschlossen?		
Argumente für das Verfahren gesammelt?		
Mögliche Gegenargumente erörtert?		
– bei der Belegschaft?		
– bei den Vorgesetzten?		
Informationsverfahren festgelegt?		
– Vorgesetzte: schriftlich?		
mündlich?		
– Belegschaft: schriftlich?		
mündlich?		
Tonbildschau?		
– Personalvertretung in das Informationsverfahren einbezogen?		
– Geregelt, wer aufkommende Fragen („Ventil für spontanen Unmut") beantwortet?		
Umfassende Schulung der Vorgesetzten vorbereitet?		
– Geschulte Trainer vorhanden?		
– Schriftliches Informationsmaterial vorbereitet?		
– Ablauf der Schulungsveranstaltungen geplant?		
– Termine (einschließlich Nachholtermine) für Schulungsveranstaltungen geplant?		
– Künftige Einbeziehung des Themas Beurteilung in Vorgesetztenschulung vorgesehen?		
– Auskunftsstelle für Vorgesetzte bei auftretenden Problemen während der Beurteilung vorgesehen?		
Abgabetermine für die erste Beurteilung vorgesehen?		
Auswertung der Beurteilung geplant?		
Maßnahmen für den Fall gehäufter Beurteilungsfehler (z. B. Rückgabe an Beurteiler zur Korrektur) vorgesehen?		
Konsequenzen aus der Beurteilung (Vergabe von Leistungszulagen, Fortbildungsmaßnahmen u. ä.) geplant?		
Geplant, was geschieht, wenn sich erster „Durchgang" als unbrauchbar erweist?		
Geplant, die Reaktion von Mitarbeitern und Vorgesetzten auf das neue Verfahren zu erforschen?		
Möglichkeit künftiger Korrekturen des Beurteilungsverfahrens (Lernen aus Fehlern) vorgesehen?		

Kapitel 10: Liste von Gesichtspunkten zum Aufbau einer berufstypischen Beurteilung

Schwierigkeiten bereitet oftmals die Zusammenstellung von Gesichtspunkten, nach denen im Betrieb beurteilt werden soll. Einerseits ist man bestrebt, *betriebs*typische und tätigkeitsbezogene Merkmale zu finden, nach denen der Beurteilungsbogen ausgerichtet sein soll. Andererseits dürfen *berufs*typische Gesichtspunkte nicht unberücksichtigt bleiben. Eine Differenzierung nach Berufen führt aber zwangsweise zu einer Erweiterung des Formularwesens; denn für jeden im Betrieb vorhandenen Beruf bzw. für jede Berufsgruppe wird man einen gesonderten Beurteilungsbogen entwickeln müssen.

Ein „Generalbeurteilungsbogen", nach dem grundsätzlich alle Angehörigen eines Betriebes sozusagen „über einen Kamm geschoren werden", läßt keine allzu starken Differenzierungen zu. Ein solcher Bogen ist aufgrund seiner Grobmaschigkeit nur in der Lage, stärkere Abweichungen von der Betriebsnorm herauszusieben.

Soll nach berufstypischen Merkmalen beurteilt werden, kann man über eine arbeitsanalytische Betrachtungsweise – mit Hilfe einer Reihe von Fragen – die Auswahl der geeignet erscheinenden Beurteilungskriterien vornehmen. Das nachfolgende Schema dient diesem Bestreben.

Letztlich ist aber auch nicht zu verkennen, daß die Mitarbeiter im Betrieb Menschen sind, die Anerkennung in ihren vielfältigen Rollen haben wollen. Kooperativer Führungsstil und Delegation der Verantwortung bleiben Schlagworte, wenn sie nicht auch an einer so markanten Stelle, wie es ein Personalbeurteilungssystem ist, ihren Niederschlag finden. Es scheint deswegen durchaus überlegenswert, ob Beurteilungskriterien für Mitarbeiter nicht auch um Faktoren erweitert werden sollten wie: Interesse, Engagement, Zusammenarbeit. Das bedeutet schließlich nur, daß sich der Betrieb der Bedürfnisse seiner Mitarbeiter annimmt.

Für die zielgerichtete Auswahl der Beurteilungskriterien hat es sich bewährt, mit einem Fragenkatalog systematisch vorzugehen, wie dies in Abb. 40–43 beispielhaft gezeigt wird.

Abb. 40: Fragen zu Fähigkeiten und Qualifikation

Stichwort	Fragestellung	Beurteilungskriterium
Lehre Zeugnisse Nachweise Theoretische Ausbildung Fachhochschule Ausland/EG	Welche Ausbildungen können belegt werden? Welche Schulbildung ist für den Arbeitsplatz notwendig? Welche theoretische Vorbildung ist für den Arbeitsplatz notwendig?	Selbständigkeit Bildungsgrad Ausdruck mdl. u. schr. Bisherige Entwicklung Wissen Fremdsprachen Fachkenntnisse
Praktische Ausbildung	Welche praktische Ausbildung ist für den Arbeitsplatz notwendig? Welche Erfahrung (Berufserfahrung, Betriebserfahrung) ist für den Arbeitsplatz notwendig?	Berufserfahrung Selbständigkeit Zuverlässigkeit Fachbeherrschung: s. o.
Weiterbildung	In welcher Weise und mit welchem Erfolg bemüht sich der Beurteilte um Bildungszuwachs? In welcher Weise und mit welchem Erfolg bemüht sich der Beurteilte um Erweiterung seines Fachwissens? Wo arbeitet der MA an seiner persönlichen Entwicklung?	Geistige Regsamkeit Lernwilligkeit Lernfähigkeit Fleiß Interesse Wille Anstrengungsbereitschaft Einsatzbereitschaft

Abb. 41: Fragen zu körperlichen Anforderungen

Stichwort	Fragestellung	Beurteilungskriterium
Allgemeines	Erfordert die Beschäftigung bestimmte, körperliche, altersmäßige und geschlechtsbezogene Voraussetzungen?	Äußere Erscheinung Alter Größe Gewicht Geschlecht Körperliche Entwicklung
Sehen Hören Riechen Schmecken Tasten	Erfordert die Beschäftigung besondere Sehleistungen? Erfordert die Beschäftigung eine Belastungsfähigkeit der Augen? Werden besondere Hörleistungen verlangt? Ist die Tätigkeit mit einer Belastung des Gehörs verbunden? (Lärmunempfindlichkeit) Erfordert der Beruf besondere Geruchs- oder Geschmacksunempfindlichkeit? (auch: besondere Geruchs- oder Geschmacksempfindlichkeit) Erfordert die Beschäftigung eine besondere Tastempfindlichkeit? (Tastunempfindlichkeit)	Sehschärfe Farbtüchtigkeit Hörtüchtigkeit Tastsicherheit Geschmackssicherheit Geruchsunempfindlichkeit Unfallsicherheit Körperfehler Körperliche Entwicklung

Abb. 41 (Fortsetzung)

Stichwort	Fragestellung	Beurteilungskriterium
Schnelligkeit der Bewegungen Genauigkeit der Bewegungen Bewegungskoordination Reaktionsschnelligkeit	Erfolgen die Hantierungen und Bewegungen mit der erforderlichen Schnelligkeit? (Fließband) Werden die Bewegungen und Hantierungen sicher durchgeführt? Erfolgen keine unnötigen Bewegungen? Welche Ein- bzw. Zweihandgeschicklichkeit erfordert die Beschäftigung? Erfordert die Beschäftigung eine gewisse Koordination zwischen Hantierungen und Körperbewegungen? Ist zur Ausübung des Berufes eine bestimmte Reaktionsschnelligkeit notwenig?	Ein- bzw. Zweihandgeschicklichkeit Arbeitstempo Anpassung Arbeitsgüte Praktische Veranlagung Körperfehler Belastbarkeit Geschicklichkeit Arbeitsgewöhnungen Anstrengungsbereitschaft Leistungsfähigkeit
Körpergewandtheit	Besitzt der zu Beurteilende die notwendige Gewandtheit, körperliche Elastizität und Behendigkeit?	Körperliche Entwicklung Körperliche Leistungsfähigkeit Körperfehler Einsatzbereitschaft
Haltung	Erfordert die Beschäftigung vieles Heben, Tragen, Ziehen, Gehen, Stehen? Mit welchen Haltungen ist die berufliche Tätigkeit verbunden?	Belastbarkeit Ausdauer Arbeitsleistung Arbeitsmenge Arbeitsverhalten Sport
Muskelanstrengung	Erfordert die Beschäftigung körperliche Anstrengungen? Welche körperliche Widerstandsfähigkeit erfordert die Beschäftigung?	s. o. Belastbarkeit Anstrengungsbereitschaft Einsatzbereitschaft

Abb. 42: Fragen zu geistigen Anforderungen

Stichwort	Fragestellung	Beurteilungskriterium
Aufmerksamkeit	Werden die Aufgaben mit der geforderten Aufmerksamkeit durchgeführt? Wie groß ist die Umsicht und das Interesse, mit denen die Arbeit durchgeführt wird?	Aufmerksamkeit Auffassungsgabe Interesse Geistige Regsamkeit
Konzentration	Erfordert die Aufgabe dauernde oder zeitweilige Konzentration? Wie weit erfüllt der zu Beurteilende die betrieblichen Anforderung in bezug auf Genauigkeit, Exaktheit und Widerstand gegen Ablenkungen von der Arbeit?	Konzentration Interesse Arbeitsausführungen Anstrengungsbereitschaft Aufmerksamkeit Arbeitsverhalten Beobachtungsgabe
Urteilsvermögen	Arbeitet der zu Beurteilende im Rahmen seiner Aufgaben kritisch, selbständig; denkt er folgerichtig und logisch?	Intelligenz Beurteilungsvermögen Urteilsfähigkeit Denken, Denkvermögen
Gedächtnis	Werden die erforderlichen Gedächtnisleistungen erbracht? Wie groß ist das Erinnerungsvermögen in bezug auf den Aufgabenkreis? (behält kurzfristig, langfristig, gutes bzw. schlechtes Gedächtnis)	Denken, Denkvermögen Intelligenz Merkfähigkeit Gedächtnis Geistige Veranlagung
Empfindung, Phantasie	Inwieweit sind gewisse Vorstellungsbegabungen für den Beruf notwendig? (Raumvorstellung, Farbenvorstellungsvermögen, bildhafte Vorstellungsfähigkeit)	Geistige Regsamkeit Vorstellungsvermögen Geschmack
Ästhetisches Empfinden	Wie ist der Sinn für Harmonie, Formen, Farben? Ist eine gewisse geschmackliche Sicherheit zur Ausübung des Berufes notwendig?	Geschmack

Abb. 43: Fragen zum Arbeitsverhalten

Stichwort	Fragestellung	Beurteilungskriterium
Persönliche Qualifikation	Welche menschlichen Anforderungen werden zur Bewältigung der Arbeitsaufgabe verlangt? (auch Lebenserfahrung) Welcher persönliche und geistige Hintergrund ist zur Erfüllung der Aufgabe notwendig? Welche Vertrauenswürdigkeit, welches Format ist zur Erledigung der Aufgabe erforderlich? Welche Eigenschaften sind für die Personalführung erforderlich?	Menschliches Verhalten (z. B. f. Personalführung) Selbständigkeit Wille Initiative Entschlußfähigkeit Wirtschaftliches Denken Verantwortungsbewußtsein Menschenkenntnis
Ordnung und Sauberkeit	Wie gestaltet der zu Beurteilende seinen Arbeitsplatz; wie ist sein Sinn für Ordnung und Sauberkeit?	Ordnung Sorgfalt Zuverlässigkeit Pünktlichkeit Führung
Auftreten	Erfordert die Beschäftigung oder die Aufgabe Sicherheit im Auftreten, Gewandtheit und taktisches Empfinden? Erfordert die Tätigkeit viel Außendienst und Kontakt zu anderen?	Erster Eindruck Ausdrucksfähigkeit Selbstgefühl Selbständigkeit Menschenkenntnis Durchsetzungsvermögen
Umweltverhalten	Wie verhält sich der zu Beurteilende gegenüber seiner Umwelt und welche Auswirkungen hat dieses Verhalten auf die Arbeitsleistung?	Umweltbeziehungen Verhalten gegenüber . . . Hilfsbereitschaft Umgangsformen Verhandlungsgeschick Zusammenarbeit Menschenkenntnis
Ideenreichtum	Welches Maß an Ideen, Initiative und Kreativität erfordert der Arbeitsplatz?	Kreativität Initiative

Abb. 43 (Fortsetzung)

Stichwort	Fragestellung	Beurteilungskriterium
Sicherheit und Selbständigkeit bei der Arbeit	Welche Sicherheit und Selbständigkeit verlangt die Arbeitsaufgabe?	Unfallsicherheit Fehler Verantwortungsbewußtsein Kostenbewußtsein Dispositionsvermögen Wirtschaftliches Denken Entschlußfähigkeit auch: Ausdruck Briefgestaltung
Arbeitseinstellung	Welche Voraussetzungen verlangt die Erledigung der Arbeit? Ist große Flexibilität/Mobilität erforderlich?	Einsatzbereitschaft Initiative Fleiß Arbeitsbereitschaft Arbeitsgüte Arbeitseinstellung Flexibilität
Arbeitsenergie	Welche Energien werden für die Erledigung der Aufgabe mobilisiert? Mit welchem Energieumfang wird an der Lösung der Aufgabe gearbeitet?	Schwankungsbreite der Arbeitsleistung Umstellfähigkeit Wendigkeit Arbeitsbereitschaft Arbeitsleistung Anstrengungsbereitschaft
Einsatzbreite	Welche Einsatzmöglichkeiten ergeben sich bei dem augenblicklichen Arbeitsverhalten? Wie vielseitig ist der Mitarbeiter einzusetzen?	Vielseitigkeit Förderungswürdigkeit Beförderungsmöglichkeit
Teamarbeit	Erfordert die Aufgabe das Zusammenarbeiten mit anderen? Ist der zu Beurteilende in der Lage, konstruktiv mit anderen Mitarbeitern zu arbeiten?	Zusammenarbeit Teamfähigkeit

Veränderte Arbeitsplatzinhalte erfordern neue Ausbildungsprofile

> Neue Technologien – inbesondere die neuen Informationstechnologien – und der Wertewandel in den Bedürfnissen der jüngeren Beschäftigten erfordern eine Überprüfung und Anpassung der Anforderungs- und Beurteilungskriterien für die 90er Jahre.
>
> Zunehmend wichtig werden
>
> - Kreativität (für Innovationen)
> - Abstraktes, theoretisches Denken (Algorithmen, Software)
> - Planerisches Denken (Flußdiagramme, Software-Abläufe)
> - Systemdenken (Bussysteme, Schnittstellen, Peripherie)
> - Lernbereitschaft („Lebenslanges Lernen“)
> - Kommunikationsfähigkeit (Komplexes erklären können)
> - Bereitschaft zur Teamarbeit (kein Einzelgängertum)
> - Flexibilität (Akzeptanz neuer Verfahren)
> - Mobilität („Job Rotation“)

Mit zunehmender Dezentralisierung von Verantwortung und situativem anforderungsgerechtem Führungsverhalten wird zusätzlich von den Mitarbeitern unternehmerisches Verhalten, Eigenständigkeit, Verantwortungsbewußtsein und Initiative erwartet. Für Führungskräfte gilt das besonders (s. Teil II, Kap. 3).

Kapitel 11: Beispiele berufs- und tätigkeitsbezogener Beurteilungsmerkmale

Angelernte Kräfte Aufmerksamkeit, Auffassungsgabe, Arbeitstempo, -menge, Zuverlässigkeit, Unfallsicherheit, soziales Verhalten

Ausbilder Pädagogische Fähigkeiten, Ausdauer, Fachbeherrschung, Urteilsvermögen, Menschenkenntnis (insbes. Jugendpsychologie), Lernbereitschaft, Führungseigenschaften, Wille, Einsatzbereitschaft, Verantwortungsbewußtsein, Denkvermögen, Wendigkeit, Arbeitsgesinnung, Umgangsformen, soziales Verhalten, Verhalten im Unterricht, Zuverlässigkeit

Auszubildende Auffassungsgabe, Lernwilligkeit, Fleiß, Arbeitsverhalten, Arbeitsausführung, Initiative, Ordnung, Pünktlichkeit, soziales Verhalten, Berichtsheft, besondere Eignung, Einsatzbereitschaft

Buchhalter Sorgfalt, Ordnung, Fachwissen, Verantwortungsbewußtsein, Ausdauer, Selbstvertrauen, Zuverlässigkeit, Rechnen

Einkäufer Fachbeherrschung, Fachkenntnisse, Wissen, Aufmerksamkeiten, Denken, Geistesart, Merkfähigkeit, Gedächtnis, Persönlichkeit, Menschenkunde, Wendigkeit, Umgangsformen, Verhandlungsgeschick, Wille, Widerstandsfähigkeit, Vertrauenswürdigkeit, Ordnung, Unbestechlichkeit, Durchsetzungsvermögen

Empfangschef Wendigkeit, Konzentration, Verhandlungsgeschick, Menschenkenntnis, Menschenbehandlung, Umgangsformen, Fremdsprachen, erster Eindruck, Aufmerksamkeit, Zuverlässigkeit, soziales Verhalten, Anpassung, Aufmerksamkeitsumfang, Denken, Wille, Kon-

	taktfähigkeit, Selbstgefühl, Persönlichkeit, Äußeres
Fernfahrer	Fachkenntnisse, Anstrengungsbereitschaft, Aufmerksamkeit, Berufserfahrung, Ehrlichkeit, Einsatzbereitschaft, allgem. Gesundheitszustand, körperliche Leistungsfähigkeit, Selbständigkeit, Unfallsicherheit, Verhalten bei Fehlern, Zuverlässigkeit
Fertigungsingenieur	Aufmerksamkeitsumfang, Urteilsvermögen, Dispositionsvermögen, Organisationsgabe, Denkvermögen, Fachkenntnisse, Führungseigenschaften, Menschenkenntnis, wirtschaftliches Denken, Einsatzbereitschaft, Entschlußfähigkeit
Führungskraft	Führungseigenschaften, pädagogische Fähigkeiten, Verhandlungsgeschick, Umgangsformen, Kontaktfähigkeit, Organisationsgabe, Menschenkenntnis, Dispositionsvermögen, Entscheidungsfähigkeit (s. eigenes Kapitel)
Graphiker	Schöpferische Begabung, Geschicklichkeit, Sorgfalt, Arbeitsgüte, Arbeitstempo, Selbständigkeit, Sicherheit, Vorstellungsvermögen, Teamarbeit
Handwerker	Geschicklichkeit, Sorgfalt, Zuverlässigkeit, Arbeitsplanung, Selbständigkeit, Verhalten gegenüber Gleichgestellten, Kostenbewußtsein, Unfallsicherheit, Arbeitsgüte, Arbeitsmenge
Ingenieur, prakt.	Aufmerksamkeitsumfang, Urteilsvermögen, Dispositionsvermögen, Organisationsgabe, Denkvermögen, Fachkenntnisse, Führungseigenschaften, Menschenkenntnis, wirtschaftliches Denken, Einsatzbereitschaft, Entschlußfähigkeit
Kassierer	Ehrlichkeit, Zuverlässigkeit, Vertrauenswürdigkeit, Ordnung, Sorgfalt, Selbstvertrauen, Einsatzbereitschaft, Denken, Konzentration, Umfangsformen, Merkfähigkeit, Gedächtnis, Menschenkenntnis

Kaufmann, technischer	Verhandlungsgeschick, Kontaktfähigkeit, Umgangsformen, Menschenkenntnis, Fachkenntnisse, Gedächtnis, Sprache, Kooperationsfähigkeit, schriftliches und mündliches Ausdrucksvermögen
Kolonnenführer	Fachbeherrschung, Organisationsgabe, Dispositionsvermögen, Menschenkenntnis, Umgangsformen, wirtschaftliches Denken, Führungseigenschaften, Verantwortungsbereitschaft, Urteilsvermögen, Wille
Konstrukteur	Schöpferische Begabung, Denken, Vorstellungsvermögen, Urteilsfähigkeit, Fachkenntnisse, Berufserfahrung, Wendigkeit, Zusammenarbeit, Selbständigkeit, Arbeitseinteilung, Ausdauer, Systemdenken
Korrespondent	Ausdruck, Konzentration, geistige Regsamkeit, Menschenkenntnis, Organisationsgabe, Dispositionsvermögen, Anpassung, Sorgfalt, Ordnung, Fremdsprachen, Mobilität
Meister	Fachbeherrschung, Menschenkenntnis, Verantwortungsbereitschaft, Organisationsgabe, Umgangsformen, Urteilsvermögen, Wille, Selbständigkeit, Führungseigenschaften, pädagogische Fähigkeiten
Offiziere	Fachkenntnisse, Arbeitsleistung, soziales Verhalten, Zusammenarbeit, Führungseigenschaften, Organisationsgabe, Beurteilungsvermögen, Anpassung, Ausdruck, Mobilität
Organisations-sachbearbeiter	Aufmerksamkeit, Auffassungsgabe, Urteilsvermögen, Dispositionsvermögen, Organisationsgabe, Vorstellungsvermögen, Kostenbewußtsein, Verhandlungsgeschick, Denken, geistige Regsamkeit, Ausdauer, Lernbereitschaft, Verantwortungsbewußtsein, Zuverlässigkeit, Teamfähigkeit, Ideenreichtum
Personalchef	Wendigkeit, Konzentration, Verhandlungsgeschick, Menschenkenntnis, Umgangsformen, Fremdsprachen, Sensibilität, Aufmerksam-

	keit, Beurteilungsvermögen, Dispositionsvermögen, Organisationsgabe, Verantwortungsbewußtsein, Zuverlässigkeit, Anstrengungsbereitschaft, Persönlichkeit
Refa-Ingenieur	Aufmerksamkeit, Aufmerksamkeitsumfang, Urteilsvermögen, Denkvermögen, Fachbeherrschung, Menschenkenntnis, Konzentration, Sorgfalt, Ausdauer, Zusammenarbeit, Hilfsbereitschaft, pädagogische Fähigkeiten, Verantwortungsbewußtsein, soziales Verhalten
Reisender	(s. auch Verkäufer), Vertrauenswürdigkeit, Verhandlungsgeschick, Ausdruck, Mobilität
Sekretärin (Chefsekretärin, Direktionssekretärin, evtl. Abt.-Sekretärin)	Wendigkeit, Konzentration, Verhandlungsgeschick, Menschenkenntnis, Umgangsformen, Sprache, Ausdruck, Fremdsprachen, Auffassungsgabe, Arbeitsbereitschaft (Anstrengungsbereitschaft), Intelligenz, Gedächtnis, Geschmack, Kontaktfähigkeit, Vertrauenswürdigkeit, Belastbarkeit, Dispositionsvermögen, Organisationsgabe, Äußeres
Soldaten/ Bundeswehr	Wille, Entschlußfähigkeit, Temperament, Verantwortungsbewußtsein, Lebenserfahrung, Umweltbeziehungen, Verhalten gegenüber. . ., geistige Anlagen, Bildung, Äußeres, Belastbarkeit, Sport, Körperfehler, usw.
Systemanalytiker	Abstraktes, theoretisches Denken, analytisches Denkvermögen, planerisches Denken, Systemdenken, Lernbereitschaft, Flexibilität für die Akzeptanz neuer Verfahren, betriebswirtschaftliche oder technische Kenntnisse, Sorgfalt, Genauigkeit, Selbstkontrolle
Verkäufer	Menschenkenntnis, Kontaktfähigkeit, Umgangsformen, Wendigkeit, Sicherheit, Selbstvertrauen, Sprache, Fachkenntnisse (Ware, Markt), Geistesart, Konzentration, Auffassungsgabe, Aufmerksamkeitsumfang, Initia-

	tive, Ausdauer, Einsatzbereitschaft, Anpassung, Zuverlässigkeit, Äußeres
Vertreter	(s. auch Verkäufer), Briefgestaltung, Ausdruck, Vertrauenswürdigkeit, Verhandlungsgeschick
Vorarbeiter	Fachbeherrschung, Organisationsgabe, Dispositionsvermögen, Menschenkenntnis, Umgangsformen, Aufmerksamkeit, Aufmerksamkeitsumfang, Verhalten gegenüber Gleichgestellten und Untergebenen, Kontaktfähigkeit, Hilfsbereitschaft, Beurteilungsvermögen, pädagogische Fähigkeiten, Ausdauer, Anstrengungsbereitschaft, Einsatzbereitschaft
Werkmeister	Fachbeherrschung, Menschenkenntnis, Verantwortungsbereitschaft, Organisationsgabe, Umgangsformen, Urteilsvermögen, Wille, Selbständigkeit, Führungseigenschaften, pädagogische Fähigkeiten
Wirtschafts-Ingenieur	Verhandlungsgeschick, Kontaktfähigkeit, Umgangsformen, Menschenkenntnis, Fachkenntnisse, Gedächtnis, Sprache, planerisches Denken, Systemdenken

Um die Beurteilung mehr dem Anforderungsprofil der Tätigkeit anzupassen, gibt es die Möglichkeit, aus einer Reihe von Beurteilungskriterien jeweils eine feste Zahl auszuwählen, die nur für eine bestimmte Funktionsgruppe im Betrieb gilt. Eine entsprechende beispielhafte Auswahlliste zeigt Abb. 44, die eine frühere Vorgehensweise von IBM wiedergibt. Die Vergleichbarkeit der Beurteilungen ist dann selbstverständlich nur auf der Ebene gleicher Funktionsgruppen möglich. Die Kriterien sind jeweils dem Umfang der Tätigkeit angepaßt.

Abb. 44: Beurteilungskriterien nach Funktionsgruppen

(x) = Zusatzkriterien
MA = Mitarbeiter
FK = Führungskräfte
QU MA = Qualifizierte MA
SGL = Sachgebietsleiter
SPEZ = Spezialisten

Funktionsgruppen		Fachkenntnisse usw.	Arbeitsgüte	Arbeitsmenge	Arbeitssicherheit	Arbeitsverhalten in Ausnahmesituationen	Auftreten	Behandlung v. Information	Bereitst. v. Lösungen	Disposition	Fachaufsicht	Fachl. Beratung	Fortbildung	Kontr./Korr. Arb.	Kostenverantwortung	Org. und Plan.	Personalführung	Probleme	Einsatz von Mitteln	Schöpf. Leistung	Selbständigkeit	Termintreue	Überwachung	Zielsetzung und Delegation	Zusammenarbeit
		01	02	03	04	05	06	07	08	09	10	11	12	13	14	15	16	17	18	19	20	21	22	23	24
80	MA Fertigung	x	x	x	x	x													x			x			x
81	MA Verwaltung	x	x	x	(x)	x	(x)												x			x			x
70	FK CH/T/FERT/H	x	x	x	x	x								x					x			x			x
71	FK K/VW	x	x	x	(x)	x	(x)							x					x			x			x
60	QU MA CH/T/FERT	x	x	x	(x)	x		(x)		x			x	x				(x)			x				x
61	QU MA K/VW	x	x	x		x	(x)	(x)		x			x	x				(x)			x				x
62	QU MA Schulung	x	x			x	x			x		x	x	x				(x)	(x)						x
50	FKR I. Stufe				(x)	x	x	x	x				x		x	x	x			(x)			x	x	x
51	FKR II. Stufe				(x)		x	x	x				x		x	x	x			x			x	x	x
40	Schreibkräfte	x	x	x		x								x								x			x
41	Sekretärinnen	x	x			x	x	x		x				x							x	x			x
30	SGL CH/T	x			(x)	x		x			(x)		x			x		x		(x)	x				x
31	SGL K/K/VW/VK	x				x	(x)	x			(x)		x			x		x		(x)	x				x
32	SGL Schulung	x				x	x					x	x			x		x	(x)						x
20	SPEZ CH/T	x			(x)	x		x	x		x	x	x		x	x	(x)			(x)					x
21	SPEZ K/VW/VK	x				x	(x)	x	x		x	x	x		x	x	(x)			(x)					x
10	HÖH SPEZ						(x)	x	x		x	x	x		x	x	(x)			x					x
01	Trainees																								

Kapitel 12: Beispiele für Abstufung und Definition der Kriterien

Die Mehrzahl der Unternehmen bedient sich bei der *Abstufung* einer fünfstufigen Gliederung. Es bleibt dabei vorerst unberücksichtigt, ob die fünf Stufen gleichwertig nebeneinanderstehen oder ob sie unterschiedliche Mengen, Stärken oder Grade eines bestimmten Wertes ausdrücken.

Im allgemeinen ist die Fünferstufung jedem aus der Schule bekannt, obwohl zur Zeit in allen Bundesländern die Sechserstufung gültig ist. Die Fünferstufung ist schon deswegen vorteilhafter, weil sie mit der „Drei" eine natürliche Mitte besitzt. Skalen mit mehr als fünf Stufen erfordern ein geschultes Differenzierungsvermögen und sind für die Betriebspraxis meistens zu schwierig.

Stufenbeschreibung

Stufe 1
In diese Stufe sind alle Mitarbeiter einzuordnen, die nicht immer den Anforderungen genügen, d. h.

- deutlich erkennbare Mängel in ihrer Leistung aufweisen, die zu Beanstandungen führen,
- die noch unter diesem Leistungsbild liegen, d. h. häufig oder ständig Mängel in der Leistung aufweisen bzw. selten oder nie den Anforderungen genügen.

Stufe 3
Berücksichtigt man die breite Anlage der Stufe 1, wird die Abgrenzung zur Stufe 3 deutlich. Hier werden Mitarbeiter eingeordnet, die fast immer den Anforderungen genügen, d. h.

- nur gelegentlich Mängel in ihrer Leistung aufweisen.

Nimmt man zunächst die Zuordnung zur Stufe 3 vor, gelingt die Einordnung in die anderen Stufen treffsicherer, da die Stufenunterschiede deutlich hervortreten.

Stufe 5
Mitarbeiter, die den Anforderungen in vollem Umfang genügen,

- weisen sehr selten Mängel in ihrer Leistung auf.

Wer den Anforderungen „fast immer" genügt (Stufe 3), also „gelegentliche Mängel" aufweist, gehört nicht in die Stufe 5.

Daher wird wahrscheinlich eine Häufung von Beurteilungsergebnissen auf Stufe 3 liegen.

Stufe 7

In diese Stufe sind Mitarbeiter einzuordnen, die die sich aus ihrer Aufgabenstellung ergebenden Anforderungen übertreffen, d. h.

- fast ausschließlich mängelfrei arbeiten,
- die Anforderungen überwiegend, nicht nur gelegentlich, übertreffen.

Stufe 9

Mitarbeiter, die die Anforderungen in besonderem Umfang übertreffen,

- erbringen mängelfreie Leistungen auch bei starker Beanspruchung,
- übertreffen regelmäßig die Erwartungen einer einwandfreien Leistung erheblich.

Zwischenstufen

Werden die gezeigten Leistungen nicht durch die beschriebenen Stufen gekennzeichnet, sind die Zwischenstufen zu wählen. Häufig wird es vorkommen, daß einige Merkmalsanteile einer höheren, andere einer niedrigeren beschriebenen Stufe zuzuordnen sind. Auch hier ist insgesamt die Zwischenstufe zu wählen.

Skalen mit weniger als fünf Stufen haben zwar den Vorteil, daß der Vorgang des Beurteilens erleichtert wird; sie sind aber erwiesenermaßen ein zu grobes Maß für die Betriebspraxis. Alle gesammelten Ausdrücke wurden deshalb nach der Fünfergliederung gestuft, wobei es sich – entsprechend dem Kriterium – um Wertstufen handelt oder aber um gleichwertige Unterscheidungen. Nicht immer lassen sich die sprachlichen Grenzen exakt ziehen, die Wertbezeichnungen überlappen sich teilweise mit den Nachbarstufen. Mitunter sind für sinngemäß benachbarte Kriterien gleiche oder ähnliche Bezeichnungen, Worte und Sätze gebräuchlich. Sofern die Stufen unterschiedliche Wertgrade bezeichnen, könnte versucht werden, die Ausdrücke nach folgendem Schema zu ordnen:

1. **Bestwert, Höchstmaß, Idealmaß, Spitzenwert, sehr gut bis ausgezeichnet:**
   Übertrifft die mit dem Arbeitsplatz verbundenen Anforderungen bei weitem,
   liegt weit über betrieblichem Durchschnitt,
   erreicht denkbare Höchststufe.
2. **Überdurchschnittlich:**
   Wertung zwischen Bestwert und Betriebsdurchschnitt, gut, übertrifft die mit dem Arbeitsplatz verbundenen Anforderungen,
   liegt in der Bewertung über der Betriebsnorm.
3. **Durchschnitt/Mittelwert:**
   Erfüllt die betrieblich gesetzte Norm befriedigend bis ausreichend,
   erfüllt die mit dem Arbeitsplatz verbundenen Anforderungen.
4. **Mängel sind vorhanden:**
   Erfüllt die mit dem Arbeitsplatz verbundenen Anforderungen nicht immer,
   muß sich teilweise noch verbessern,
   erreicht die betrieblich gesetzte Norm nicht immer.
5. **Mangelhaft bis unzureichend:**
   Für den Betrieb nicht haltbar,
   ungenügend, nicht geeignet,
   erfüllt die mit dem Arbeitsplatz verbundenen Anforderungen in keiner Weise.

Man kann das ganze System auch umkehren und den besten Wert mit fünf bezeichnen. Das ist besonders dann von Vorteil, wenn *Wertpunkte* vergeben werden sollen. Sie lassen sich unter Umständen addieren (Vorsicht!) und sind beim Vergleichen ein brauchbarer Hilfswert.

Die Kennziffern 1 – 5 dienen zur Grobgliederung der Bewertungsstufen; feinere Differenzierungen findet man innerhalb eines Kennzifferbereiches. Es ist ratsam, auch die Wortsammlungen ähnlicher Kriterien durchzulesen. Häufig ergibt sich die passende Bezeichnung erst aus der Verschmelzung von zwei Sätzen aus verschiedenen Bereichen. Die Notenstufe „unzureichend“ ist für die Praxis des Beurteilens meistens entbehrlich. Kein Betrieb beschäftigt letztlich „schlechte“ Mitarbeiter. Trotzdem wurde nicht darauf verzichtet, um den negativen Gegenpol zum Bestwert zu umreißen.

Abbildung 45 gibt einen Überblick über grundsätzliche Möglichkeiten der Skalierung.

Abb. 45: Möglichkeiten der Skalierung

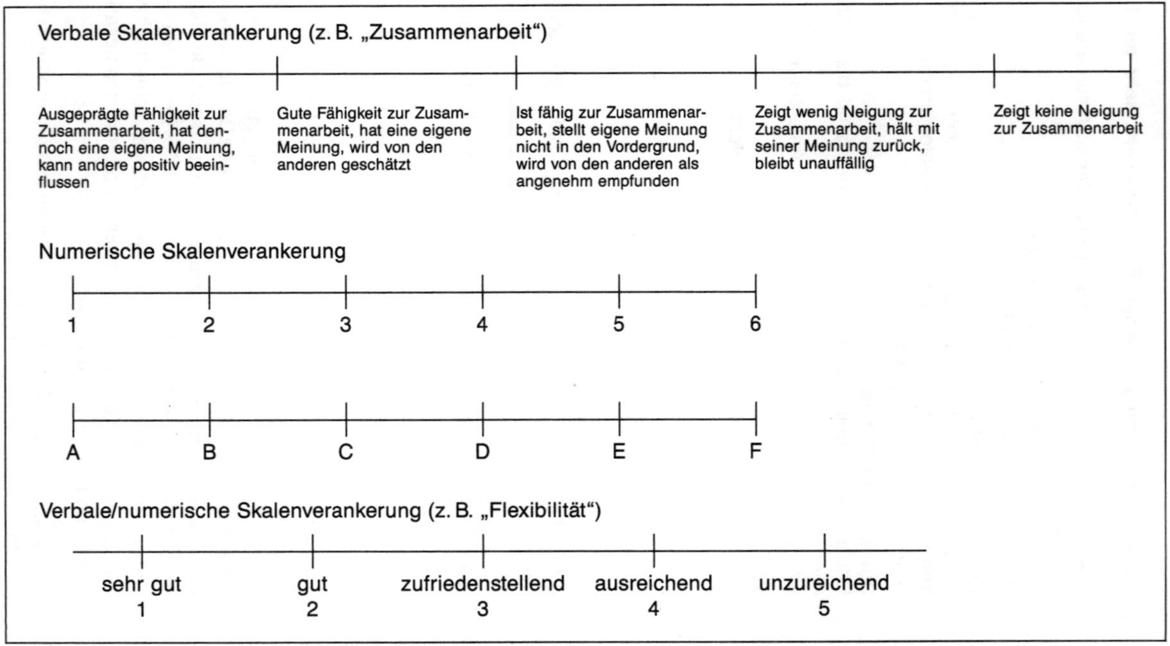

Pole verbal/Zwischenwerte numerisch (z. B. „Konzentrationsfähigkeit“)

Zeigt sehr gute Konzentrationsfähigkeit bei allen Tätigkeiten, ist stets mit ganzer Aufmerksamkeit bei der Sache	1	2	3	4	5	6	Ist konzentrationsschwach, mit seinen Gedanken oft abwesend, bedarf deshalb der ständigen Beaufsichtigung und Kontrolle

Verbal gemischte Skalenverankerung (z. B. „Geistige Eignung“)

braucht mehr Erklärungen als im Durchschnitt	begreift sehr schnell und denkt mit	schwerfällig, begreift sehr langsam	begreift durchschnittlich schnell

Alternativ werden statt Stufen Rangreihen zwischen 80% und 130% je Kriterium beschrieben, damit die Differenzierung gleitend und noch treffsicherer durchgeführt werden kann. Weitere Beispiele für Stufendefintitionen finden Sie in Abb. 46 und 47.

Definition der Beurteilungskriterien

Die Definitionen in dem folgenden Katalog sind so einfach wie möglich gehalten. Für die betriebliche Praxis ist es allerdings erforderlich, diese knappen Formulierungen so zu erweitern, daß Führungskräfte aller Ebenen wissen, was mit dem betreffenden Kriterium zu beurteilen ist. (In der unteren Führungsebene treten sonst leicht Mißverständnisse auf, weil die Definition zu abstrakt gehalten ist und sich nicht genügend an der Wirklichkeit orientiert). Dies soll am Beispiel des Beurteilungskriteriums „Zusammenarbeit“ verdeutlicht werden.

Zusammenarbeit

Unter Zusammenarbeit soll das reibungslose Einfügen in eine Arbeitsgruppe verstanden werden. Das Arbeitsverhalten soll so geartet sein, daß möglichst viele Ergebnisse der eigenen Arbeit den Mitgliedern der Arbeitsgruppe für die Lösung ihrer Probleme dienlich sind und daß das Gruppenarbeitsziel schnell und rationell erreicht wird oder aber die Gesamtleistung der Gruppe verbessert wird. Dazu ist gegenseitige Information und eine arbeitsbezogene Tuchfühlung erforderlich. Kontaktfreude, Arbeitsinteresse (auch über den eigenen Arbeitsbereich hinaus) und angenehme Umgangsformen begünstigen die Zusammenarbeit erheblich. Als Norm wird von jedem Mitarbeiter erwartet: Der Wille zur Zusammenarbeit muß aus dem Arbeitsverhalten erkennbar sein. Es sollen Handlungen unterbleiben, die eine Zusammenarbeit in der Arbeitsgruppe ungünstig beeinflussen.

Mit einer anderen Methode läßt sich noch besser absichern, daß Beurteiler den in den Kriterien geforderten Beobachtungsrahmen nicht verlassen: die Aufschlüsselung des Kriteriums in Fragen, die sich an der beobachtenden Wirklichkeit orientieren. Die Fragen müssen so formuliert sein, daß sich nur mit einer qualifizierten Aussage darauf antworten läßt. (Keine „Ja-Nein“-Fragen; sondern sogenannte „W“-Fragen).

Abb. 46: Beispiel einer gleitenden Beurteilungsskala

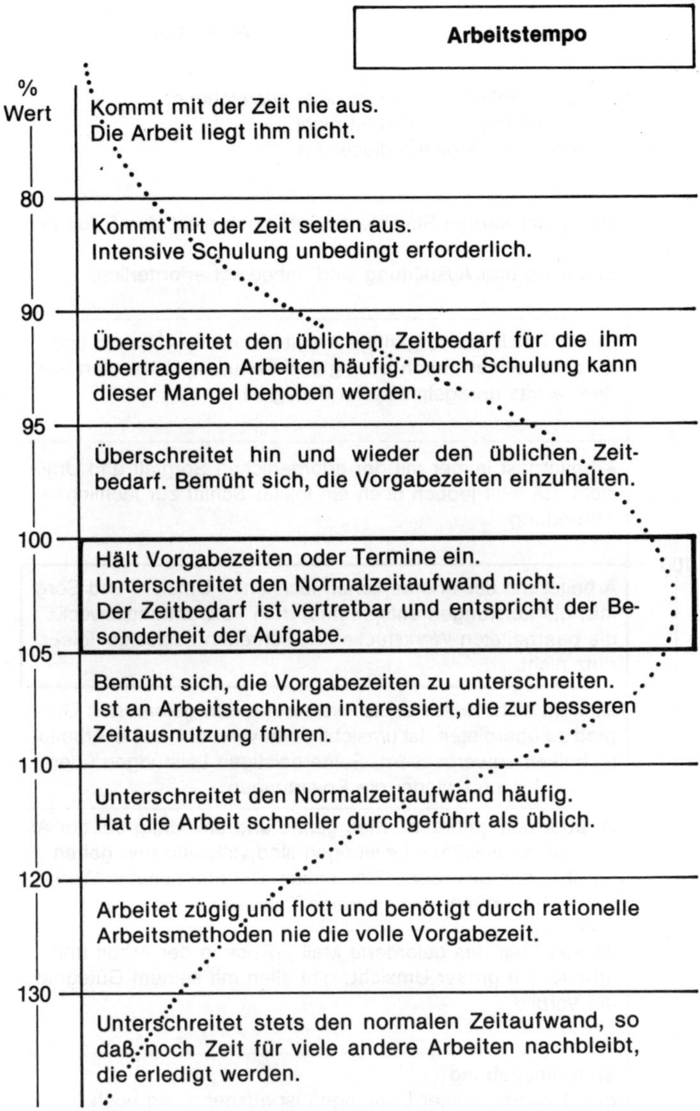

Abb. 47: Beispiel einer gleitenden Skala

% Wert	Arbeitsgüte
bis 80	Der gegenwärtige Stand ist nicht ausreichend. Die Arbeit liegt ihm absolut nicht. Unbegabt für Arbeiten dieser Art.
80–90	Der gegenwärtige Stand entspricht noch nicht den Erfordernissen. Schulung und Ausbildung sind unbedingt erforderlich.
90–95	Bemüht sich um sorgfältige Arbeit; fachliche Umsicht und Sorgfalt können durch Übung und Schulung verbessert werden; etwas unregelmäßig im Gütegrad.
95–100	Arbeitet fast immer mit der erforderlichen Sorgfalt und Umsicht. Es fehlt jedoch noch ein letzter Schliff zur fachlichen Abrundung.
100–105	Arbeitet mit der erforderlichen fachlichen Umsicht und Sorgfalt; die Leistungen entsprechen dem Verwendungszweck; die bearbeiteten Werkstücke überschreiten zulässige Toleranz nicht.
105–110	Bemüht sich, Besseres zu leisten und den geforderten Gütegrad zu überbieten. Ist umsichtig und versucht, seine Arbeitstechniken zu verbessern. Seine geistigen Leistungen übersteigen hin und wieder die Erwartungen.
110–120	Ist über das geforderte Maß genau und umsichtig bei der Arbeit. Seine geistigen Leistungen sind vielseitig und gehen oft über das geforderte Ziel hinaus. Die bearbeiteten Werkstücke haben eine sehr geringe Toleranz.
120–130	Ist weit über das geforderte Maß präzise in der Arbeit und arbeitet mit großer Umsicht; gibt allen mit seinem Gütegrad ein Vorbild.
130–	Spezialbegabung; der Gütegrad seiner Leistungen ist ausnehmend hoch.

Fragen zur „Zusammenarbeit"

Wie gut fügt er sich in die Arbeitsgruppe ein?
Wie versteht er es, sein Wissen und Können der Gruppe zur Verfügung zu stellen?
Wie verhält er sich, wenn Spannungen zwischen den Gruppenmitgliedern auftreten?
Wie gelingt es ihm, zugunsten der Gruppenleistung die eigenen Zielvorstellungen zu revidieren?
Wie gut und häufig gibt er Informationen weiter?

Wie gut kann er sich veränderten Gruppenverhältnissen anpassen?
Wann hat er Anpassungsschwierigkeiten?
Wann und wie oft gibt er Informationen weiter?
Eine solche Liste von Fragen zwingt den Beurteiler zu konkreten Aussagen. Steht dem Beurteiler ein Aussagenkatalog zur Verfügung, wird ihm die Grobformulierung sogar noch erspart; er braucht nur seine Beobachtung einer Stufe des Kataloges zuzuordnen bzw. die dort gefundene Aussage durch zusätzliche Formulierungen zu differenzieren.

Weitere Beispiele für die Aufschlüsselung von Kriterien durch Fragen

Verantwortungsbereitschaft

Mit welcher Bereitschaft steht er für Fehler innerhalb seines Aufgabengebietes ein?
Wie verhält er sich, wenn er wegen seiner Arbeitsergebnisse zur Verantwortung gezogen wird?
Wie verhält er sich, wenn er außergewöhnliche Situationen zu bewältigen hat?
Trifft er auch unpopuläre Entscheidungen?

Arbeitsbereitschaft (einschl. Initiative)

In welcher Grundstimmung bewältigt er den täglichen Arbeitsanfall?
Welchen Willenseinsatz zeigt er bei der Übernahme neuer Arbeiten oder Arbeitsgebiete?
Wie reagiert er auf besondere Belastungen?
In welchem Umfang übernimmt er aus eigener Entscheidung Aufgaben und Verantwortung?

Planung eigener/fremder Arbeit

Wie wird er der Forderung gerecht, seine Arbeit unter logischen und wirtschaftlichen Aspekten sinnvoll zu ordnen?
Wie zweckmäßig bereitet er die Arbeitsabläufe und den Einsatz seiner Mitarbeiter vor?
Wie versteht er es, den Aufwand an Zeit, Kraft und Kosten bei seiner Planung zu berücksichtigen?

Führungsfähigkeit (einschl. Menschenführung und Kooperationsfähigkeit)

Wie ist sein Durchsetzungsvermögen zu beurteilen?
Welchen Erfolg haben seine Bemühungen, die Mitarbeiter für eine Arbeitsaufgabe zu begeistern?
Wie versteht er es, Arbeiten zu delegieren?
Wieviel Geschick zeigt er bei der Aufgabe, den richtigen Mann an den richtigen Platz zu stellen?
Wie unterweist er seine Mitarbeiter?

Ideenreichtum

Wie ausgeprägt ist seine Begabung, eigene Ideen zu entwickeln?
In welchem Umfang erarbeitet er Methoden, die die Qualität der Arbeitsergebnisse verbessern?

Arbeitsgüte

Wieviel Sorgfalt verwendet er auf die Ausführung seiner Arbeiten?
Wie sind seine Arbeitsergebnisse im Hinblick auf die zulässigen Toleranzen zu beurteilen?
Wie verläßlich hält er die erzielte Arbeitsqualität ein?

Arbeitsmenge

Wie kommt er mit der zur Verfügung stehenden Zeit aus?
In welchem Verhältnis steht die geleistete Menge zur benötigten Zeit?
Wie eng hält er sich an die Vorgabezeiten und Absprachen?

Kostenbewußtsein

Wieviel Verantwortungsgefühl zeigt er beim Einsatz sachlicher und personeller Betriebsmittel?

Wie gelingt es ihm, ein ausgewogenes Verhältnis zwischen Aufwand und Nutzen zu erzielen?
Wie erfolgreich sind seine Bemühungen, Verlustquellen aufzudecken und zu beseitigen?

Berufliches Können (einschl. Fachwissen)

Wie sicher beherrscht er die Kenntnisse und Fertigkeiten seines Fachgebietes?
In welchem Verhältnis steht sein Fachwissen zu den vorliegenden Arbeitsanforderungen?
Wie vertraut ist er mit den innerbetrieblichen Vorschriften?
Welche Bereitschaft zeigt er, sich neue Fertigkeiten bzw. ein erweitertes Fachwissen anzueignen?

Auftreten

Wie führt er Verhandlungen?
Wie reguliert er Reklamationen und Differenzen mit Geschäftspartnern und Konsumenten?
Wie gelingt es ihm, gegenüber Kunden den Nutzen der Produkte darzustellen?
Wie repräsentiert er die Gesellschaft in der Öffentlichkeit oder bei Behörden?

Beispiele für Stufendefinitionen

Die Beispiele in Abb. 48 enthalten *Definitionen* gebräuchlicher Beurteilungsmerkmale sowie gleichzeitig Anhaltspunkte für eine Definition der Stufungen des Erfüllungsgrades. Es sind Musterbeispiele für eine streng gebundene Vorgabe zur Einstufung von *Arbeitsqualität* mittels Stufendefinitionen.

Gerade die *Qualität der Arbeitsleistung* bestimmt immer stärker die Wettbewerbsfähigkeit des Unternehmens, wodurch dieses Beispiel an Bedeutung gewinnt.

Bekanntlich orientieren Menschen ihr Verhalten an denjenigen Beurteilungskriterien, die vom Vorgesetzten für wichtig gehalten, beurteilt und belohnt werden. Insoweit kann vorübergehend eine solche detaillierte Einstufungsmatrix zur Präzisierung und Erzielung der gewünschten Qualitätsstandards führen und dem Beurteiler

Abb. 48: Fachliche Fertigkeiten – Fähigkeit zur Verrichtung konsequenter und hochqualifizierter Arbeit

	Ebene 1	Ebene 2	Ebene 3	Ebene 4	Ebene 5
Zeigt fachliche Fertigkeiten	– Löst die meisten Probleme mit Hilfe eingeführter Methoden – Sammelt und organisiert Daten für Vorlage beim Sachgebietsleiter – Kann Informationen und ihre Quelle auswerten – Erweitert Spezialkenntnisse, entwickelt Hilfsmittel u. Fertigkeiten für Synthese v. Daten u. Empfehlungen	– Wendet eingeführte Analysetechniken effektiv an – Bereitet vollständige eigene Sachbeiträge f. Aufnahme in den Abschlußbericht vor, kann auch an der Abfassung des Vorschlages mitwirken	– Zeigt große Kompetenz beim Entwickeln fachlicher Projekte von Beginn bis zum Schlußbericht u. Präsentation – Formuliert spezielle problemlösende Ansätze u. Methoden – Ist fähig, selbständig zu arbeiten und Schlüsse zu ziehen	– Konzeptionelle Fertigkeit und Beiträge zeigen sich durch fachmännische u. aktive Beteiligung an der Sacharbeit, Führung von extern verursachter Sacharbeit, Einführen von hochrangigen analytischen Techniken	– wie links – Fertigkeit und Beitrag zum Fachgebiet werden gezeigt durch häufige öffentliche Äußerungen, Veröffentlichungen; fachliche, geschäftliche oder kommunale Aktivitäten; aktive Teilnahme an Verbandsarbeit und regelmäßige Anfragen von außen nach individuellem Service an Kunden

	Ebene 1	Ebene 2	Ebene 3	Ebene 4	Ebene 5
Anerkannt für fachliche Fertigkeiten	– Allgemein gut qualifiziert, aber Fähigkeit zur fachlichen Anwendung der Fertigkeiten ist noch nicht voll geprüft	– Anerkennung und Akzeptanz allgemein auf eigene unmittelbare Arbeitsgruppe begrenzt – Arbeitet an Ausweitung der Anerk. auf andere Gruppen	– Anerkannt bei Fachleuten in der eigenen Abt. u. anderen Bereichen d. Firma als sehr kompetenter Fachmann auf seinem eigenen Spezialgebiet	– Anerkannt im Unternehmen als führender Fachmann auf dem eigenen Gebiet und gewinnt Anerkennung von außen	– Hat internationale, nationale oder industrieweite Anerkennung der fachlichen Fertigkeiten über Jahre hinweg erreicht
Gefragt als Hilfsquelle	– Arbeitet innerhalb klar definierter Grenzen unter Aufsicht eines Abteilungs- oder Sachgebietsleiters	– Arbeitet in unterstützender Rolle mit weitgezogenen Grenzen	– Vertritt das Unternehmen kompetent bei Kunden und zeigt Fertigkeiten b. Unterstützen d. Fachleute auf and. Gebieten	– Ist häufig gefragt b. derzeitigen u. früheren Kunden u. anderen Fachgruppen d. Hauses zur Mitarb. auf Sachgebieten u. der Weiterentwicklung des Unternehmens	– Ist dauernd gefragt bei jetzigen u. früheren Kunden u. anderen Fachleuten des Hauses – Dient als primäre Quelle im Haus bei der Entwicklung neuer Produkte, Geschäftsmöglichkeiten oder der Lösung komplexer Kundenprobleme

Abb. 48 (Fortsetzung)

	Ebene 1	Ebene 2	Ebene 3	Ebene 4	Ebene 5
Konsequente fachl. Arbeitsleistung	– Liefert Arbeit von guter Qualität – Ergebnis periodischer Prüfung unterworfen – Arbeitet an Entwicklg. fachl. Urteilskraft u. d. fachlich. Niveaus – Erfordert einige Anleitung und Aufsicht	– Liefert Arbeit von hoher Qualität – Ergebnis periodischer Prüfung unterworfen – Zeigt fachl. Urteilskraft u. fachl. Niveau – Gemäßigtes Maß an Aufsicht erforderlich – Erkennt und erforscht neue Möglichkeiten im eigenen Fachgebiet	– Liefert regelm. Arbeit von hoher Qualität – Gelegentl. aufsichtliche Prüfung erforderlich – Beweist den Gebrauch neuer Fertigk. u. Kenntnisse im eig. Fachgebiet – Zeigt fachl. Breite über sein Fachgebiet hinaus u. wendet diese Ideen u. Konzepte auf eig. beraterische Aktiv. an – Erforscht Wege z. Verbesserung d. betriebl. Eigenschaften eingeführter Produkte, Methoden oder Dienstleistungen	– Liefert konsequent hochklassige Arbeit – Akkurate, gründl. Arbeit mit normalen Methoden – Wenig aufsichtliche Prüfung erforderlich – Erkennt potentielle innovative Fortschritte auf dem eig. Gebiet u. den verbundenen Gebieten u. setzt diese z. Vorteil d. Unternehmens in kunden- od. gewinnorientierte Arbeit um	– Liefert konsequent höchstklassige fachliche Arbeit – Arbeit zeichnet sich durch hohe Akkuratesse u. Innovation aus – Wirklich keine Aufsicht erforderlich – Erahnt od. veranlaßt neue Trends u. Entwicklungen auf dem eigenen u. d. verbundenen Fachgebieten, ermittelt d. geschäftl. Konsequenzen f. d. Unternehmen u. formuliert Pläne z. finanziellen Ausnutzung dieser Entwicklungen

jeglichen Raum für Subjektivismus und Manipulation nehmen. Natürlich nur, wenn alle Betroffenen (Vorgesetzte, Mitarbeiter, Kollegen, nächsthöhere Vorgesetzte und Betriebsrat) in Konfliktfällen Einsicht in diese Einstufung nehmen können und die Streitkultur gut ist. Die weiteren Beispiele für Stufendefinition gibt dem Beurteiler nicht nur die Möglichkeit, die wichtige Stufe für das Beurteilungsmerkmal besser zu wählen. Darüber hinaus kann (sollte) der Beurteiler die aufgeführten speziellen Beobachtungen und Einschätzungen unterstreichen, um im Gespräch dann präzise die Fakten und Meinungen ansprechen und erläutern zu können. Nur so kann ein zielgerichteter Dialog zustande kommen.

Die weiteren Seiten zeigen Beispiele für Stufendefinitionen anderer Beurteilungsmerkmale.

Arbeitsausführung

Definition

Grad der Sorgfalt, mit der eine Arbeit durchgeführt wird. Verläßlichkeit der Arbeitsqualität. Auch: Prägung des Arbeitsverhaltens durch Erziehung und Selbstdiziplin.

1	Großzügig; gelockert; zuverlässig, sorgfältige, gewissenhafte Arbeitsausführung; bemüht sich immer, genau und exakt zu arbeiten; vergißt niemals etwas; überwacht sorgfältig die Ausführung der Arbeiten bis zur Vollendung; sehr sorgfältig; peinlich genau; sehr gewissenhaft, ausgesprochener Ordnungssinn; äußerst gründlich; vertieft sich in die Materie; konzentriert; fehlerlos, pedantisch, genau.
2	Die von ihm aufgewandte Sorgfalt entspricht der Bedeutung der von ihm geforderten Arbeit, auch in Einzelheiten liebevoll, ohne dadurch den Gesamteindruck zu verwischen, unbefangen; bewahrt sich seine gesunde Natürlichkeit bei der Arbeit; haßt Kleinigkeitskrämerei; großzügig und das Gegenteil eines Pedanten (–); ist bestrebt, die große Linie zu halten und hält sich nicht mit Kleinigkeiten auf; korrekt, sauber, gründlich, pfleglich.
3	In seinem Wesen gelockert; unbekümmert; überläßt anderen gern die Ausführung einer Arbeit, um sich seinerseits auf neue Entwürfe zu verlegen; ausreichende Gründlichkeit und Vertiefung; macht hin und wieder Fehler, im Endergebnis jedoch zufriedenstellend genau.
4	Ihm liegen Kleinarbeit und Feinarbeit wenig/überhaupt nicht; setzt sich sorglos darüber hinweg, wenn er etwas vergessen hat; nicht gewissenhaft genug; die von ihm aufgebrachte Sorgfalt entspricht nicht mehr den Anforderungen der Aufgabe; Kleinlichkeitskrämer, sieht vor lauter Einzelheiten keinen Zusammenhang; scheut schmutzige Arbeiten; oberflächlich; nachlässig; flüchtig; schwankend.
5	Liederlich, fahrlässig, pedantisch = (–); oberflächliche Einstellung, mangelnde Gründlichkeit, arbeitet nachlässig und fehlerhaft, unkonzentriert, sehr vergeßlich; kümmert sich nicht um die Ausführung der von ihm angefangenen Arbeiten; läßt vieles/alles halbfertig liegen; stört den Arbeitsfluß durch seine Pedanterie; unzuverlässig; ist übertrieben sorgfältig; läßt keinen anderen Menschen an seine Arbeit herankommen, will alles selbst machen und wird deshalb mit nichts rechtzeitig fertig.

Arbeitsbereitschaft

Definition

Art der persönlichen Grundstimmung zur Bewältigung des täglichen Arbeitsanfalls, Gesinnung und Willenseinsatz bei der Übernahme neuer Arbeiten oder Arbeitsgebiete, Belastbarkeit und Einsatzbereitschaft.

1	Eifrig; strebsam; in seiner Aufgabe aufgehend; großer Eifer; schaffensfreudig; sehr großes Interesse; sehr fleißig; sehr leistungsfreudig; nie erlahmendes Interesse (auch bei unangenehmen Arbeiten); besonders einsatzwillig; zeigt Initiative; große Sachkenntnis; große Einsatzbereitschaft; Berufsidealismus; starkes Pflichtstreben; Verantwortungsbewußtsein; vorbehaltlos aufopfernd; verstärkter Einsatzwille bei unerwarteten Schwierigkeiten; es wird ihm nichts zuviel.
2	Voll bei der Sache; aktiv; anregend; Interesse und Fleiß überdurchschnittlich; fleißig; arbeitsfreudig; voll bei der Sache; sucht bewußt Anstrengungen, um sich zu bewähren; interessiert; fleißig; strebsam; anstrengungsbereit; scheut auch vor schmutziger Arbeit nicht zurück; verausgabt sich bei normaler Arbeit nicht; bei unerwarteten Schwierigkeiten verstärker Einsatzwille, der sich stets bewähren will; pflichtbewußt und strebsam; schaffensfroh.
3	Fleißig und interessiert; genügend interessiert und genügend fleißig; mit Ausnahmen fleißig und interessiert; selbständig; gleichmäßig; durchschnittliche Einsatzbereitschaft; zufriedenstellend; verausgabt sich nicht mehr als nötig; ausreichende, gleichbleibende Einsatzbereitschaft; setzt sich ausreichend ein; die vorhandenen Kräfte entsprechen den zu stellenden Anforderungen; wird durch die Arbeit nicht überfordert; pflichtbewußt und strebsam.
4	Kräfte reichen nicht aus, um eine durchschnittliche Leistung zu sichern; Fleiß und Interesse lassen sehr zu wünschen übrig; Interesse und Fleiß unter dem Durchschnitt; braucht Antrieb; mäßiges Interesse; übersteigerte Einsatzbereitschaft; bequem; nachlässig; braucht Ermahnung und Ansporn; wenig unternehmend; gibt leicht auf; wenig Ausdauer; schont sich gern; bedarf gelegentlich noch der Überwachung; oft mißvergnügt; neigt häufig zum Bummeln.
5	Mißvergnügt; weniger interessiert; vollkommen ohne Interesse; bummelnd; träge; versagt bei größerer Beanspruchung; geringe Sachkenntnis; geringe Einsatzbereitschaft; braucht Aufsicht; arbeitet für den eigenen Vorteil; ist leicht mit sich zufrieden; nur dann für Anregungen zugänglich, wenn ihm die Aufgabe Spaß macht; wenig stabil, wenig ausdauernd.

Arbeitstempo

Definition

Geschwindigkeit in der Ausführung der Arbeit unter Berücksichtigung der Verwendbarkeit der Arbeitsergebnisse. Die für die Leistung benötigte Zeit oder die in einer bestimmten Zeiteinheit bearbeiteten Werkstücke bzw. Aufgaben im Verhältnis zur Betriebsnorm/Berufsnorm.

1	Flott; flüssig; sehr schnell; sicher und genau; beherrscht; sehr gleichmäßig; = 100% Norm; zügig, immer eifrig; außergewöhnlich flott; äußerst flott und zügig; unterschreitet häufig die Vorgabezeit; ausgesprochen zügig und flott; schnell; sehr schnell (90–100% Gehilfenzeit); schnell (80–90% der Gehilfenzeit); schwungvoll; rasch und fleißig; genau; gekonnt; gleichmäßig; = 70% Norm; fix; rasches Arbeitstempo; arbeitet flott; flink; rasch; jede Arbeit geht ihm flink von der Hand; bringt in verhältnismäßig kurzer Zeit überraschend viel Ergebnis; flüssiger Arbeitsablauf; arbeitet lebhaft vorwärts; nützt die Zeit aus und beherrscht sie zweckmäßig; frisch und lebhaft.
2	Flott; arbeitet flüssig; hält die Vorgabezeiten immer ein; gutes Arbeitstempo; wird schnell fertig; flink; zügig; flüssig; eilig; rasch; seine Zeit liegt schon über dem Durchschnitt; schnell; doch nicht immer genau; langsam, aber genau; sicher; nicht immer gleichmäßig; gut; langsames Arbeitstempo; arbeitet ohne jede Hast; bleibt mit unerschütterlicher Ruhe bei seiner Arbeit; leistet mehr, als man nach seinen geruhsamen Bewegungen erwartet hätte; zügiger Arbeitsablauf; arbeitet ruhig weiter, ohne sich abzuhetzen; teilt sich seine Zeit weise ein und läßt sich nicht aus der Ruhe bringen; gleichmäßig; genügend schnell; wird mit der ihm übertragenen Arbeit in der Regel ohne Zeitverlust fertig; gleichmäßig.
3	Durchschnittlich; pflichtgemäß; betriebsübliches Tempo; normales Arbeitstempo; mittelschnell; dabei gleichmäßig; flüssig; ruhiges Tempo; arbeitet ruhig; gleichmäßig; hält hin und wieder die Vorgabezeit nicht ein; ausgeglichen; ruhig; beständig; mittelmäßig; erfüllt die Erwartungen; schafft ausreichend.

Arbeitstempo (Fortsetzung)

4	Kommt zeitweise/häufig mit der normalen Arbeitszeit nicht aus, weil zu lahm; zu bequem; zu träge; zu oberflächlich; zu gehetzt; wechselnd in der Leistung; erreicht den Durchschnitt, fällt aber leicht wieder ab; ausreichend; eben ausreichend; wechselnd; gemächlich; arbeitet langsam; schwunglos; die Vorgabezeiten werden meistens überschritten; braucht zu allem ziemlich viel Zeit; bequem; überhastet; ungleichmäßig; ausreichend; ausreichend genau; unsicher; schwerflüssig; überhastet; unruhig; übereilt phlegmatisch; müde; wenig Steigerungsmöglichkeiten.
5	Langweilig; stockend; ungenau; schwunglos; hoffnungslos langsam; sehr langsam; hastig; gehetzt, arbeitet schleppend; die Vorgabezeiten werden ständig überschritten; unbefriedigend; wird nicht fertig; kommt nicht vom Fleck; überstürzt; klebend; träge; flüchtig; gesteigert und überhastet; arbeitet langweilig; ihm ist es gleich, wie lange er zu einer Arbeit braucht; bleibt in der mengenmäßigen Arbeitsleistung weit zurück; trödelt herum und bringt nichts fertig; ohne jedes Leben; kennt überhaupt keinen Zeitbegriff und keine Zeiteinteilung; allzurasches Arbeitstempo; arbeitet hastig; übereilt; ruhelos; wird nervös und aufgeregt; kann nichts erwarten; sein geschäftiges Werken steht in keinem Verhältnis zur tatsächlich geleisteten Arbeit; gehetzt; überhudelt alles, weil er einzig und allein „auf Tempo“ arbeitet; übertrieben lebhaft; ein Sklave seiner Zeit; wird von seiner Zeit beherrscht.

Aufmerksamkeit

Definition

Die Fähigkeit und der Wille, sich einer Aufgabe konzentriert zuzuwenden und den Aufmerksamkeitsumfang sowie die Arbeitsintensität eine möglichst lange Zeitdauer konstant zuhalten. Die Fähigkeit, unter schwierigen Begleitumständen (Lärm, Störungen) eine Arbeit mit der erforderlichen Genauigkeit und Sorgfalt durchzuführen.

1	Sehr konzentriert und gesammelt; wendet sich jeder Aufgabe voll zu und bleibt bei der Sache; unermüdlich; seine Aufmerksamkeit steigert er zu höchster Konzentration; er dringt bis zur letzten Klarheit vor; ist von der Arbeit ganz erfüllt; gefangengenommen von der Arbeit; kann alles im Auge behalten; tut alles konzentriert; beachtet Anweisungen genau; läßt nichts außer acht; nicht ablenkbar; Augen überall; konzentriert sich ganz auf seine Arbeit; erfaßt auch außerhalb der Arbeit liegende Vorgänge; läßt sich nie ablenken; behält auch über einen großen Arbeitsbereich ständigen und sicheren Überblick.
2	Arbeitet konzentriert und der Sache zugewandt; läßt sich nur schwer ablenken; fleißig; Störungen werden kaum bebachtet; kümmert sich wenig darum, was um ihn herum vorgeht; unterbricht seine Arbeit nur ungern; beachtet Anweisungen gut; läßt sich schwer ablenken; läßt selten etwas außer acht; bei vielfältigen Aufgaben läßt die Konzentration nach; konzentriert sich auf seine Arbeit; kann außerhalb der Arbeit liegende Vorgänge nur teilweise erfassen; kann einen überdurchschnittlichen Arbeitsbereich genügend sicher überblicken; ist voll bei der Sache; hat Überblick; wach.
3	Genügend konzentriert und bei der Sache bleibend; arbeitet stetig; achtet mehr auf Einzelheiten, ohne den Zusammenhang zu berücksichtigen; beachtet nicht immer alles; läßt sich gelegentlich ablenken; hinreichender Überblick; kann sich auf seine Arbeit konzentrieren; erfaßt dann aber außerhalb seiner Arbeit liegende Vorgänge nicht mehr; läßt sich ablenken; kann einen normalen Arbeitsbereich genügend sicher überblicken.

Aufmerksamkeit (Fortsetzung)

4	Wenig konzentriert; bleibt nicht genügend bei der Sache; nachlassend und ablenkbar; zeitweilig zerstreut; wechselnd in der Konzentration; läßt sich verhältnismäßig leicht ablenken; geht bereitwillig auf Störungen ein und empfindet sie deshalb nicht als besonders lästig; liebt wechselnde Beschäftigung; begrenzte Aufmerksamkeit; beachtet Anweisungen oberflächlich; Nebensächlichkeiten werden mehr beachtet als wichtige Vorgänge; sehr häufig unkonzentriert; Konzentration auf die Arbeit fällt ihm schwer; denkt zuviel an Dinge außerhalb der Arbeit; Träumer, ist leicht zerstreut; ablenkbar und erlahmend; verliert mitunter andere Vorgänge aus dem Auge, wenn er sich mit einer Aufgabe beschäftigt; kann sich nicht konzentrieren.
5	Unkonzentriert; ist sehr leicht ablenkbar; zerfahren und fahrig; bequem; allzu leicht ablenkbar; kann sich nicht konzentrieren; läßt sich durch jede Kleinigkeit stören; zerstreut und flatterhaft in der Arbeit; kann sich überhaupt nicht sammeln; starr fixierend; kann nicht mehrere Anforderungen zugleich beachten; ständig nicht bei der Sache; völlig zerstreut und unkonzentriert; ist leicht zerstreut; Scheuklappen; ist nicht bei der Sache; läßt sich durch jede Kleinigkeit ablenken; kann sich auf nichts konzentrieren; unaufmerksam; flüchtig, zerstreut; kein Überblick; bleibt immer an einem Vorgang haften; sieht aber dabei andere wichtige Dinge nicht.

Ausdauer

Definition

Der Wille, ein bestimmtes Arbeitsziel zu erreichen, auch unter erschwerten Arbeitsverhältnissen und bei zeitweiligen Mißerfolgen, Beharrlichkeit bei der Lösung einer schwierigen Aufgabe unter Berücksichtigung des Zeitaufwandes.

1	Konzentriert, unermüdlich, fleißig; läßt auch bei größeren Anforderungen in der Arbeitsleistung nicht nach; hält auch über die übliche Zeit hinaus gut durch; es wird ihm nichts zuviel.
2	Ist den Anforderungen auch dann gewachsen, wenn diese einmal über das übliche Maß hinausgehen; verausgabt sich bei normaler Beanspruchung nicht.
3	Bei der Sache bleibend; stetig; die vorhandenen Kräfte entsprechen den gestellten Anforderungen; wird durch die Arbeit nicht überfordert.
4	Leicht verwirrt; leicht ermüdbar; nachlassend; muß sich anstrengen, um das übliche Pensum bewältigen zu können; läßt bei größerer Beanspruchung nach.
5	Zerstreut; zerfahren; fahrig; die Kräfte reichen nicht aus, um eine durchschnittliche Leistung zu sichern; bleibt häufig hinter den Anforderungen zurück; wenig Ausdauer.

Belastbarkeit

Definition

Energie, die zur Verfügung steht, um sich bei auftretenden Schwierigkeiten sowie bei ansteigendem Arbeitsanfall zu behaupten und durchzusetzen. Geistige und körperliche Kraftreserven, die bei auftretenden Arbeitsschwierigkeiten zur Verfügung stehen, um eine gleichbleibende Leistungsnorm zu erhalten.

1	Unermüdlich; sehr gut durchhaltend; ist kräftig u. zäh; bewältigt die Arbeit glatt, ohne sich besonders anstrengen zu müssen; hält auf die Dauer gut durch; wird bei der Arbeit weder müde noch nervös oder unruhig; robust; anstrengungsfähig; zäh; ausdauernd; hält starke Beanspruchung der Sinne und Nerven (schwere körperliche Arbeit) auch mehrere Tage gut durch, ohne sich dabei zu überanstrengen; wird auch bei stark wechselnder Beanspruchung nicht nervös und unruhig; vermag auch stärkeren Belastungen standzuhalten; auch stimmungsmäßig nicht beeinträchtigt; einer gespannten Arbeitsatmosphäre (Termindruck oder zwischenmenschlichen Spannungen) voll gewachsen; unerschütterlich.
2	Fleißig; ausdauernd; gut belastbar; ist körperlich ziemlich stabil und genügend ausdauernd; ist zwar gelegentlich durch die Arbeit ermüdbar, wird aber dabei nie unruhig und unsicher; kann Arbeiten, die Sinne und Nerven stark beanspruchen (schwere körperliche Arbeit), gut leisten, wenn sie nicht über mehrere Tage gehen; wird auch bei wechselnder Beanspruchung nicht unruhig; starke Belastbarkeit, auch unter wechselnden Anforderungen; ist auch unter Zeitdruck nicht irritiert; hält durch, überfordert sich aber nicht; kann in unruhiger Arbeitsumgebung, bei starkem Termindruck mithalten und wird auch mit Spannungen im menschlichen Bereich fertig.
3	Gleichmäßig; normale Belastbarkeit; kommt bei normaler Beanspruchung mit der Arbeit gerade zurecht, muß sich aber bei schwierigeren Aufgaben sehr anstrengen, um ihnen gewachsen zu bleiben; hält im ganzen immerhin durch; mittel; braucht normalen Wechsel von Arbeit und Ruhe; kann für Arbeiten, die Sinne und Nerven stärker beanspruchen (schwere körperliche Arbeit), nur begrenzt eingesetzt werden; muß sich anstrengen, um durchzuhalten; hält bei normalen Belastungen gut durch; hat ausreichende Reserven, um vorübergehend Arbeitsspitzen ordnungsgemäß und zeitgerecht zu erledigen; besitzt eine normale seelische Widerstandskraft und reagiert im allgemeinen weder heftig noch verzagt, auch wenn er vorübergehend nervlich oder seelisch stärker beansprucht wird.

Belastbarkeit (Fortsetzung)

4	Nachlassend; bequem; verzagt bei größerer Beanspruchung; zart; wenig anstrengungsfähig; schwächlich; lahm; nervös; erschöpfbar; schnell müde; läßt sich für Arbeiten, die Sinne und Nerven stark beanspruchen (schwere körperliche Arbeit), nur begrenzt einsetzen, muß sich dabei besonders anstrengen und ermüdet schnell; ist nicht sehr stabil und nicht sehr ausdauernd; ermattet leicht; läßt in der Anspannung nach und wird teilnahmslos; muß sich anstrengen, um bei normaler Belastung durchzuhalten; erledigt sein volles Arbeitspensum, wird bei stärkerer Belastung aber unruhig und nervös; ist leicht beeindruckbar; frißt in sich hinein oder reagiert sauer.
5	Unbeständig; keine Ausdauer; gibt sehr leicht auf; ist körperlich schwächlich; wenig belastbar; wenig ausdauernd; kommt bei Fehlern und Schwierigkeiten leicht in Hast und nervöse Unruhe; hält nicht durch und fällt in der Leistung stark ab; für Arbeiten, die Nerven und Sinne stärker beanspruchen (körperlich schwere Arbeit), nicht brauchbar; hält auch bei normaler Arbeit, selbst bei Anstrengung, nur begrenzt durch; ist nur mäßigem, gleichbleibendem Arbeitspensum gewachsen; braucht ruhigen Arbeitsplatz; gibt leicht auf; macht bei jeder Arbeit in kurzer Zeit schlapp; auch für leichte Arbeit nicht brauchbar; hat schwache Nerven; ist schnell umzuwerfen; flüchtet in Krankheit oder übernimmt sich.

Dispositionsfähigkeit

Definition

Die Fähigkeit, die Tätigkeiten der Mitarbeiter so vorzubereiten, daß mit einem Mindestmaß an Zeit, Kraft und Reibungen einwandfreie Ergebnisse erzielt werden. Das Vermögen, Aufgaben zu delegieren, zweckmäßige Vorbereitung von Arbeitsabläufen nach Zeitaufwand, Arbeitsaufwand, Erledigungsterminen.

1	Plant sehr überlegen und einsichtig; arbeitet nach klarem, durchdachtem Plan; erkennt intuitiv zukünftige Entwicklungen; setzt sich selbst Ziele; ist geschickt in der Delegation von Aufgaben; vorausbedacht; geht zielstrebig und praktisch vor; arbeitet planvoll; weiß sich zu helfen; ist findig, wenn Schwierigkeiten eintreten; kommt mit gelegentlichen Hinweisen für seine Arbeit aus; setzt Menschen und Material sinnvoll ein; stellt sich ohne Schwierigkeiten auf neue Lagen ein; arbeitet äußerst planvoll und überlegt; ausgesprochener Organisator; kann klar und sicher komplizierte Arbeitsabläufe analysieren; kann das Wesentliche schnell erfassen und Abläufe sinnvoll gestalten; hat sehr gute Einfälle.
2	Plant und disponiert wirtschaftlich; kann im Rahmen des Gelernten und der Erfahrungen planvoll arbeiten; kann improvisieren; arbeitet mit Überlegung, wenn auch nicht immer ganz zweckmäßig; um methodisches Vorgehen bemüht; erkennt Schwierigkeiten meistens selbst, kommt aber nicht gerade leicht darüber hinweg; systematisch; besonnen; planvoll; übersieht klar seine Möglichkeiten im Rahmen der personellen und sachlichen Gegebenheiten, dabei auch wendig genug im Disponieren.
3	Plant im allgemeinen ausreichend sinnvoll und genau, soweit es sich um Routineaufgaben handelt; disponiert und plant richtig, wenn ihm eingehendere Anweisungen erteilt werden; findet sich im Rahmen des Gelernten und Erfahrenen zurecht; gewinnt ausreichend Überblick, ist unvorhergesehenen Schwierigkeiten aber kaum gewachsen; genügend überlegt; schematisch; planvoll; arbeitet im Rahmen einfacher Ziele und Gegebenheiten ausreichend wendig; kann Organisationsaufgaben genügend sicher bewältigen.

Dispositionsfähigkeit (Fortsetzung)

4	Planungsvermögen noch nicht voll entwickelt; fällt gelegentlich noch in ein Schema zurück; delegiert (noch) nicht genug; unruhig und ungleichmäßig in der Zielverfolgung; braucht viel Anleitung und Aufsicht, gleitet sonst ab; hat nur begrenzten Überblick; stellt sich schwer um; überlegt zuviel oder zuwenig; disponiert oft unzweckmäßig; muß nach genauen Anweisungen arbeiten; kontrollbedürftig; unsystematisch; weniger planvoll; kann die sachlichen und personellen Möglichkeiten nicht voll ausschöpfen; braucht Hilfe; weniger wendig und einsichtig im Disponieren, kann jedoch Routineaufgaben ausreichend sicher erfüllen.
5	Plant mechanisch; denkt nur an das Naheliegende; verliert oft den Überblick; kann nichts an andere delegieren; läßt sich treiben; hat von sich aus die Arbeit nicht in der Hand; gleitet planlos ins Ungewisse ab; bleibt vom Zufall abhängig; planlos; weiß sich nicht zu helfen; unbeweglich; unselbständig; klebt am Schema und an eingefahrenen Bahnen; hat keinen Überblick; kann sich nicht am Ziel orientieren; gewinnt keine Übersicht, umständlich und unbeweglich im Einteilen.

Fachkenntnisse

Definition

Ausmaß der Vertrautheit mit der Arbeit, d.h. Summe der bei der Arbeitsausführung angewandten Kenntnisse einschl. Befolgung von innerbetrieblichen Vorschriften; das von dem Mitarbeiter praktisch bewiesene Fachwissen; es wird gemessen, ob das Fachkönnen den vorliegenden Arbeitsanforderungen entspricht; ob es über diese hinausreicht oder hinter ihnen zurückbleibt; fachliche Zuverlässigkeit; Grad der Fachbeherrschung.

1	Sehr vielseitige, ausgereifte, auf längerer Erfahrung beruhende, große, hervorragende Fachkenntnisse; besitzt sehr gutes Fachwissen; sichere und vollkommene fachliche Beherrschung des zuständigen Arbeitsbereiches; besitzt die Fachkenntnisse, um mit allen vorkommenden Aufgaben selbständig fertig zu werden; ist besonders gut über alle Einzelgebiete informiert; sichere Fachbeherrschung; ist ein souveräner Fachmann; löst selbständig auch schwierigste Fachprobleme; ist fachlich sehr zuverlässig; gilt als Fachautorität.
2	Gutes, sicheres, erprobtes Fachwissen, das selbständige Erledigung aller gestellten Aufgaben ermöglicht; im Bereich der normalen fachlichen Anforderungen sicher und selbständig; Rückfragen nur bei besonders schwierigen Aufgaben; weiß sofort das Richtige in mittelschweren Situationen; hat gründliche Fachkenntnisse; guter Fachmann; löst Fachprobleme selbständig, ist fachlich zuverlässig.
3	Durchschnittliche, genügend praktische, genügend theoretische Fachkenntnisse, die zur Erbringung einer normalen Arbeitsleistung ausreichen; beherrscht die Materie so, wie es durchschnittlich erwartet werden kann; gelegentliche Kontrolle ist notwendig; ausreichendes Fachwissen zur Erledigung der Routinearbeiten; beherrscht das Fach durchschnittlich; hat innerhalb des Fachgebietes Spezialbereiche, in denen er sich besonders gut auskennt.
4	Lückenhaftes Fachwissen; ist noch Neuling; es fehlen Erfahrung und Übung; die Einarbeitung ist noch nicht abgeschlossen; braucht Richtlinien und Orientierungshilfen; muß noch hinzulernen; das Fachkönnen entspricht nicht den Anforderungen; ist oberflächlich; es bestehen Lücken, die die Leistungsfähigkeit beeinträchtigen; schafft die fachlichen Arbeiten nur mit Hilfen; fachlich nur begrenzt zuverlässig; wenig Gewissenhaftigkeit; hat nur einseitige Fachkenntnisse; beherrscht das Fach nur lückenhaft; Kontrolle ist notwendig; kommt bei der Lösung von Fachproblemen ohne Hilfe nicht aus.

5	Unzureichende Fachkenntnisse wegen mangelnder Ausbildung – mangelnden Fleißes – des für ihn zu komplizierten Arbeitsgebietes; das Fachwissen ist ganz unzureichend; ist den Arbeiten fachlich nicht gewachsen; mangelhaftes Fachwissen; es fehlen die einfachsten Grundlagen; sein Fachwissen ist unzureichend; kaum ausreichend; selbst einfache Probleme können nur unter Anweisung und mit Hilfestellung gelöst werden.

Führungseigenschaften

Definition

Die Begabung, Menschen mitzureißen, auszubilden, zu erziehen und zu überwachen; Blick dafür, den richtigen Mann an den richtigen Platz zu setzen; die Fähigkeit und Geduld, Berater, Helfer und Schlichter in zwischenmenschlichen Beziehungen zu sein; Kenntnis des Fachgebietes; Gefühl für die richtige Distanz; Durchsetzungsvermögen

1	Volle persönliche Überlegenheit; wird voll anerkannt; organisiert sinnvoll und überlegt; weitsichtig; versteht es, wenn nötig, hart durchzugreifen; versteht es, richtig zu delegieren; vesteht es, seine Untergebenen für eine Arbeitsaufgabe zu begeistern; erteilt klare und leicht verständliche Anweisungen; als Führungskraft hervorragend geeignet.
2	Hat das Vertrauen, Teamgeist, Durchsetzungsvermögen, menschliches Verständnis, hart konsequent, wird aber anerkannt; delegiert in geringem Maße; schafft die für die Arbeitsaufgabe nötige Arbeitsstimmung; als Führungskraft gut geeignet; erteilt klare Anweisungen; gefestigte Persönlichkeit; sicher und bestimmt; geht auf die anderen ein, weiß sie zu aktivieren, wird als Vorgesetzter geschätzt.
3	Nicht sehr hervortretend, entspricht aber den Anforderungen; genügend durchsetzungsfähig durch fachliche Leistung; scheut sich, Entscheidungsbefugnisse abzugeben; versteht es nur begrenzt, die nötige Arbeitsstimmung zu schaffen; als Führungskraft unter Vorbehalt geeignet; tritt als Persönlichkeit wenig hervor, überzeugt aber von der Sache her; hat Sinn für Gerechtigkeit und genügend Verständnis für andere.
4	Beeinflußbar; wenig überzeugend (evtl. zu massiv?); oft weich; zeigt keine Initiative und ist nur begrenzt bereit, Verantwortung zu übernehmen; versteht nicht, rechtzeitig zu delegieren; als Persönlichkeit wenig ausgeglichen; nicht sehr überzeugend; nicht immer klare Linie; wechselnd zwischen Durchsetzung und Nachgiebigkeit; wird als etwas schwieriger Vorgesetzter betrachtet.
5	Kann sich nicht behaupten; mangelnde Autorität; nachgiebig; selbstunsicher; geringes menschliches Einfühlungsvermögen; rigoros; unnachsichtig; macht sich unbeliebt; glaubt, alles selbst tun zu müssen; erteilt unklare Anweisungen; als Führungskraft ungerecht und voreingenommen, distanzlos oder beeinflußbar; läßt keine andere Meinung gelten; will herrschen; als Führungskraft gegenüber den Unterstellten überheblich; reagiert zu emotional und ist nicht immer um Objektivität bemüht.

Initiative

Definition

Bemühen, in seinem Arbeitsbereich aus eigenem Antrieb das beste Ergebnis zu erzielen und dabei aus eigener Entscheidung Verantwortung zu übernehmen.

1	Ist ideenreich und gibt Zündung; sehr entschlossen; betriebsam; draufgängerisch; ausgesprochene Initiative; großer Fleiß und Eifer; zielfest; stoßkräftig; rasch; flott; zügig; sieht von sich aus, was getan werden muß; übernimmt Aufgaben und ergreift Maßnahmen aus eigener Entscheidung; entscheidet auch richtig in Grenzfällen; entscheidungsfreudig auch auf die Gefahr hin, die Grenzen seiner Verantwortung zu überschreiten.
2	Hat oft gute Ideen; durchweg initiativ und selbständig; aktiv; tatkräftig; anstrengungsbereit; fleißig; übermäßig betriebsam; ungeduldig; erkennt seine Grenzen hinsichtlich Können und Verantwortung; stets mit brauchbaren Ideen zur Stelle; muß eher gebremst werden; weiß, was er will.
3	Weniger anregend; willig; mehr nachahmend als eigene Ideen produzierend; muß von der Arbeit angeregt werden; genügendes Interesse; hinreichende Aktivität; mittleres Arbeitstempo; kommt nach Anlaufzeit genügend voran; haushälterischer Kräfteeinsatz; tut aus eigener Entscheidung meist das Richtige zur rechten Zeit.
4	Braucht Aufmunterung; wird mitgezogen; muß beaufsichtigt werden; unternimmt von sich aus wenig; langsam; wechselnder Arbeitsantrieb; noch zu vorsichtig, weil zu neu; ohne eigene Ideen; anlehnungsbedürftig; überkritisch; läßt sich beeinflussen; wartet auf Direktiven.
5	Unselbständig; bringt nie Vorschläge; energielos; schwunglos unentschlossen; gleichgültig und uninteressiert; passiv; bequem; stockend; ohne eigene Meinung; nicht entschlußfreudig und entschlußfähig; Rückversicherer; braucht Antrieb von oben.

Sorgfalt

Definition

Grad der Fehlerfreiheit im Arbeitsergebnis; personentypisches Arbeitsverhalten im Hinblick auf das Bestreben, Fehler zu vermeiden; Fähigkeit, übersichtlich, in sich logisch und äußerlich sauber zu arbeiten. Ausmaß der Selbstkontrolle während des Arbeitens im Hinblick auf ein fehlerfreies Arbeitsergebnis.

1	Pedantisch; sehr sorgfältig und genau; peinlich genau; sehr gewissenhaft; außergewöhnlich sorgfältig; sehr gründlich; läßt keine Fehler durchgehen; kontrolliert seine Arbeitsergebnisse immer gewissenhaft; berichtigt und lernt selbständig aus Fehlern; außergewöhnlich sorgfältig.
2	Gewissenhaft; gründlich; sorgfältige und ordentliche Arbeit; achtsam; macht sehr selten Fehler; ist gleichmäßig sorgfältig und gründlich; läßt nur selten Fehler durchgehen; ordentlich; an der Arbeit ist nichts auszusetzen; bekennt sich zu vorgehaltenen Fehlern und lernt daraus.
3	Sauber; ordentlich; pünktlich; zufriedenstellend; pfleglich; ausreichend (zufriedenstellend) korrekt; macht gelegentlich Fehler; gibt sich Mühe; ist genügend sorgfältig; braucht nicht oft kontrolliert zu werden; strebt nach ordentlichen Leistungen; hütet sich, aufgezeigte Fehler zu wiederholen.
4	Großzügig, oberflächlich; hat keinen besonderen Sinn für Genauigkeit; stets etwas zu flüchtig; ungenau; unsorgfältig; salopp; macht öfter Fehler; ist in seiner Arbeit nicht immer genau genug; läßt mitunter Fehler durchgehen, auch wenn diese erkannt sind; geht leicht über Fehler hinweg; redet sich heraus.
5	Flüchtig; nachlässig; ausgesprochen nachlässig und ungenau; fahrlässig; unsorgfältig; ist ziemlich nachlässig; läßt Fehler durchgehen; gleichgültig; macht gleiche Fehler immer wieder; schwer belehrbar.

Urteilsfähigkeit

Definition

Durch sorgfältiges Abwägen die richtigen Schlüsse ziehen; die Selbständigkeit der Urteilsbildung tritt darin zutage, daß das gefundene Urteil lückenlos und sachlich begründet werden kann; Fähigkeit, über Leistungen und Verwendung von Unterstellten ein begründetes Urteil abzugeben.

1	Klar vorausdenkend; klar und folgerichtig; kritisch; klarer, selbständiger Kopf, der auch schwierige Probleme selbständig löst; scharfsinnig; gründlich; überlegt; freimütig; instinktsicher; originell; objektiv; sachlich; nüchtern; treffsicher; beurteilt treffend und plastisch.
2	Vermag alles Wesentliche allein zu durchdenken und klar zu beurteilen; besonnen im Urteil; gründlich; vernünftig; selbständig; eigenständig; verstandesbetont; besonnen; fundiert; abwägend; umfassend; reif; bezieht unmißverständlich Stellung; zeigt gutes Beurteilungsvermögen; beurteilt und begründet vernünftig.
3	Denkt selbständig bei normalen Arbeitsvorgängen; braucht bei ungewöhnlichen Vorgängen Rat und Hilfe; urteilt im allgemeinen richtig, klar; handelt überlegt; braucht Denkhilfen, findet dann aber allein weiter; selbständiges Denken in den normalen Arbeitsvorgängen; ist einsichtig genug, sie anzufordern; brauchbar; sicher auf Erfahrungen aufgebaut; auf Praxis beruhend; aus Lebenserfahrung schöpfend; besitzt Gerechtigkeitssinn; gefühlsbetont; vernünfter logischer Denker.
4	Bleibt an der Oberfläche; arbeitet mechanisch; ohne eigenes Urteil; nicht kritisch genug; unsicher beim Durchdenken von Vorgängen; kann nur in engem Rahmen denken; denkt teilweise unklar und verschwommen; unsicher im Denken und Urteilen; schablonenhaft; kritiklos; unklar; unvernünftig; beengt; unselbständig; beeinflußbar; einseitig; instinktlos; verschwommen; unentschlossen; voreingenommen; vorschnell; unsicher; von Stimmungen abhängig; spitzfindig; oberflächlich; drückt sich vor klarer Stellungnahme; paßt sich dem Urteil anderer an; übertreibt; untertreibt.
5	Urteilt unselbständig; unlogisch; ist ohne eigenes Urteil; findet sich nicht zurecht; denkt schematisch, ohne die Zusammenhänge zu sehen; denkt in eingefahrenen Geleisen; wenig eigenständig und durchdacht im Urteil; schematischer Denker; unsachlich; unüberlegt; unbesonnen; leichtfertig; uneinsichtig; ohne eigenes Urteil; behauptet, ohne zu begründen; deutet subjektiv aus; beurteilt affekthaft; beurteilt nachlässig und wenig profiliert.

Veränderungsbereitschaft

Definition

Die Fähigkeit, sich ohne Minderung der Leistungsfähigkeit von bestimmten Arbeitsgewohnheiten oder Aufgabenbereichen zu lösen und sich schnell geistig und/oder körperlich an neue Arbeitsbedingungen zu gewöhnen. Grad der geistigen Wendigkeit. Intensität und Umfang der Aufmerksamkeit.

1	Sehr umstellungsfähig; bevorzugt abwechslungsreiche Arbeit; kann sich von einer auf die andere Arbeit leicht umstellen; findet sich gewandt zurecht; stellt sich schnell auf jede neue Situation ein; leicht erregbar; wendig; aufgeschlossen für neue Eindrücke; bringt allem Neuen lebhaftes Interesse entgegen; leicht umstellbar auf neue Gebiete, kann sich mühelos losreißen.
2	Wendig; anpassungsfähig; vielseitig; hat keine Schwierigkeiten mit der Umstellung von einem Vorgang auf einen anderen; kann sich auf neue Situationen und Aufgaben einstellen; nur bestimmte Eindrücke werden aufgenommen; steht allem Neuen mit einem gewissen Mißtrauen gegenüber; die Umstellung auf neue Aufgaben ist etwas gehemmt; kann sich nur schwer losreißen; nimmt erst dann etwas Neues in Angriff, wenn das Alte innerlich verarbeitet ist.
3	Weniger wendig; bevorzugt gleichbleibende Arbeit; stellt sich auf wechselnde Arbeiten ausreichend um; kann sich genügend schnell umstellen und zurechtfinden; durchschnittliche Aufmerksamkeit.
4	Einseitig; empfindet abwechslungsreiche Arbeit als unangenehm, kann sich nicht schnell umstellen; haftet am einmal Gelernten; geht umständlich an neue Aufgaben heran; unerregbar; hängenbleibend, allzu schwer erregbar; beinahe unerregbar; spricht überhaupt nicht an; alles Neue wird zunächst einmal abgelehnt; oft überhaupt nicht umstellbar; kann sich gar nicht losreißen; klammert sich krampfhaft an den Gegenstand, mit dem er sich gerade beschäftigt.
5	Stur; ohne jede Wendigkeit; liebt monotone Arbeit; hat keinen Überblick; er bleibt immer an einem Vorgang haften, sieht aber dabei andere wichtige Dinge nicht; übererregbar; flüchtig; allzu leicht erregbar; springt auf den kleinsten Reiz an; alles Neue wird begierig aufgenommen und freudig bejaht; allzu leicht umstellbar; springt sofort auf neue Gebiete um; läßt sich überhaupt nicht an den Gegenstand binden.

Zuverlässigkeit

Definition

Grad der Gewißheit, mit der die Erledigung der gestellten Aufgabe (d.h. den Anweisungen entsprechend) erwartet werden kann; Maß an Gewißheit, mit der fachliche Spezialkenntnisse erwartet werden können.
(Zuverlässigkeit umfaßt: Pflichtgefühl, Aufgabenbewußtsein, Vertrauenswürdigkeit, auch idealistische Einstellung – Arbeitsgesinnung)

1	In höchstem Maße zuverlässig; ist pedantisch beim Arbeiten; verantwortungsbewußt; denkt ständig daran, keine Fehler durchgehen zu lassen; kontrolliert sich auch dann, wenn kein Anlaß vorhanden ist; stets fehlerlose Arbeiten, auch bei stärkster Belastung.
2	Ist sehr zuverlässig und gewissenhaft; gründlich; arbeitet fast ohne Fehler; konzentriert; vergißt nichts Wichtiges; läßt keine Fehler durchgehen, ohne aber die Vorsicht zu übertreiben; immer ganz bei der Sache; kontrolliert seine Arbeit sorgfältig.
3	Ist gleichmäßig zuverlässig; verschwiegen; vertrauenswürdig; arbeitet fast ohne Fehler; konzentriert; arbeitet ordentlich; bedarf mitunter der Kontrolle.
4	Wenig Sinn für Genauigkeit/Wahrhaftigkeit; enttäuscht manchmal; hat Mühe, sich zu erinnern; etwas großzügig; nimmt sich zusammen, wenn er darauf hingewiesen wird; bedarf der Kontrolle; nicht immer genau; müßte genauer arbeiten; mehr auf Schnelligkeit als auf Güte bedacht; leicht ablenkbar; arbeitet erst nach Hinweisen fehlerfrei; es geht bei ihm nicht ganz ohne Kontrolle.
5	Unzuverlässig; unbedacht; geschwätzig; unwahr; übersieht Fehler; hat keinen Sinn für Ordnung und Genauigkeit; oberflächlich; unzuverlässig; gleichgültig; unbekümmert; muß ständig erinnert werden; ist auch durch Belehrung nicht zu ändern; ist Belehrungen nicht zugänglich; teils flüchtig und ungenau, besonders unter Zeitdruck; zerstreut; muß oft kontrolliert werden.

Teil 2

Spezielle Beurteilungen

Kapitel 1: Die Leistungsbeurteilung für Leistungsentgelte

1. Leistungsbeurteilungssysteme für Mitarbeiter

Im Gegensatz zur allgemeinen *Personalbeurteilung*, die im wesentlichen ein Instrument der Personalführung ist, steht die *Leistungsbeurteilung*, mit deren Hilfe die Höhe zusätzlicher, zeitlich begrenzter Leistungszulagen bestimmt werden soll.

Aus didaktisch-pädagogischer Sicht hat es sich bewährt, Leistungsbeurteilungen in kürzerem Rhythmus als allgemeine Personalbeurteilungen durchzuführen, weil die spontane Anerkennung unterschiedlich guter Leistungen nur dann ihre Wirkung hat. Deshalb trennen viele Firmen die Leistungsbeurteilung für allgemeine Entwicklung, Förderung und Führung. Das ist auch für die Eröffnung der Beurteilungsergebnisse förderlich, weil Gesprächsinhalt und Gesprächsziel etwas voneinander abweichen.

Es ist hierbei die Nebenfrage zu klären, ob solche Leistungsvergütungen einmal jährlich entsprechend der Einstufung bei der Leistungsbeurteilung ausgezahlt oder in gleichen Beträgen den monatlichen Bezügen zugeschlagen werden. Die meisten Betriebe, die eine Leistungsbeurteilung für alle Mitarbeiter eingeführt haben, beurteilen jährlich neu. Die ermittelte Leistungszulage gilt immer nur für ein Jahr. Das von der Unternehmensleitung für diesen Zweck zur Verfügung gestellte Budget wird jährlich neu auf diese Weise nach dem Prinzip der Leistung auf die Mitarbeiter verteilt.

Das Zentrum der Leistungsbeurteilung bildet der verabredete „Leistungsstandard“, der sich am Unternehmensziel zu orientieren hat. Die Schwierigkeit besteht darin, einen für alle Bereiche gültigen Standard zu definieren. In der Praxis hilft man sich dadurch, daß die Betriebsabteilungen einen „Leistungsstandard“ auf die Verhältnisse in der Abteilung und an den verschiedenen Arbeitsplätzen umdefinieren müssen. Entscheidend für das Verständnis der Leistungsbeurteilung bei den Mitarbeitern ist, daß diese Leistungsstandards zwischen den betreffenden Mitarbeitern und Vorgesetzten verabredet werden (s. dazu 3.).

Dies macht bei vielen Aufgaben in der Praxis erhebliche Schwierigkeiten, weshalb die relative Beurteilung der Leistungen verschiedener Mitarbeiter innerhalb einer Vergleichsgruppe benutzt wird. Das Rangordnungs- (summarische) oder Rangreihenverfahren (Rangordnung innerhalb der Beurteilungskriterien) steht daher oft im betrieblichen Mittelpunkt, wobei im Rahmen der starken Dezentralisierung von Führungsverantwortung und Bildung von kleinen Betriebseinheiten als Profitcenter das Budgetdenken in den Vordergrund tritt.

Im allgemeinen werden für die Leistungsbeurteilung nur wenige Kriterien benutzt, vorzugsweise die Gesichtspunkte: Arbeitsgüte, Arbeitstempo (oder Arbeitsmenge), Arbeitsverhalten.

Für die Wahl geeigneter Kriterien ist die Beziehung zwischen Tätigkeit und Betriebsziel entscheidend. Die Merkmale müssen auf die Tätigkeiten und auf die Ergebnisse bezogen sein, um eine sachliche Bewertung zu ermöglichen.

Dabei kann es durchaus zweckmäßig sein, für ein Beurteilungsmerkmal nach den Tätigkeitsbereichen unterschiedliche, aber besser zutreffende Teilmerkmale und Stufendefinitionen zu wählen, also z. B. das Merkmal Arbeitsgüte arbeitsspezifisch zu unterteilen oder zu benennen (s. Abb. 49).

Eine solche analytische Vorgehensweise hat Vorteile in der überzeugenden Begründbarkeit von Leistungsunterschieden – und dies ist für die Beurteilten wichtig zu wissen. Natürlich wird die Beurteilung dadurch komplizierter und anspruchsvoller und bietet für den schwachen Vorgesetzten mehr Angriffsfläche. Der beste Weg für die angemessene Wahl der Kriterien ist nach wie vor die Abstimmung mit den Betroffenen, auf die wir nie verzichten sollten. Nur so ist eine Akzeptanz einigermaßen zu erreichen.

Es gibt aber auch Leistungsbeurteilungen ganz anderer Art, die ihre Wirkung nicht verfehlen, insbesondere weil sie sofort im Anschluß an die vollbrachte Leistung erstellt und eröffnet werden. Eine bekannte Markisen-Firma hat einen solchen Fragebogen für ihre Kunden entwickelt, die von den Monteuren betreut worden sind (s. Abb. 50).

Wichtig ist in allen Fällen: Die Merkmalsstufen sind so zu definieren, daß nicht der gute Wille, die Gesinnung usw. die Bewertung beeinflussen, sondern nur unmittelbar feststellbare und festgestellte Tatsachen.

Abb. 49: Leistungsbeurteilungsbogen

Name ____________ Vorname ____________ Geb.-Datum ____________ Job Grade Stelle ___ Job Grade Person ___

Stellenbezeichnung ____________ Beurteilungsanlaß ____________ Beurteilungszeitraum ____________

Name des Beurteilers ____________ Seit wann sind Sie Vorgesetzter des zu Beurteilenden? ____________

Beurteilungsmerkmale

Unterstreichen Sie bitte bei den 4 Hauptmerkmalen die Untermerkmale, die für den Arbeitsplatz besonders wichtig sind und ergänzen Sie die aufgeführten Untermerkmale, wenn nötig.

Beurteilung

Bitte entscheiden Sie sich bei jedem Hauptmerkmal für eine Stufe der Beurteilungsskala und tragen Sie die entsprechende Ziffer ein.

Beurteilungsskala

1	entspricht **nicht immer** den Mindestanforderungen
2	
3	entspricht **im großen und ganzen** den Anforderungen, jedoch einige Schwächen
4	
5	gut; entspricht **voll und ganz** den Anforderungen
6	
7	sehr gut; **übertrifft deutlich** die Anforderungen
8	
9	außergewöhnlich gut; übertrifft in **außergewöhnlichem Maß** die Anforderungen

Arbeitsgüte / Arbeitsausführung	**Arbeitseffektivität**	**Einsatzbereitschaft und Zusammenarbeit**	**Führungsverhalten (nur für Vorgesetzte)**
Fachkenntnisse	Zeitaufwand für einwandfreie Arbeit	Eigeninitiative	Planung u. Prioritäten setzen
Anwendung der Kenntnisse (z.B. Verhandlungsgeschick, Organisationsgeschick, Auftreten im Außenkontakt)	Stetigkeit der Leistung	Bereichsübergreifendes Interesse	Delegation (inkl. Zielvereinbarungen)
Richtigkeit/Verwertbarkeit d. Arbeitsergebnisse	Termineinhaltung	Einsatzbereitschaft bei besonderen Anlässen	Aufsicht u. Erfolgskontrolle
Selbständigkeit	Belastbarkeit bei besonderen Anforderungen	Kooperative Zusammenarbeit	Information u. Motivation d. Mitarbeiter
Durchsetzungsvermögen	____________	Mittragen von Entscheidungen	Sachgerechte Mitarbeiterbeurteilung
Kostenbewußtsein	____________	____________	Förderung d. Mitarbeiter
analytisches Denkvermögen	____________	____________	Integrationsfähigkeit
____________		____________	____________
____________			____________
____________			____________
☐	☐	☐	☐

Summe der Punktzahlen (für Vorgesetzte $\frac{\text{Summe}}{4} \times 3$) :   Entspricht der Beurteilungsstufe:

Abb. 50: Fragebogen*

Name – Kunde ....
(in Blockschrift ausfüllen)

Montagebeginn .... Uhr – Ende .... Uhr

Auftrags-Nr. ....

---

1. Wie beurteilen Sie das Auftreten der Monteure?
   höflich ☐ unhöflich ☐
2. Wie beurteilen Sie die Kleidung und Sauberkeit der Monteure?
   gepflegt ☐ ungepflegt ☐
3. Trugen die Monteure die Orignal-Firmen-Kleidung mit eingesticktem Namensschild?
   ja ☐ nein ☐
   Name der Monteure: .... / ....

---

4. Wie beurteilen Sie die Ausführung der Montage?
   gut ☐ mittel ☐ schlecht ☐
5. Wurden Sie von den Monteuren über die richtige Handhabung der Markise aufgeklärt?
   ja ☐ nein ☐
6. Wurde die Getriebesperre richtig eingestellt? (gilt nur für FM-Modell „Zürich")
   ja ☐ nein ☐

---

7. Wie beurteilen Sie das handwerkliche Können überhaupt?
   sehr gut ☐ gut ☐ mittel ☐ schlecht ☐
8. Wie haben die Monteure den Montageplatz hinterlassen?
   sauber ☐ unsauber ☐
9. Wurden im Zuge der Montage Gegenstände oder das Gebäude beschädigt?
   nein ☐ ja ☐

Beschreiben Sie bitte im Kurztext Vorgang und Art der Beschädigung:

....

....

Datum der Montage .... /.... /.... (Unterschrift des Kunden)

---

* Beispiel einer bekannten Markisen-Firma.

Die Sozialpartner können dazu noch die einzelnen Kriterien für die Leistungszulage verschieden stark gewichten. So werteten 5 Unternehmen wie in Abb. 51 dargestellt.

Abb. 51: Gewichtung der Kriterien

	Güte	Menge	Arbeits-verhalten	Gesamt
A	25,00	25,00	50,00	100
B	36,35	27,30	36,35	100
C	33,33	33,33	33,33	100
D	20,00	20,00	60,00	100
E	20,00	20,00	60,00	100
∅	26,94	25,12	47,94	

Aber auch hier gilt die gleiche Vorsicht wie bei der Personalbeurteilung: Die Gewichtung bringt zusätzlichen Zündstoff in die Beurteilung, wenn sie nicht genau begründbar und von den Betroffenen nicht als gerecht empfunden wird. Deshalb geht man allgemein immer stärker davon ab (weitere Einzelheiten für den Praktiker zum Aufbau und der Einführung von Leistungsbeurteilungen siehe u. a. bei *Zander/Knebel*, 1993).

2. Verteilung der Beurteilungsergebnisse und Betriebsvereinbarung

Die „gerechte" Bewertung im Quervergleich über den gesamten Betrieb (durch die unterschiedliche Beurteilungsfähigkeit der Vorgesetzten leicht in Frage gestellt) ist gerade in größeren Betrieben immer wieder die Hauptschwierigkeit. Man hat versucht, durch vorgegebene Häufigkeitsverteilungen starke Ungerechtigkeiten zu verhindern. Man geht dabei von der Überlegung aus, daß die Mehrzahl der zu Beurteilenden die Leistungsbewertung „durchschnittlich" gut erhalten, die Unter- und Überdurchschnittlichen dagegen nur eine kleine Gruppen ausmachen (s. Abb. 52).

Immer mehr Wissenschaftler kommen aufgrund verschiedener Untersuchungen zu dem Ergebnis, daß, obgleich sich verschiedene

Abb. 52: Verteilungsschlüssel für Beurteilungen

1.	Übertrifft bei weitem die Anforderungen der Funktion	2,5%
2.	Übertrifft die Anforderung der Funktion	15,0%
3.	Erfüllt voll die Anforderungen der Funktion (= normal erwartete Leistung)	65,0%
4.	Erfüllt die Anforderungen der Funktion noch nicht voll	15,0%
5.	Erfüllt die Anforderungen der Funktion weitgehend nicht	2,5%

% = Auftretenswahrscheinlichkeit in Prozent

Eigenschaften und Qualitäten des Menschen normal verteilen (Gaußsche Normalverteilung), dies bei der Beurteilung von Mitarbeitern nicht zutrifft, da die Mehrzahl der beurteilten Eigenschaften nicht unabänderlich vom Zufall bestimmt ist, sondern beeinflußt und verändert werden kann. Das zeigt auch folgende Untersuchung.

Bei einer Beurteilung einer großen Zahl von Mitarbeitern war – unter der Voraussetzung, daß den Mitarbeitern das Ergebnis nicht mitgeteilt wird – die Verteilung ähnlich der der Gaußchen Normalverteilung. Als Durchschnitt ergab sich eine Leistungskennziffer von 5,27 (bei 9 Stufen; 1 = geringster Wert, 9 = höchster Wert).

Zwei Monate später sollte die Beurteilung den Mitarbeitern vorgelegt werden. Dagegen protestierte die Mehrzahl aller Vorgesetzten, die beurteilt hatten, und forderte eine neue Beurteilung, die dann auch durchgeführt wurde. Das Ergebnis war:

- Stufe 1 und 2 waren überhaupt nicht mehr besetzt.
- In Stufe 3 kamen nur noch zwei Mitarbeiter.
- Stufe 5 erreichten bei der ersten Beurteilung 24%, bei der zweiten Beurteilung 35,5%.
- Stufe 8, in der ersten Beurteilung mit 8%, war in der zweiten Beurteilung mit 15% besetzt.
- Die durchschnittliche Leistungskennziffer erhöhte sich auf 6,3.

Der Beobachter zieht daraus folgende Schlüsse:

1. Es ist relativ leicht, ein hartes Urteil abzugeben, wenn man sicher gehen kann, daß es der Betreffende nicht erfährt.

2. Es ist zwar leicht, aus einem akuten Anlaß, z. B. aus einer plötzlichen Verärgerung heraus, einem anderen die Meinung zu sagen,
3. aber es ist ebenso schwer, einem anderen ohne akuten Anlaß harte Fakten vor Augen zu halten, auch wenn sie voll der Wahrheit entsprechen.
4. Wenn man seiner Sache nicht ganz sicher ist oder nur ungenügende Fakten in der Hand hat, neigt man dazu, die negativen Dinge zu verschweigen oder der Auseinandersetzung aus dem Wege zu gehen.
5. Das Argument der Vorgesetzten, daß sie
   a) bei der Einstellung eine gewisse Auswahl treffen,
   b) die Mitarbeiter zu besseren Leistungen motivieren (wie auch immer) und
   c) sehr schlechten Leistungen entgegenwirken, läßt sich nicht ganz von der Hand weisen.

Aus diesen Gründen wird man eine Gaußsche Normalverteilung in einem System, das nicht einfach auf die Bildung von Rangordnungen aufgebaut ist, sondern mit definierten Stufen arbeitet und dazu noch den Mitarbeitern offengelegt werden muß, weder erreichen noch anstreben können.

In der Praxis hat es sich bestätigt, daß die Verteilung von Beurteilungsergebnissen nach einer angenommenen Häufigkeitsverteilung erhebliche Schwierigkeiten mit sich bringt, insbesondere in Zeiten geringer Personalfluktuation und Personalreduzierung. Ganz ohne Vorgaben funktionieren Leistungsbeurteilungen zur Prämienermittlung allerdings aufgrund der Beurteilungsschwächen der Beurteiler auch nicht. Auch das hat die Praxis deutlich bewiesen (s. Teil I, Kap. 5).

Um die Probleme der Vorgabeverteilung zu reduzieren, gibt es inzwischen eine durchaus praktikable Lösung, die immer mehr Anklang findet. Vorgesetzte erhalten für die Arbeitsgruppe ein Budget (Punkte oder Geld), wobei der Vorgesetzte die Verteilung aller Punkte für seinen Bereich mit Hilfe der Leistungsbewertung gerecht zu differenzieren hat, ohne die Gesamtsumme der seinem Bereich „zustehenden" Punkte (Geldmenge) zu überschreiten (z. B. 10 Mitarbeiter à 10 Punkte = 100 Punkte, die ihm für die vorzunehmende Differenzierung zur Verfügung stehen. Höchstpunktzahl für die beste Beurteilungsmöglichkeit = 15 Punkte; Mindestzahl für eine Leistungszulage = 6 Punkte; s. Beispiel einer Betriebsvereinbarung auf den S. 177–185.

Die Auswirkungen in der Praxis sind faszinierend. Bei Offenlegung aller Ergebnisse ist der Vorgesetzte in der Pflicht. Verteilt er die Leistungszulagen nicht so, wie die Betroffenen die gerechte Leistungsverteilung einschätzen (im Vergleich zueinander), bekommt er Ärger, verursacht Demotivation und Kritik. Auch eine gleichmäßig hohe Verteilung an alle wird er vermeiden, weil er damit die Tüchtigen nicht genügend berücksichtigt. Also wird er so gerecht wie möglich differenzieren. Da es manchmal Härtefälle gibt, in denen aus sozialen oder anderen Gründen ein Herabstufen im Augenblick nicht sinnvoll erscheint, obwohl ein größerer Leistungsunterschied gegenüber anderen festgestellt wurde, benötigen Führungskräfte dafür ein Sonderbudget.

Solche Verfahren funktionieren nach der Einführung längere Zeit gut. Dann laufen sie sich fest, weil das Abziehen von Punkten oder Geldbeträgen aufgrund der letzten Beurteilung wegen Veränderung der Leistung sowohl beim Mitarbeiter als auch beim Vorgesetzten wenig Begeisterung auslöst, was unweigerlich zu ungerechtfertigten Besitzständen führt. Dann müssen Systeme wieder verändert werden.

Solche Probleme können reduziert werden, wenn die Leistungsprämie (wenn auch leider nicht zeitnah genug) einmal im Jahr und nicht auf Monate verteilt gezahlt wird.

Richtlinien für die Leistungsbeurteilung von Mitarbeitern müssen schriftlich fixiert und mit dem Betriebsrat vereinbart werden (Betriebsvereinbarung).

Beispiel einer Betriebsvereinbarung für Leistungszulagen

1. Berechnungsgrundlagen

Für seine persönliche Leistung erhält der Mitarbeiter eine widerrufliche Leistungszulage.

Grundlage für die Bemessung der Leistungszulage ist eine Leistungsbeurteilung nach Punkten. Dabei können in jedem Beurteilungskriterium

Arbeitsgüte,
Arbeitsmenge und
Einsatzbereitschaft

bis zu 5 Punkten, insgesamt also max. 15 Punkte, vergeben werden.

Die Leistungszulage ist zu zahlen, wenn der Mitarbeiter in jeder Anforderungsart mindestens mit 2 Punkten beurteilt wurde. Sie kann frühestens nach erfolgreicher Beendigung der Probezeit gewährt werden.

Die Höhe der Leistungszulagen vereinbaren die Tarifpartner im Zusammenhang mit dem Gehaltstarif. Der Punktwert ist in einer besonderen Tabelle niedergelegt. Die jeweilige Leistungszulage wird dann anhand der Punktzahl und des Tarifgruppenanfangsgehaltes zuzüglich eventueller Funktionszulage ermittelt.

2. Arten der Leistungsbeurteilung

Zu unterscheiden sind

- die allgemeine Leistungsbeurteilung und
- die Leistungsbeurteilung in Sonderfällen.

2.1 Allgemeine Leistungsbeurteilung

Die allgemeine Leistungsbeurteilung wird in der Regel einmal jährlich, etwa 2 bis 3 Monate vor Inkrafttreten des neuen Gehaltstarifvertrages, durchgeführt. Die Termine werden im einzelnen von der Personalabteilung nach Absprache mit dem Betriebsrat bekanntgegeben.

An dieser Leistungsbeurteilung nehmen alle Tarif-Mitarbeiter teil. Ausgenommen sind

- Mitarbeiter in der Probezeit,
- ältere Mitarbeiter, die sich auf eigenen Wunsch haben befreien lassen (Ziff. 4.2),

- Mitarbeiter, die zum Zeitpunkt der Beurteilung noch keine 3 Monate auf ihrem Arbeitsplatz eingesetzt sind,
- Mitarbeiter, die innerhalb von 2 Monaten vor Eröffnung der allgemeinen Leistungsbeurteilung bereits beurteilt wurden,
- Mitglieder des Betriebsrates (Ziff. 4.7) und
- Mitarbeiter, die während des Beurteilungszeitraumes nicht bzw. weniger als 3 Monate tätig waren (z. B. kranke, beurlaubte Mitarbeiter).

2.2 Besondere Leistungsbeurteilung

In besonderen Fällen wird zwischenzeitlich eine Leistungsbeurteilung angefertigt. Das gilt beispielsweise

- im Zusammenhang mit Versetzungen,
- bei erfolgreicher Beendigung der Probezeit,
- bei Höher- und Rückgruppierungen (Ziff. 4.1),
- bei besonderem Leistungsanstieg oder starkem Leistungsabfall (Ziff. 4.6) sowie
- in Sonderfällen (z. B. Rückkehr von der Bundeswehr, nach längerem bezahlten/unbezahlten Sonderurlaub, Mutterschaft und Babyjahren, längerer Krankheit, Disziplinarmaßnahmen u. ä.)

Die besondere Leistungsbeurteilung wird in Zusammenhang mit dem jeweiligen Ereignis erstellt. Erforderlich ist jedoch, daß der zu beurteilende Mitarbeiter mindestens 3 Monate auf dem Arbeitsplatz eingesetzt war.

Wurde eine allgemeine Leistungsbeurteilung nicht erstellt, weil der Mitarbeiter zum Zeitpunkt dieser Beurteilung noch keine 3 Monate auf seinem Arbeitsplatz eingesetzt war, ist nach Erfüllung dieser Voraussetzung eine besondere Leistungsbeurteilung anzufertigen.

Eine besondere Leistungsbeurteilung aus obigen Gründen braucht nicht erstellt zu werden, sofern bereits eine Leistungsbeurteilung innerhalb von 2 Monaten davor eröffnet worden war. Ausnahmen können Fachbereich, Personalabteilung und Betriebsrat im Einvernehmen regeln.

2.3 Inkrafttreten

Die *allgemeine* Leistungsbeurteilung wird mit Inkrafttreten des neuen Gehaltstarifvertrages wirksam; die *besondere* Leistungsbeurteilung zum nächsten Monatsersten, sofern nicht in Übereinstimmung von Personalabteilung, Betriebsrat und Fachbereich ein anderer Termin vereinbart wird.

Die Leistungsbeurteilungen (Leistungs- und Zusatzpunkte) gelten bis zur nächsten allgemeinen oder besonderen Leistungsbeurteilung.

3. Punktebudget

3.1 Leistungsbeurteilung

Für die allgemeine Leistungsbeurteilung stehen dem Bereich je zu beurteilendem Mitarbeiter durchschnittlich 10,3 Punkte zur Verfügung. Wenn diese Vorgabe für kleine Bereiche – z. B. weniger als 5 zu beurteilende Mitarbeiter – begründet nicht eingehalten werden kann, ist sie auf der nächsthöheren Ebene, mindestens aber innerhalb der Abteilung, zu erfüllen. Das Punktebudget ist auszuschöpfen.

Bei der Festlegung des Punktebudgets sind nur Mitarbeiter zu berücksichtigen, die an der bevorstehenden allgemeinen Leistungsbeurteilung teilnehmen (Ziff. 2.1).

Die Punktvorgabe gilt nicht bei besonderen Leistungsbeurteilungen. Dabei sind jedoch die allgemeinen Grundsätze (Ziff. 5) anzuwenden, insbesondere ist die Beurteilung im Quervergleich vorzunehmen.

Bei starkem Leistungsabfall kann die Leistungszulage aufgrund der allgemeinen Leistungsbeurteilung nur dann um mehr als 1 Punkt gemindert werden, wenn der Mitarbeiter zuvor ausdrücklich auf diesen Leistungsabfall hingewiesen worden ist.

3.2 Zusatzpunkte

Darüber hinaus kann die Abteilung auf Vorschlag des Beurteilers zusätzliche Leistungspunkte (Zusatzpunkte) vergeben, wenn

- das Punktebudget eine höhere Punktzahl eines Mitarbeiters selbst bei *eindeutiger* Mehrleistung nicht zuläßt, weil sich die personelle Zusammensetzung des Bereiches über einen längeren Zeitraum kaum geändert hat;
- ein Mitarbeiter *trotz gleichbleibender Leistung* sonst Punkte nur deshalb verlieren würde, weil sich die personelle Zusammensetzung des Beurteilungsbereiches während des Beurteilungszeitraumes geändert hat.
- die Einhaltung des Punktebudgets in personell kleinen Organisationseinheiten nur eine geringe Differenzierung der Beurteilungen zuläßt, ein Ausgleich auf der nächsthöheren Ebene nicht möglich ist und dadurch Ungerechtigkeiten entstehen.

Die Abteilung kann bis zu max. 0,5 Zusatzpunkte je Mitarbeiter vergeben. Soweit Zusatzpunkt(e) verteilt werden, ist dies auf dem Formular für die allgemeine Leistungsbeurteilung deutlich zu machen. Die Gesamtzahl der Zusatzpunkte wird auf der für P bestimmten Bewertungsliste gesondert eingetragen.

Das örtlich zuständige Mitglied des Betriebsrates ist vor Eröffnung der Beurteilungen über die Vergabe von Zusatzpunkten einschließlich deren Gründe vom Abteilungsleiter zu unterrichten.

4. Sonderfälle

4.1 Höher- und Rückgruppierungen

Bei jeder Höhergruppierung bzw. Zahlung einer entsprechenden Funktionszulage ist die Leistungszulage neu festzulegen (Ziff. 2.2). Voraussetzung ist eine Tätigkeit von mindestens 3 Monaten auf dem jeweiligen Arbeitsplatz.

Die bisherige Punktzahl kann bei einer Höhergruppierung
um eine Tarifgruppe, höchstens um 2 Punkte
um zwei Tarifgrupppen, höchstens um 4 Punkte

gemindert werden; jedoch müssen dem Mitarbeiter mindestens 6 Punkte erhalten bleiben.

Die neue Leistungszulage wird zum nächsten Monatsersten nach der Beurteilung wirksam. Höhergruppierung/Zahlung der Funktionszulage und neue Leistungszulage sollen möglichst vom selben Zeitpunkt an gelten. Wenn die Höhergruppierung/Zahlung der Funktionszulage jedoch rückwirkend in Kraft tritt, ist für die Leistungszulage solange die bisherige Punktzahl maßgebend; diese Leistungspunkte sind nunmehr jedoch auf Basis der neuen Tarifgruppe zu vergüten.

Im Falle einer Rückgruppierung ist die Leistungszulage ebenfalls neu festzusetzen; der Mitarbeiter muß mindestens 3 Monate die zu beurteilende Tätigkeit ausgeführt haben. Die neue Leistungszulage gilt ab nächsten Monatsersten nach der Beurteilung.

4.2 Ältere Mitarbeiter

Mitarbeiter, die das 55. Lebensjahr zum Zeitpunkt des Inkrafttretens der allgemeinen Leistungsbeurteilung vollendet haben, werden auf eigenen Wunsch nicht mehr in die allgemeine Leistungsbeurteilung einbezogen. Für sie gilt dann die zuletzt vergebene Punktzahl bis zum Ruhestand.

Wird ein Mitarbeiter nach dem Ausscheiden aus der allgemeinen Leistungsbeurteilung höhergruppiert oder erhält er eine entsprechende Funktionszulage, ist die nächstfolgende (allgemeine oder besondere) Leistungsbeurteilung nach den allgemeinen Grundsätzen durchzuführen. Erst danach kann die Schutzklausel wieder angewandt werden.

Dasselbe gilt bei Rückgruppierungen ohne Zahlung einer Ausgleichszulage. Bei Rückgruppierungen unter Zahlung einer Ausgleichszulage bleibt die zuletzt vergebene Punktzahl unverändert; ihr Wert ist abweichend auf der Basis der Tarifgruppe zu berechnen, nach der die Ausgleichszulage gezahlt wird.

Vor der allgemeinen Leistungsbeurteilung muß jeder Beurteiler seine älteren Mitarbeiter, soweit sie bisher beurteilt wurden, befragen, ob sie weiter beurteilt werden wollen oder nicht. Kann ein Mitarbeiter nicht rechtzeitig, d. h. vor Beginn der Bewertungsaktion angesprochen werden (z. B. Krankheit), so ist die Befragung sobald wie möglich nachzuholen.

4.3 *Schwerbehinderte Mitarbeiter*

Für die Beurteilung anerkannter schwerbehinderter Mitarbeiter gelten die Merkmale Arbeitsgüte und Einsatzbereitschaft uneingeschränkt.

Wird die *Arbeitsmenge* durch die Behinderung unmittelbar nachteilig beeinflußt, gilt das arithmetische Mittel der Bewertung von Arbeitsgüte und Einsatzbereitschaft. Bei Unklarheit über die Auswirkung der Körperbehinderung auf die Arbeitsmenge soll der Betriebsarzt eingeschaltet werden.

4.4. *Kranke Mitarbeiter*

Mitarbeiter, die wegen längerer Krankheit an der allgemeinen Leistungsbeurteilung nicht teilnehmen, behalten die zuletzt vergebene Punktzahl. Dasselbe gilt für Mitarbeiter, die während der Rehabilitationsphase entweder auf ihrem bisherigen Arbeitsplatz nicht oder aufgrund ärztlicher Empfehlungen noch nicht voll eingesetzt werden.

Der Mitarbeiter ist 3 Monate nach Rückkehr an den Arbeitsplatz bzw. Beendigung der Rehabilitation neu zu beurteilen (Ziff. 2.2).

4.5 *Mutterschaft*

Während der Schwangerschaft kann die allgemeine Leistungsbeurteilung auf Wunsch der Mitarbeiterin ausgesetzt werden. In diesem Fall gilt die zuletzt vergebene Punktzahl weiter. Der Beurteiler hat entsprechend Ziffer 4.2 Abs. 4 die Mitarbeiterin rechtzeitig vorher anzusprechen.

Kehrt eine Mutter nach dem Mutterschaftsurlaub bzw. anschließender Babyjahre zurück, ist nach 3 Monaten eine Leistungsbeurteilung durchzuführen. Die Leistungszulage tritt rückwirkend zum Zeitpunkt der Arbeitsaufnahme in Kraft.

4.6 Zwischenzeitiche Leistungsänderung

Bei besonderem Leistungsanstieg oder starkem Leistungsabfall kann jederzeit eine besondere Leistungsbeurteilung vorgenommen werden. Zur Vermeidung von unnötigem Aufwand ist jedoch davon Abstand zu nehmen, falls innerhalb der folgenden 3 Monate planmäßig die allgemeine Leistungsbeurteilung ansteht. Das örtlich zuständige Mitglied des Betriebsrates wird über die Anfertigung dieser besonderen Leistungsbeurteilung unterrichtet.

Gewährung bzw. Abzug von Leistungspunkt(en) können in Absprache zwischen Fachbereichen, Personalabteilung und Betriebsrat zeitlich befristet werden.

4.7 Mitglieder des Betriebsrates

Die Höhe der Leistungszulagen kann für Mitglieder des Betriebsrates in den meisten Fällen nicht vollständig und gerecht festgestellt werden, weil diese ganz oder auch teilweise durch die Betriebsratsaufgaben in Anspruch genommen werden. Deshalb erhalten Mitglieder des Betriebsrates ohne Beurteilung für die Dauer ihres Wahlamtes eine Leistungszulage von 12 Punkten. Ergibt sich allerdings bei der Beurteilung eines nicht freigestellten Betriebsrates aufgrund seiner Leistungen in seinem Fachgebiet eine höhere Bewertung als 12 Punkte, soll diese gelten. Dann aber wird die Punktzahl des Betriebsratsmitgliedes in das Punktebudget einbezogen.

5. Verfahren

5.1 Allgemeine Grundsätze

Maßstab für die Leistungsbeurteilung sind die in der Probezeit bzw. seit der letzten Leistungsbeurteilung gezeigten Leistungen. Abweichend davon ist bei Höher- bzw. Rückgruppierungen Grundlage allein der Erfolg in der neuen Tätigkeit. Die Personalabteilung kann in begründeten Ausnahmefällen im Einvernehmen mit Fachbereich und Betriebsrat einen anderen Zeitraum zugrunde legen.

Die Leistungsbeurteilung bezieht sich auf die drei in Ziffer 1 genannten Kriterien. Entsprechend den Beurteilungs-Richtlinien können die dort aufgeführten Unterkriterien als Hilfe herangezogen werden. In einem solchen Fall sind jedoch nicht automatisch alle Unterkriterien zu verwenden, vielmehr sind bereichsweise die arbeitsplatz- und leistungsspezifischen auszuwählen.

Die Leistung soll im Quervergleich zu den Leistungen anderer Mitarbeiter beurteilt werden, die in derselben Tarifgruppe (einschließlich Zahlung einer entsprechenden Funktionszulage) eingruppiert sind. Wenn das unzweckmäßig ist (z. B. keine oder nur 1 bis 2 Vergleichspersonen), können Mitarbeiter in den Vergleich einbezogen werden, die in benachbarten Tarifgruppen eingruppiert sind.

Um zu gewährleisten, daß die Leistungsunterschiede der zu beurteilenden Mitarbeiter zum Ausdruck kommen, ist für jedes Beurteilungskriterium eine Rangreihe aufzustellen. Es ist ferner darauf zu achten, daß in den oberen Tarifgruppen kein Übergewicht an Leistungsprodukten entsteht. Der nächsthöhere Vorgesetzte muß dafür sorgen, daß seine ihm unterstellten Beurteiler möglichst den gleichen Maßstab bei ihren Beurteilungen anlegen.
Weitere Einzelheiten sind in einer besonderen Beurteilungs-Richtlinie enthalten.

5.2 *Beurteiler*

Der direkte Vorgesetzte erstellt die Leistungsbeurteilung. Damit ein möglichst objektives Ergebnis erzielt werden kann, wird er die Kenntnisse anderer Vorgesetzte berücksichtigen, sofern diese den Mitarbeiter von der Arbeit her gut kennen. Das gilt insbesondere, wenn der Mitarbeiter während des Beurteilungszeitraumes bzw. in den letzten 6 Monaten überwiegend in anderen Bereichen tätig war. Sofern ein Mitarbeiter während des Beurteilungszeitraumes nur oder fast ausschließlich anderen Vorgesetzten unterstellt war, entscheidet die Personalabteilung auf Anfrage des Fachbereiches, wer die Beurteilung anfertigen soll und wessen Punkte-Budget der Mitarbeiter zuzuordnen ist.

Die Beurteilung für die Leistungszulage enthebt den Vorgesetzten nicht von der Pflicht, den Mitarbeiter auch zwischenzeitlich über seinen Leistungsstand zu informieren. Das gilt inbesondere bei erkennbarem Leistungsabfall, der zu einer Minderung der Leistungszulage führen kann.

5.3 *Beurteilungsgespräch*

Jede Leistungsbeurteilung *muß* dem Mitarbeiter in einem Beurteilungsgespräch eröffnet und begründet werden. In Ausnahmefällen – z. B. längere Krankheit oder Abwesenheit – ist ein entsprechender Vermerk in das Formular über die Leistungsbeurteilung aufzunehmen; die Eröffnung soll bei Rückkehr des Mitarbeiters nachgeholt werden.

Ergeben sich im Beurteilungsgespräch neue Tatsachen, die für das Beurteilungsergebnis bedeutsam und bisher noch nicht berücksichtigt worden sind, muß der Beurteiler seine Beurteilung nochmals überprüfen und diese ggf. sogar entsprechend ändern. Der Beurteiler soll seine Beurteilung nur auf solche Ereignisse stützen, die er während des Beurteilungszeitraumes tatsächlich beobachtet hat und auf die er folglich verweisen kann.

Der Mitarbeiter hat zum Abschluß des Gespräches die Leistungsbeurteilung gegenzuzeichnen. Mit der Unterschrift wird nicht der Inhalt anerkannt, sondern lediglich die Kenntnisnahme der Leistungsbeurteilung bestätigt. Verweigert der Mitarbeiter die Unterschrift, so vermerkt das der Beurteiler handschriftlich mit Datumsangabe auf dem Formular.

Der Betriebsrat kann im Rahmen seiner Aufgaben nach Eröffnung die Beurteilungsunterlagen einzelner Mitarbeiter beim Abteilungsleiter einsehen.

5.4 *Einspruch*

Ist ein Mitarbeiter mit seiner Leistungsbeurteilung (teilweise) nicht einverstanden, wird auf seinen Wunsch binnen einer Woche beim Abteilungsleiter erneut ein Beurteilungsgespräch geführt. Dazu kann der Mitarbeiter das örtlich zuständige Mitglied des Betriebsrates hinzuziehen.

Können die strittigen Punkte dabei nicht geklärt werden, findet auf Wunsch des Mitarbeiters ein Einspruchsgespräch statt. Daran nehmen außer dem Mitarbeiter der Beurteiler, das örtlich zuständige Mitglied des Betriebsrates, der Abteilungsleiter, der Leiter der Personalabteilung und ein Mitglied des geschäftsführenden Betriebsrates teil. Über die Leistungsbeurteilung entscheiden die drei zuletzt genannten Teilnehmer abschließend.

Der Mitarbeiter muß seine abweichende Auffassung für jedes in Betracht kommende Beurteilungskriterium begründen; die pauschale Feststellung, er werde nicht richtig gesehen, genügt keinesfalls.

5.5 *Personalakte*

Die Leistungsbeurteilung wird in der Personalakte abgelegt.

6. Inkrafttreten

Diese Betriebsvereinbarung tritt am . . . in Kraft und gilt für alle nach diesem Zeitpunkt zu eröffnenden Leistungsbeurteilungen.

Sie kann unter Einhaltung einer Frist von 6 Monaten zum Ende der Laufzeit des jeweiligen Gehaltstarifvertrages gekündigt werden.

3. Zielvereinbarungen und Leistungsstandards

Immer mehr Unternehmen versuchen, die Leistungsziele und -ergebnisse ihrer Mitarbeiter durch Zielvereinbarungen zu konkretisieren (s. Abb. 53).

Abb. 53: Führung durch Ziele

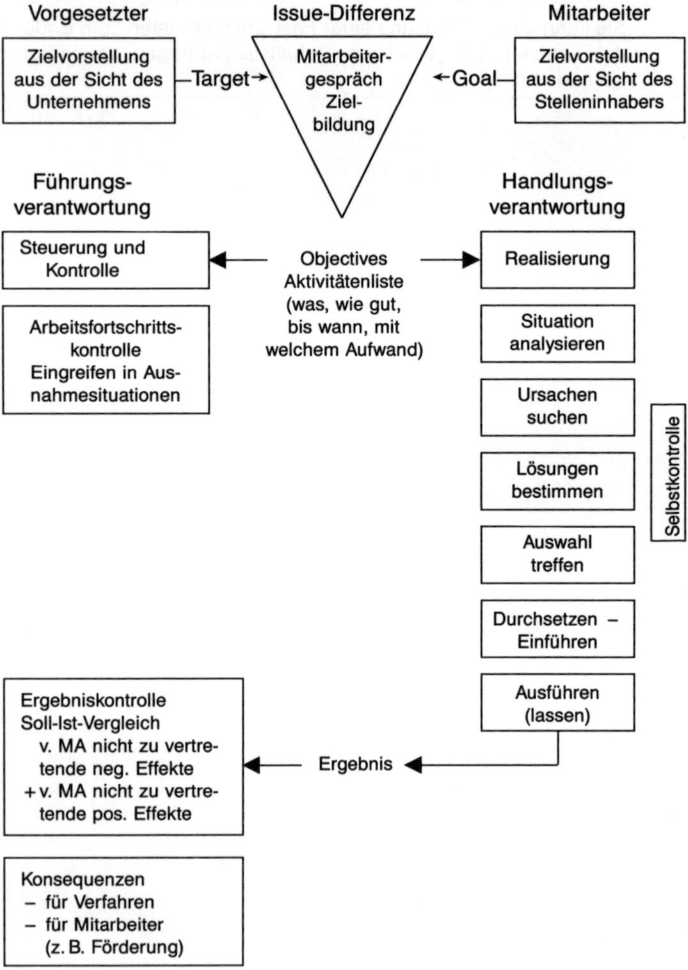

Dies hat zwei Vorteile:

1. Die Mitarbeiter kennen die Erwartungen, die an bestimmte Leistungsperioden geknüpft sind.
2. Die Beurteilung und Bewertung der Leistung orientiert sich an vorher festgelegten Zielen und Erwartungen, die Ergebnisse unterliegen also einem Soll-Ist-Vergleich, was die Beurteilung wesentlich versachlicht.

Viele Unternehmen gehen inzwischen dazu über, insbesondere für Spezialisten, AT und Manager „Management by objectives" als Führungs- und Motivationsinstrument einzusetzen und mit der Auswertung der Ergebnisse eine Leistungsbeurteilung zu verbinden. Manchmal wird diese Auswertung mit einer Verhaltensbeurteilung gekoppelt (s. Abb. 54).

Selbst die Treuhand-Manager in den jungen Bundesländern erhalten ihre Erfolgsbeteiligung für Privatisierungsmaßnahmen nur nach erreichten Zielen:

- Zahl der privatisierten Unternehmen,
- Anzahl der erhaltenen Arbeitsplätze,
- Verkaufspreis,
- vereinbarte Investitionen.

Oft werden solche Auswertungen der Ergebnisse auch mit Punktbewertungen versehen (s. Abb. 55).

Die von Reynold Tabacco GmbH in Abb. 55 aufgeführten Zielvereinbarungen und definierten wesentlichen Aufgabenstellungen entsprechen der Realität. Die exemplarisch eingesetzten Beurteilungen und Kommentare sind fiktiv. Das Beispiel bezieht sich auf das Geschäftsjahr 1989.

Das Führen mit Zielvereinbarungen hat viele Vorteile (Abb. 56), aber das Formulieren von Leistungszielen ist sehr schwierig (s. Abb. 57).

(Fortsetzung des Textes auf S. 198)

Abb. 54: Zielvereinbarung und Leistungsbeurteilung (Boehringer Mannheim)

				Beurteilungs-Zeitraum:
An:	Zurück an		bis	
Name	Abt.	Geb.-Datum	Eintritts-Datum	
Tätig als			seit	

A. Grundsätze

- Es gehört zu den wichtigsten Führungsaufgaben des Vorgesetzten, mit seinem Mitarbeiter über die Einschätzung seiner Leistung zu sprechen und ggf. Maßnahmen zu dessen beruflicher Förderung bzw. Leistungsverbesserung zu ergreifen.
- Der Mitarbeiter erhält durch dieses Gespräch eine Rückmeldung über die von ihm erbrachten Leistungen („Standortbestimmung") und gleichzeitig eine Information über die Möglichkeiten seiner beruflichen Entwicklung bei BM. Dies wurde vom Gesetzgeber für so wichtig erachtet, daß er das Recht des Mitarbeiters darauf in § 82 BetrVG verankert hat.
  Darüber hinaus ist die Leistungsbeurteilung ein Instrument für das frühzeitige Erkennen entwicklungsfähiger Nachwuchskräfte.
- Die Leistungsbeurteilung des Mitarbeiters soll jährlich und ohne Altersbegrenzung im Rahmen eines ausführlichen Beurteilungs- und Förderungsgesprächs stattfinden. Der Vorgesetzte sollte sich auf diese Unterredung gründlich vorbereiten und dies auch seinem Mitarbeiter ermöglichen, indem er ihn frühzeitig über den Termin informiert und ihm den Vorbereitungsbogen für Mitarbeiter aushändigt.

B. Hinweise

Eine sinnvolle Beurteilung ist nur möglich, wenn sie auf konkreten **Erwartungen** beruht. Dies bedeutet, daß der Vorgesetzte sowohl am Beginn als auch am Ende der Beurteilungsperiode ein Gespräch mit dem Mitarbeiter anhand des Beurteilungsbogens führen muß. Zu Beginn der Beurteilungsperiode werden Erwartungen bezüglich Zielen, Aufgaben und Verhalten besprochen und festgehalten. Am Ende der Beurteilungsperiode wird die erreichte Leistung beurteilt und festgehalten.

1. MbO (Management by Objectives) – Ziele und Aufgaben

Für Mitarbeiter, die mit MbO-Zielen geführt werden, können zusätzliche Aufgabenschwerpunkte vereinbart werden. Bei Mitarbeitern, die nicht mit MbO-Zielen geführt werden, sollten solche Aufgabenschwerpunkt auf jeden Fall definiert werden.

- **MbO-Ziele**

Beginn der Beurteilungsperiode: Vereinbaren Sie mit dem Mitarbeiter MbO-Ziele (Empfehlung: maximal 9).

Ende der Beurteilungsperiode: Kommentieren Sie jedes zu Anfang des Beurteilungszeitraums vereinbarte Ziel und bewerten Sie im Sinne einer Gesamteinschätzung nicht nur die Zielerreichung, sondern auch den Einsatz des Mitarbeiters, Einflüsse von außen usw. Dies ermöglicht es, ggf. bei Nichterreichen des Ziels – aus vom Mitarbeiter nicht zu vertretenden Gründen – die Leistung

Abb. 54 (Fortsetzung)

trotzdem als „erfüllt die Erwartungen voll" oder „übertrifft die Erwartungen" zu bezeichnen.

- **Aufgaben** im Rahmen der Stellenbeschreibung und damit verbundene Erwartungen

Beginn der Beurteilungsperiode: Vereinbaren Sie, welche Aufgabengebiete der Mitarbeiter im folgenden Jahr besonders beachten sollte, konkretisieren Sie die Erwartungen, die Sie in diesem Zusammenhang an den Mitarbeiter haben.
Ende der Beurteilungsperiode: Kommentieren Sie, wenn notwendig, die Aufgabenerfüllung, z. B. durch Festhalten von positiven und negativen Abweichungen, durch Bemerkungen über den Einsatz des Mitarbeiters usw. und halten Sie dies in Ihrer Beurteilung fest.

2. Verhaltensmerkmale

Beginn der Beurteilungsperiode: Besprechen Sie mit dem Mitarbeiter, welche konkreten Verhaltenserwartungen Sie an ihn haben. Verdeutlichen Sie diese durch Unterstreichen von einem oder mehreren der aufgeführten Verhaltenskriterien in jedem der genannten Verhaltensbereiche. Wenn notwendig, können Sie im Freiraum unter den einzelnen Verhaltenskriterien noch mit eigenen Worten Ihre Erwartungen konkretisieren und festhalten und somit zusätzliche, Ihnen wichtig erscheinende Kriterien definieren.
Ende der Beurteilungsperiode: Kommentieren Sie, wenn notwendig, das Verhalten des Mitarbeiters während der Beurteilungsperiode bezogen auf die festgelegten Erwartungen, z. B. positive oder negative Abweichungen, Einsatz des Mitarbeiters, spezifische Probleme, die noch bestehen, usw.

3. Zusammenfassung der Beurteilung

Bitte fassen Sie hier Ihre Beurteilung des Mitarbeiters in wenigen Stichworten zusammen.

4. Persönliche Entwicklungsziele/Maßnahmen aus der Beurteilung

Bitte halten Sie hier persönliche Entwicklungsziele für den Mitarbeiter bzw. durchzuführende Maßnahmen fest, die im Beurteilungsgespräch vereinbart wurden. Dies können vereinbarte Verhaltensänderungen, Fortbildungsmaßnahmen, aber auch (Einsatz-)Wünsche des Mitarbeiters u. a. sein.

5. Stellungnahme des Mitarbeiters/Bemerkungen

Nach Abschluß der Erläuterungen der Beurteilung und des Beurteilungs- und Förderungsgesprächs hat der Mitarbeiter die Möglichkeit zur Stellungnahme. Außerdem steht dieser Abschnitt für sonstige Bemerkungen des Vorgesetzten bzw. des nächsthöheren Vorgesetzten zur Verfügung.

Nach Durchführung des Beurteilungs- und Förderungsgesprächs leiten Sie das Original des Bogens bitte an den nächsthöheren Vorgesetzten und dann an das zuständige Personalreferat weiter. Bitte ziehen Sie für sich und Ihren Mitarbeiter je eine Kopie.

Abb. 54 (Fortsetzung)

Name Abt.:		Zeitraum:					
1. MbO-Ziele und Aufgaben im Rahmen der Stellenbeschreibung und damit verbundene Erwartungen (zu Beginn der Beurteilungsperiode festzulegen)		**Kommentar** zur Zielerreichung und/oder Aufgabenerfüllung, z. B. Beschreibung von positiven und negativen Abweichungen, Einsatz des Mitarbeiters, Einflüsse von außen usw. (am Ende der Beurteilungsperiode festzuhalten)	Beurteilung				
			übertrifft bei weitem die Erwartungen	übertrifft die Erwartungen	erfüllt die Erwartungen voll	erfüllt die Erwartungen teilweise	erfüllt die Erwartungen nicht
1							
2							
3							
4							
5							
6							
7							
8							
9							

Abb. 54 (Fortsetzung)

Name		Abt.:	Zeitraum:				
2. Verhaltensmerkmale und damit verbundene Erwartungen (zu Beginn der Beurteilungsperiode festzulegen)		**Kommentar** zum Verhalten während der Beurteilungsperiode, z. B. Beschreibung von positiven und negativen Abweichungen, Einsatz des Mitarbeiters, Einflüsse von außen usw. (am Ende der Beurteilungsperiode festzuhalten)	Beurteilung				
			übertrifft bei weitem die Erwartungen	übertrifft die Erwartungen	erfüllt die Erwartungen voll	erfüllt die Erwartungen teilweise	erfüllt die Erwartungen nicht
1	**Arbeitsergebnis und Arbeitsverhalten** Arbeitsgüte, Arbeitsmenge, Sorgfalt, Termintreue, Einhalten von Vereinbarungen, Beachten von Vorschriften, Verhalten in schwierigen Arbeitssituationen, Belastbarkeit, Durchsetzungsverhalten, Übernehmen von Verantwortung usw.						
2	**Planungs- und Organisationsverhalten*** Organisation der eigenen Arbeit, Planung, Kontrolle, Projektplanung, Projektbetreuung, Anwendung von Arbeits- und Organisationstechniken usw.						
3	**Problemlösungs- und Entscheidungsverhalten*** Vorgehen bei Problemlösungen, Entscheidungsfreude, Anwendung von Entscheidungstechniken usw.						
4	**Initiativverhalten** Selbständiges Arbeiten, Problem erkennen und zur Lösung beitragen, persönlicher Einsatz, Erneuern von Fachwissen usw.						

* kann in Einzelfällen entfallen

Abb. 54 (Fortsetzung)

Name		Abt.:	Zeitraum:				
2. Verhaltensmerkmale und damit verbundene Erwartungen (zu Beginn der Beurteilungsperiode festzulegen)		**Kommentar** zum Verhalten während der Beurteilungsperiode, z. B. Beschreibung von positiven und negativen Abweichungen, Einsatz des Mitarbeiters, Einflüsse von außen usw. (am Ende der Beurteilungsperiode festzuhalten)	Beurteilung				
			übertrifft bei weitem die Erwartungen	übertrifft die Erwartungen	erfüllt die Erwartungen voll	erfüllt die Erwartungen teilweise	erfüllt die Erwartungen nicht
5	**Kreativitätsverhalten** Aufgeschlossenheit gegenüber neuen Ideen, Entwickeln von neuen Ideen, Erarbeiten konstruktiver und praktikabler Lösungsansätze, Einsatz von Kreativitätstechniken usw.						
6	**Wirtschaftlichkeitsverhalten** Kosten-/Nutzen-Denken, Vorschläge und Maßnahmen zu Verbesserungen, Budgetierungsverhalten, Umgang mit Sachmitteln usw.						
7	**Kommunikations- und Kooperationsverhalten** Zusammenarbeit mit einzelnen und in Gruppen, Teamarbeit, Verhalten in Konfliktsituationen, schriftlicher und mündlicher Ausdruck, Weitergabe von Informationen, Verhalten gegenüber Kunden und anderen Externen usw.						
8	**Führungsverhalten** (nur bei Führungskräften) Zielvereinbarung, Anleitung und Unterstützung der Mitarbeiter, Delegation, Motivation, Kommunikation mit den Mitarbeitern, Zielverfolgung, -kontrolle, Beurteilung und Entwicklung der Mitarbeiter, Mitarbeitereinsatz, Arbeitsklima usw.						

Abb. 54 (Fortsetzung)

Name: Abt.: Zeitraum

3. Zusammenfassung der Beurteilung

4. Persönliche Entwicklungsziele/Maßnahmen aus der Beurteilung

Ziel	Maßnahme	Termin	verantwortlich

5. Stellungnahme des Mitarbeiters/Bemerkungen

Datum Unterschrift des Mitarbeiters des Vorgesetzten des nächsthöheren Vorgesetzten

Abb. 55: Zielvereinbarung/Leistungsbeurteilung (Reynolds Tobacco GmbH)

Persönliche Daten:
Name des Beurteilten: Personal-Nr.
Stellenbezeichnung:
Bereich/Abteilung
Name des Beurteilers:

Aufgabenstellung und Zielvereinbarung:
Erstellt und gegenseitig gezeichnet: Datum: 19. 07. 89
(Führungskraft) (Mitarbeiter)
nächsthöhere Führungskraft – gesehen:

Ermittlung der Leistungs-Punktzahl:

– Punktwert Aufgaben + Zielvereinbarungen:		1,67
– Punktwert besonders anzuerkennende Leistungen:	+	0,40
– Leistungspunktzahl:	=	2,07

Ablauf der Leistungsbeurteilung:

Beurteiler	Leistungsbeurteilung erstellt:
Datum: 10. 12. 89	Unterschrift:
Nächsthöhere Führungskraft:	Leistungsbeurteilung gesehen:
Datum: 12. 12. 89	Unterschrift
Beurteilter Mitarbeiter	Leistungsbeurteilung gesehen: Inhalt wurde besprochen
Datum: 17. 12. 89	Unterschrift:

Bemerkungen des Mitarbeiters (siehe Seite 4) ja [x] nein [ ]

Abb. 55 (Fortsetzung)

Aufgaben im Rahmen der Stellenbeschreibung und damit verbundene Erwartungen:	Kommentar zur Aufgabenerfüllung einschließlich positiver/negativer Abweichungen und evtl. besonderer Einflüsse von außen:	Gewichtung	Bewertung	Punktwert
1 Betreuung der Auszubildenden sowie verantwortliche Abwicklung der Ausbildung	Prüfungen wurden erfolgreich abgeschlossen; Auszubildende zeigen Integration und werden angenommen	3	2	6
2 Betreuung des Trainees einschließlich Rekrutierung sowie Organisation der Ausbildung	lt. Geschäftsbeschluß für 1989 noch nicht aktiviert	2	–	–
3 Planung, Durchführung und Kontrolle von Weiterbildungsmaßnahmen	interne Seminare mit Unterstützung geplant	1	1	1
4 Konzeption und Administration des „BVW"	solide Abwicklung, muß auf mehr Attraktivität ausgerichtet werden	1	1	1
5 Vermittlung von Praktikanten bzw. Praktika zusammen mit den Personalleitern	Bedarf aus dem Haus abgedeckt, Nachfragen von außen erfüllt	1	1	1
gilt für Führungskräfte				
6 Delegieren und planvoll organisieren	–	2		–
7 Ziele vereinbaren und die Ergebnisse beurteilen	–	2		–
8 Informieren und selbst unterrichtet sein	–	2		–
9 Mitarbeiter fördern und entwickeln	–	2		–
10 Durchführung von Kontrollen und Ziehen von Konsequenzen	–	2		–
	Summe Punktwerte = (Übertrag)	**6**		**6**

Abb. 55 (Fortsetzung)

Zielformulierung*)	Kommentar zur Zielerreichung (siehe wie Aufgabenerfüllung)	Gewichtung	Bewertung	Punktwert
1 Erarbeitung eines Anforderungskatalogs für PC-Programm zur Seminarorganisation für alle Bereiche	alle Bereiche wurden einbezogen, besondere Kreativität bei Verbindung zu den Fachbereichen	2	3	6
2 Analyse von Marktangeboten für PC-Programme für Seminarorganisation bis zur Entscheidungsreife	insgesamt zwei Angebote sind zu wenig; Auswahlmöglichkeiten dadurch zu gering	1	0	0
3 Erarbeitung eines „Bewerbertages", der unsere Unternehmenskultur zum Ausdruck bringt	wurde im September praktiziert; Resonanz der Bewerber war sehr positiv. Erbrachte zusätzliche Bewerbungen aus dem Umkreis der „Erstbewerber"	2	2	4
4 –				
5 –				
persönliche Entwicklungsziele:				
6 Fähigkeit, interne Seminarorganisation zu betreiben einschließlich Trainerkoordination und Hotelplanung	Learning by doing – 3 Seminare reibungslos verlaufen	1	1	1
7 –				
	Summe: + Übertrag von Blatt 2	6 6	kein Eintrag	11 9
		12		20
	Summe Punktwerte / Summe Gewichtung =			1,67

*) Vollständig und eindeutig ist die Formulierung, wenn sie auch Angaben enthält über:
Was soll erreicht werden!
Woran kann es bemessen werden?
Wann soll es erreicht sein?

Abb. 55 (Fortsetzung)

Bezeichnung und Kommentar „Besonders anzuerkennende Leistungen":	
Engagiertes Mitarbeiten bei der IHK-Köln im Projekt: Berufsbild Büroassistentin. Mit überdurchschnittlichem Arbeitseinsatz wurde dadurch das Image von RJR als gute Ausbildungsadresse in Köln ausgebaut.	
Punktwert: Besonders anzuerkennende Leistungen: (höchst. 1,00)	0,40

Bemerkungen des beurteilten Mitarbeiters zur durchgeführten Leistungsbeurteilung:

- Beurteilungen betreffend Aufgaben aus meiner Sicht korrekt.
- Bei den einzelnen Zielvereinbarungen bezügl. PC-Programme für Seminarorganisation war aus meiner Sicht weiteres Einholen von Angeboten nicht effektiv, da die beiden vorliegenden alle Aspekte abdecken und markttypischen Charakter haben.
  Mit den Beurteilungen für die Ziele „1" und „3" stimme ich überein.

Datum: 17. 12. 89 Unterschrift Mitarbeiter

Abb. 56: Vorteile des Führens mit Zielvereinbarungen

- Kommunikation zwischen Vorgesetztem und Mitarbeiter gibt diesem das Gefühl: „Ich werde gebraucht".
- Vereinbarte und nicht erzwungene Ziele regen den Mitarbeiter zur Leistung an.
- Der Mitarbeiter hat mehr Handlungsfreiheit, er entwickelt mehr Eigeninitiative (ist motiviert durch Mitwirkung).
- Der Mitarbeiter kontrolliert sich weitgehend selbst, der Vorgesetzte kann die Leistung unabhängig von Sympathie und Antipathie besser beurteilen.
- Der Beitrag des oder der Mitarbeiter eines Bereiches wird besser sichtbar.
- Maßnahmen geraten nicht in Vergessenheit.
- Gespräche zwischen Vorgesetztem und Mitarbeiter werden sachlicher geführt.
- Horizontale oder vertikale Zielkonflikte werden schneller sichtbar und können durch die Vorgesetzten schneller entschieden werden.
- Das Unternehmen profitiert von den Leistungssteigerungen vieler Mitarbeiter erheblich, z. B. mehr Verkaufserlöse, billigere Herstellung, günstigerer Einkauf, zufriedenere Mitarbeiter/geringere Fehl- oder Ausschußquoten.
- MbO ist heute eine der praktikabelsten Methoden zur wirklichen Mitbestimmung.

Die Schwierigkeiten bei der Realisierung dieses Führungskonzepts haben unterschiedliche Ursachen: Eine Ursache sind die Auswirkungen der Konjunktur und Marktsituation, die Planungen in dem bisherigen Umfange oft erschweren. Schnelle Veränderungen an den Absatzmärkten und ein explosiver Wandel in der Technologie führen zwangsläufig dazu, daß die Ziele und die Anforderungen an die Führungskräfte immer häufiger kurzfristigen Änderungen unterworfen sind. Das erschwert das Arbeiten mit Zielvereinbarungen, weil der dadurch zwangsläufig größere Änderungsaufwand bei den Betroffenen auf Kritik stößt.

Kurzfristige Änderungen in Planungen und Zielen führen natürlich auch zu größeren Unsicherheiten bei der Auswertung der Ergebnisse und so zu zusätzlichen Problemen in der Beurteilung der Leistung, die an sich schon sehr schwierig ist. Ganz besonders auffallend ist auch, daß manche als Anfangsschwierigkeiten beurteilten Probleme

Abb. 57: Schwierigkeiten beim Formulieren von Leistungszielen

Mangelhafte Verpflichtungen sind:	Gute Verpflichtungen sind:
– mehrdeutig in der Definition dessen, was erwartet wird	– definitiv, was den Leistungsinhalt betrifft
– theoretisch oder idealistisch	– betriebswirtschaftlich relevant
– ohne reale Wirksamkeit	– wichtig für Geschäftserfolg
– entweder zu kurz, unbestimmt, lang oder verwickelt	– präzise in quantifizierten Begriffen ausgedrückt, soweit möglich
– komplex, mit zwei oder mehr Verpflichtungen in einer Aussage	– auf eine Verpflichtung in einer Aussage begrenzt
– ohne einen Verbesserungsbedarf als Grundlage	– auf Verbesserung von Ergebnissen oder persönlicher Leistung gerichtet

der Zielvereinbarung in den Firmen auch nach langjähriger Übung nicht geringer geworden sind. Das gilt besonders für die Tatsache, daß die Betroffenen auch nach längerer Praxis nicht frei von Angst und Befürchtungen sind. In den meisten Fällen versteckt sich die Angst in der Kritik an dem zeitlichen Aufwand und dem Änderungsdienst.

Die Ängste bestehen bei den Betroffenen in Wirklichkeit aber meistens aus der Unsicherheit über die Folgen der Auswertung der Ziele. Die Betroffenen wissen trotz eines gemeinsam geführten Auswertungsgespräches oft nicht, inwieweit der Vorgesetzte eine Soll-Ist-Abweichung akzeptiert oder nicht: Die Mitarbeiter befürchten, daß Abweichungen in der Zielerreichung negative Auswirkungen für ihre Anerkennung oder Karriere haben.

Diese Befürchtungen wurden in denjenigen Unternehmen besonders verstärkt, die Zielvereinbarungen mit umfangreichen Auswertungsformularen, Beurteilungskriterien und Beurteilungsverfahren verbinden. Und das mit deutscher Perfektion.

Aufmerksame Personalchefs haben nämlich sehr schnell die Möglichkeit erkannt, daß mit Zielvereinbarungen bessere und objektivere Unterlagen als bisher zur Verfügung stehen, um die Leistungsbeurteilungen aussagefähiger zu machen. Leistungsbeurteilungen lassen sich auf der Grundlage von gemeinsam zwischen Mitarbeiter und Vorgesetztem festgelegten Leistungsplanungen und Absprachen besser begründen.

Zu Recht werden funktionierende Leistungsbewertungsverfahren auch als ein wichtiges Führungsinstrument angesehen, um besser ein leistungsgerechtes Entgelt ermitteln zu können und durch Anerkennung und Belohnung Zufriedenheit und Ansporn für Leistungssteigerung zu schaffen. Dazu dient insbesondere die Quantifizierung von Leistungsstandards (s. Abb. 58).

So wurden Verfahren entwickelt, auch mit Unterstützung der Arbeitswissenschaftler an den Universitäten, mit denen die Ergebnisse von Leistungszielen bewertet werden. Sehr häufig ist dabei folgende Einstufung zu finden:

- wesentlich unterschritten,
- unterschritten,
- erfüllt,
- überschritten,
- wesentlich überschritten.

Wenn die Ziele unterschiedliche Bedeutung für die Aufgabenerfüllung haben, werden die Ergebnisse auch unterschiedlich gewichtet (s. Abb. 55). Zusätzlich erfolgt eine pauschale Beurteilung derjenigen Aufgaben, die nicht mit den Zielen erfaßt werden konnten. Die Beurteilungsergebnisse werden in ein Verhältnis zueinander gesetzt, und so ergibt sich eine rechnerische Gesamtbewertung als gewogener Durchschnitt. Diese Verfahren sind inzwischen in Veröffentlichungen anerkannter Professoren, u. a. *Lattmann*, nachzulesen und werden in manchen Unternehmen praktiziert.

Trotz aller gutgemeinten theoretischen und praktischen Ansätze sind jedoch die Bemühungen, eine direkte Kopplung von Leistungsstandard, Arbeitsergebnis, Leistungsbeurteilung und Leistungsvergütung zu erreichen, in den Unternehmen mehr oder weniger gescheitert. Die Praxis der letzten Jahre hat gezeigt, daß

- Aufgabenerfüllungen von Führungskräften und qualifizierten Mitarbeitern in einem viel größeren Umfang als angenommen

Abb 58: Ziele und Leistungsstandards

Abteilung:

Hauptaufgabe:	**Name:**	**Datum:**

Ziele	**Leistungsstandard**	**Termine**	**Prioritäten**	**Verantwortlich**
Was will ich tun, Was soll es bewirken? (Warum?)	Wie gut? Wieviel? Wie oft? Wie teuer? Was bringt es?	Bis wann? bzw. Einzeletappen	A–C	Wer? Mit wem?

von den Beteiligten nur ungern und unpräzise quantifiziert werden und damit schwierig meßbar sind;

- notwendige Quervergleiche von Arbeitsergebnissen in vielen Fällen nicht möglich sind;
- die meisten Arbeitserfolge von Führungskräften und qualifizierten Mitarbeitern sehr stark fremdem Einfluß unterliegen, wodurch eine präzise und konfliktfreie Beurteilung doch nicht erreicht wird.

Die Erfahrungen zeigen, daß eine direkte quantitative Umsetzung der Leistungsergebnisse in Beurteilungsergebnisse aus diesen Gründen insbesondere von den Beurteilten selten akzeptiert wird. Zu viele Unwägbarkeiten können das Ergebnis verfälschen und vorhandene Motivation zerstören, wodurch das Führungsinstrument in Frage gestellt wird.

Zielvereinbarungssysteme sollen motivierenden Charakter haben. Sie sollen dazu beitragen, daß sich die Führungskräfte hohe Ziele setzen und diese erfüllen. Zielvereinbarungen sollen dazu beitragen, die Innovationspotentiale auszuschöpfen und die Führungskräfte anzuspornen, kreativ an der Fortentwicklung ihrer Aufgabe zu arbeiten.

Alle Leistungsplanungssysteme erreichen dieses Ziel nicht, wenn sie mit einem Belohnungssystem rechnerisch gekoppelt werden. Eine solche Verbindung verleitet dazu, möglichst niedrige Ziele zu verabreden, um durch Übererfüllung der Absprachen eine höhere Belohnung zu erhalten. Die negativen Konsequenzen solcher Führungskonzepte kennen wir aus den Planungssystemen der früheren Ostblockländer.

Um dennoch mit den Führungsinstrumenten erfolgreich arbeiten zu können, muß eine neue Philosophie in das Haus getragen werden. Es muß alles getan werden, um die beschriebenen Ängste und Befürchtungen bei den Führungskräften und Mitarbeitern abzubauen. Das Führungsinstrument Zielvereinbarung kann nur funktionieren, wenn die Betroffenen damit positive Ergebnisse und Erlebnisse verbinden können. Wie geht das?

- Zuerst einmal alles vermeiden, was das Führungsinstrument perfektioniert.
- Keine seitenlangen Formulare und beschriebenes Papier verlangen.
- Nicht auf einer Quantifizierung der Ziele bestehen.

- Auch Formulierungen von Zielen akzeptieren, die nicht präzise formuliert sind.
- Keine sehr hohen Ziele verlangen, wenn diese nicht vom Mitarbeiter angeboten werden.
- Nicht Zielabsprachen verlangen, wenn es schwer fällt, klare Ziele zu verabreden.
- Auch Arbeitsergebnisse belohnen, bei denen das Ziel nicht erreicht worden ist, aber das Engagement da war.
- Nicht eine ständige Steigerung der Ziele erwarten.

Gute Führungskräfte verstehen Zielvereinbarungen als kooperative Variante und Möglichkeit, Selbstregelungsmechanismen in Bewegung zu setzen, die Leistungsmotivation und Eigeninitiative fördern.

Sie werden keine Ziele vorgeben, sondern die Teams und Mitarbeiter anregen, sich selbst Ziele zu setzen, und zwar solche Ziele, die sie glauben, erreichen zu können. Es muß ein so gutes Vertrauensverhältnis hergestellt werden, daß der Mitarbeiter auch den Mut aufbringt, seinen Vorgesetzten um Unterstützung zu bitten, wenn er sich bei der Zielerfüllung „verrannt" hat. Diese Vorgehensweise hat sich in manchen Unternehmen als erfolgreich erwiesen.

Kapitel 2: Die Beurteilung von Auszubildenden

Ausbildung bedeutet, Vermittlung von Fertigkeiten und Kenntnissen innerhalb einer vorgegebenen Zeit. Seit einigen Jahren kommen zusätzliche Qualifikationen hinzu, die mit dem Begriff *„Schlüsselqualifikationen"* beschrieben werden. Um Ausbildungs- bzw. Entwicklungsfortschritte bei Auszubildenden erkennen zu können, ist ein Beurteilungssystem unerläßlich. Dieses Beurteilungssystem für Auszubildende weicht in einigen Punkten erheblich von einem Beurteilungssystem für Mitarbeiter ab. Unter anderem ist bei Auszubildenden eine Beurteilung in sehr kurzen Zeitabständen (vorzugsweise bei Bereichswechseln) sinnvoll. Außerdem sind relativ viele Mitarbeiter (Ausbilder, Ausbildungsberater, Ausbildungsbeauftragte usw.) an den Beurteilungen für Auszubildende beteiligt.

Aus diesen Gründen sollten Beurteilungen für Auszubildende folgende Kriterien erfüllen:

1. Sie sollten so aussagekräftig wie möglich sein. Sie sind Hilfen für den Auszubildenden, sich selbst besser einschätzen und beurteilen zu lernen. Sie sind Hilfen für den Ausbildungsverantwortlichen, Schwächen und Fehlleistungen des Auszubildenden zu erkennen und unter Einbeziehung entsprechender Hilfestellungen mit dem Auszubildenden gemeinsam zu beseitigen.
2. Sie sollten andererseits nicht zu kompliziert und relativ leicht zu handhaben sein. Dabei ist vor allem an den Beurteiler gedacht, der zumindest in größeren Betrieben sehr häufig Auszubildende beurteilt und dies neben seiner eigentlichen Aufgabe durchführen muß.

Neben der betrieblichen Leistung ist in unserem dualen Ausbildungssystem die schulische Leistung von Bedeutung. Beurteilungskriterium für die schulischen Leistungen sind Schulnoten und Schulzeugnisse. Die betrieblichen Beurteilungskriterien können je nach Anforderungen und Erwartungen in den verschiedenen Bereichen unterschiedlich ausfallen.

Folgende Kriterien könnten u. a. für eine betriebliche Beurteilung herangezogen werden:

- Arbeitsqualität
- Einsatzbereitschaft

– Betriebliche Zusammenarbeit
– Zuverlässigkeit
– Selbständigkeit
– Flexibilität
– Integrationsbereitschaft
– Ordnungssinn
– Lernbereitschaft
usw.

Eine eventuelle Gewichtung einzelner Beurteilungskriterien, insbesondere bei einem Vergleich mit Zeugnisnoten, kann bei Bedarf vorgenommen werden, findet aber immer weniger Zustimmung.

Die Abb. 59 und 60 sind betriebliche Beispiele für regelmäßige schriftliche Beurteilungen sowie die Ausbildungs-Abschlußbeurteilung. Weitere Beispiele finden Sie in Teil 4 des Buches.

Abb. 59: Beurteilung für Auszubildende

		FACHBEREICH VON BIS
Name		Vorname
Geboren am	Beruf/Jahrg.	

Beurteilungskriterien	Bitte dem Ausbildungsstand entsprechend beurteilen: über Durchschnitt – Durchschnittsbereich – unter Durchschnitt
1 Arbeitsqualität	
1.1 Ist den gestellten Aufgaben gewachsen	
1.2 Erzielt einwandfreie Arbeitsergebnisse (fehlerfrei, maßhaltig)	
1.3 Die Aufgaben werden termingerecht erledigt	
1.4 Kann das Erlernte auf seine Arbeit übertragen (Umsetzung von Theorie in die Praxis)	
2 Persönlicher Einsatz	
2.1 Zeigt Interesse am Ausbildungsstoff (z.B. Lernbereitschaft)	
2.2 Die übertragenen Aufgaben werden selbständig und zuverlässig ausgeführt	
2.3 Entwickelt Eigeninitiative bei Erledigung gestellter Aufgaben (z.B. macht sich eigene Gedanken, gibt Anregungen)	
2.4 Bei der Bewältigung von Aufgaben ist die erforderliche Ausdauer vorhanden	
2.5 Verrichtet seine Arbeiten umsichtig und geschickt	
2.6 Zeigt die notwendige Ordnung	
3 Betriebliche Zusammenarbeit	
3.1 Zeigt sich Mitarbeitern gegenüber aufgeschlossen	
3.2 Hilfsbereitschaft anderen gegenüber (z.B. Unterstützung beim Lernen und Arbeiten)	
3.3 Bereitschaft zur Zusammenarbeit mit Einzelnen und in der Gruppe	

Welche Lernhilfen sind für die weitere Ausbildung zu empfehlen?

Ergänzungen zur Beurteilung (z.B. besondere Stärken und Schwächen, Verhalten bei erschwerten Arbeitsbedingungen, Reaktion auf persönliche Gespräche und Hilfestellungen, beachten der Sicherheitsvorschriften):

Sonstiges

An der Ausbildung und der Beurteilung haben folgende Ausbildungsbeauftragte mitgewirkt:

		Die Beurteilung habe ich gelesen. Ihr Inhalt wurde mit mir besprochen.		
Datum	Beurteiler	Datum	Auszubildender	PA

Vordr. 15-0170 SEP 87

Abb. 60: Ausbildungs- und Abschlußbeurteilung

		EINSTELLUNGSJAHR

Name ____________ Vorname ____________ Pers.-Nr. ____________

geb. ____________ in ____________

Schulbildung

○ Hauptschule	○ Realschule	○ Gymnasium
○ Abschluß	○ Abschluß	○ Abitur, Reifezeugnis
○ Klasse ______	○ Klasse ______	○ Klasse ______
○ Handelsschule / Berufsgrundbildungsjahr	○ Berufsfachschule / Höhere Handelsschule	○ ______
○ ______ Jahre	○ ______ Jahre	○ ______ Jahre

Ausbildungsberuf

○ Energieelektroniker Fachrichtung „Betriebstechnik"	○ Automobilmechaniker	○ Bürogehilfin (Stenokontoristin)
	○ Meß- und Regelmechaniker	
○ Industrieelektroniker Fachrichtung „Gerätetechnik"	○ Berufskraftfahrer	○ Bürokaufmann
○ Industriemechaniker Fachrichtung „Betriebstechnik"	○ Industriekaufmann	○ ______

Beurteilungsmerkmale

1. Arbeitsqualität *Arbeitsergebnis z.B. fehlerfreies, maßhaltiges Arbeiten; Stetigkeit der Arbeitsleistung; Termineinhaltung*	
2. Persönlicher Einsatz *Interesse; Lernbereitschaft; Arbeitseifer, Ausdauer, Eigeninitiative, Ordnung, Belastbarkeit, Zuverlässigkeit*	

Vordr. 15 - 0200 SEP 87

Abb. 60 (Fortsetzung)

3. Betriebliche Zusammenarbeit *Verhalten gegenüber Mitarbeitern und Vorgesetzten Hilfsbereitschaft, Bereitschaft zur Teamarbeit*	
4. Zusammenfassung *Entwicklung während der Ausbildung und Leistungen in der Berufsschule; Führung der Ausbildungs- und Tätigkeitsnachweise*	
5. Urteil über künftige Entwicklungs-möglichkeiten *Vorschläge für Weiter-bildung und Einsatz*	

Prüfungszeugnis der Handelskammer vom ______________________

Techn. Berufe	**IK**	**BG**
Kenntnis-prüfung ________	Praktische Übungen ________	Schriftliche Prüfung ________
Fertigkeits-prüfung ________	Gesamt-ergebnis ________	Mündliche Prüfung ________

○ Verkürzung der Ausbildungszeit um ______ Monate
○ 1. Wiederholungsprüfung nach ______ Monaten
○ 2. Wiederholungsprüfung nach ______ Monaten

Die Beurteilung habe ich gelesen. Ihr Inhalt wurde mit mir besprochen.

Datum ______ Beurteilte(r) ______

Datum ______ Aus- und Weiterbildung ______ Datum ______ Beurteiler(in) ______

R. 15-0200

Kapitel 3: Die Beurteilung von Führungskräften und Spezialisten

Die Anforderungsprofile für Führungskräfte und Spezialisten gehen über das beschriebene Maß der Arbeiter und Angestellten im Tarifbereich weit hinaus (siehe dazu *Knebel/Zander* 1989). Das hat zur Folge, daß wir hier auch eine Vielzahl neuer Beurteilungskriterien in der Praxis wiederfinden. Die Abb. 61 gibt eine Übersicht über typische Anforderungs- und Eignungskriterien für untere Führungskräfte, die noch in der Gruppe mitarbeiten.

Abb. 61: Eignungs- und Anforderungskriterien für untere Führungskräfte

Merkmale	1. Umschreibung	2. Umschreibung
1. Güte der fachlichen Arbeit	Sorgfalt Genauigkeit Vollständigkeit Verwertbarkeit	Arbeitsausführung, Wert und Brauchbarkeit des Arbeitsresultates, gemessen an der Notwendigkeit von Ergänzungen, Verbesserungen oder Wiederholungen
2. Arbeitsweise	Arbeitsschnelligkeit Einsatzbereitschaft Zweckmäßigkeit des Arbeitens Ausdauer	Zeitbedarf Quantität Terminbewußtsein Arbeitsorganisation Leistungskonstanz
3. Initiative und Urteilsfähigkeit	Erkennen von Problemen Handeln aus eigenem Antrieb Entschlußkraft Improvisieren	Überwindung von Schwierigkeiten Verhalten in Ausnahmesituationen Grad der Selbständigkeit

Abb. 61 (Fortsetzung)

Merkmale	1. Umschreibung	2. Umschreibung
4. Geistige Beweglichkeit	Vielseitigkeit Flexibilität Lernfähigkeit	Aufgeschlossenheit und Anpassungsfähigkeit z. B. bei verschiedenenartigem Einsatz Bereitschaft, die Kenntnisse zu erweitern
	Schöpferisches Denken	Ideenreichtum Verbesserungsvorschläge
5. a) Zuverlässigkeit	Arbeitsdisziplin Gewissenhaftigkeit	Einhalten von Arbeits- und Sicherheitsvorschriften Pünktlichkeit Fehlermeldung
	Wahrung der Geschäftsinteressen	Wirtschaftliches Verhalten Loyalität Diskretion
b) Führungseigenschaften	Vorbild Beurteilen von Mitarbeitern Anspornfähigkeit Durchsetzungsvermögen Einfühlungsvermögen Instruktionsgewandtheit Wahrung der Geschäftsinteressen	Erfolg im Führen und Fördern der Mitarbeiter Würdigung der persönlichen Eigenart der Mitarbeiter Ausbildungsstand der Mitarbeiter Wirtschaftliches Verhalten Loyalität Diskretion
6. Verhalten gegenüber Vorgesetzten und Kollegen	Soziabilität Auftreten Hilfsbereitschaft Zusammenarbeit Teamfähigkeit Konfliktfähigkeit Frustrationstoleranz	Fähigkeit, sich einzuordnen und zur Schaffung eines guten Betriebsklimas beizutragen Verhalten bei Kritik und Meinungsverschiedenheiten

Für untere Führungskräfte und Spezialisten in der Fachhierarchie werden Personalbeurteilungen viel praktiziert, auch im Forschungs- und Entwicklungsbereich. Naturwissenschaftler haben mit der analytischen Beurteilung von Leistungen und Potentialen auch weniger Probleme, weil sie von Berufs wegen gewohnt sind zu differenzieren.

Die Beurteilungskriterien verändern sich mit der Aufgabenstellung. Je höher die Hierarchiestufe, desto mehr tritt die fachliche Beurteilung hinter der Führungsqualifikation zurück (s. Abb. 62).

Abb 62: Bedeutung der Beurteilungskriterien in der Hierarchie

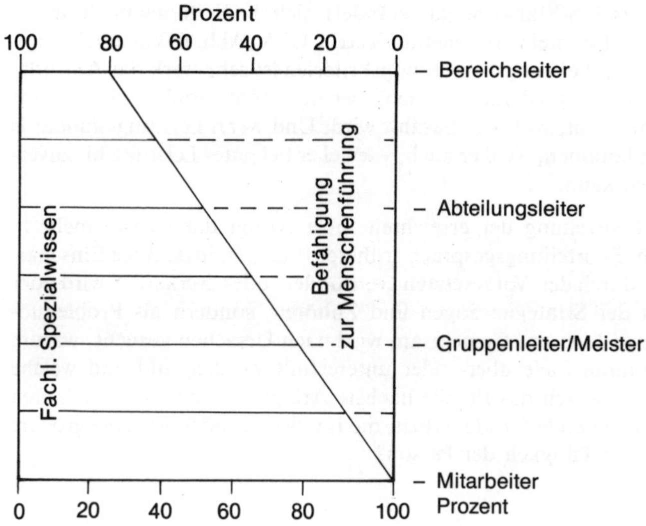

Die schriftliche Beurteilung von mittleren und oberen Führungskräften ist längst nicht so verbreitet wie im Tarifbereich, obwohl ein zunehmendes Interesse festzustellen ist.

Das hängt nicht nur mit der Schwierigkeit zusammen, komplexere Arbeitsleistungen treffsicher zu beurteilen, sondern auch daran, daß sich das Top-Management schwer tut, für die unterstellten oberen Führungskräfte schriftlich detaillierte Beurteilungen abzugeben und diese dann dem Betroffenen gegenüber zu begründen. Und wo das Vorbild fehlt, fehlt es auch an Nachahmern. Das ist eigentlich bedauerlich und schädlich für die Unternehmen. Alle sprechen davon, daß allein der Mensch die Geschäfte erfolgreich macht, also gute Personalführung eine sehr wichtige Komponente des Erfolges ist. Um so mehr müßte die Qualität der Menschenführung bei den Führungskräften gefördert und kontrolliert werden und müßten Spezialisten und Führungskräfte ein Feedback über ihre Leistungen erhalten, um eine Chance zur Verbesserung zu haben, wobei die Bedeutung der Kriterien durchaus unterschiedlich sein muß.

Für mittlere und obere Führungskräfte enthält die Beurteilung andere Kriterien, wie die Beispiele ehemalige Treuhandanstalt (Abb. 63) und HEW AG (Abb. 64) deutlich erkennen lassen.

Für das Top-Management verändern sich die Kriterien noch weiter, wie das Beispiel von General Electric, USA (Abb. 65) deutlich zeigt. In diesen Leistungsbeurteilungskriterien ist sehr stark das Anforderungsprofil wiederzuerkennen. Der Betroffene weiß genau, worauf es ankommt, wofür er bezahlt wird. Und wenn Leistungsstandards hinzukommen, weiß er auch, wieviel er bei guter Leistung hinzuverdienen kann.

Die Beurteilung der erreichten Ziele erfolgt dann nicht mehr in einem Beurteilungsgespräch früherer Prägung, in dem die Einschätzung durch den Vorgesetzten „verkündet" oder „verkauft" wird oder nach der Strategie: Sagen und Zuhören, sondern als Problemlösungsdiskussion. Gemeinsam wird nach Ursachen gesucht, warum bestimmte Ziele über- oder untererfüllt worden sind und welche Konsequenzen das für die nächste Arbeitsperiode hat. Wie lauten z. B. neue Ziele für die Arbeit, die Innovation oder auch die größere Leistungsfähigkeit der Person?

Abb. 63: Beurteilungskriterien für obere Führungskräfte

a) Fachkompetenz	|---|---|---|---|---|---| 1 2 3 4 5 6 7
b) Führungskompetenz	|---|---|---|---|---|---| 1 2 3 4 5 6 7
c) Soziale Kompetenz	|---|---|---|---|---|---| 1 2 3 4 5 6 7
d) Berichts- und Informationskompetenz	|---|---|---|---|---|---| 1 2 3 4 5 6 7
e) Finanzkompetenz	|---|---|---|---|---|---| 1 2 3 4 5 6 7
f) Einsatzbereitschaft	|---|---|---|---|---|---| 1 2 3 4 5 6 7
g) Belastbarkeit	|---|---|---|---|---|---| 1 2 3 4 5 6 7

Ergebnis des Beurteilungsgesprächs:

Legende:
1 = schwach ausgeprägt
4 = zufriedenstellend
7 = exzellent

Datum

Datum

Unterschrift des Beurteilers

Unterschrift des Beurteilten

Abb. 64: Planungs- und Orientierungsgespräch

____________________ ____________________

Mitarbeiter Vorgesetzter

Dieses Gesprächsprotokoll verbleibt in den Händen des Vorgesetzten, eine Kopie beim Mitarbeiter. Es dient ausschließlich der Information der Gesprächspartner und als Grundlage für das nächste Planungs- und Orientierungsgespräch.

Vergangenheitsbezogene Betrachtung

1. Zielerreichung im vergangenen Zeitraum

Aus der Sicht

a) des Mitarbeiters

____

____

____

b) des Vorgesetzten

____

____

____

2. Kommunikation/Zusammenarbeit

Aus der Sicht

a) des Mitarbeiters

____

____

____

b) des Vorgesetzten

____

____

____

Verbesserungsvorschläge

____

____

Abb. 64 (Fortsetzung)

Zukunftsbezogene Betrachtung

3. Zielvereinbarung für den kommenden Zeitraum

Aus der Sicht

a) des Mitarbeiters

____

____

____

b) des Vorgesetzten

____

____

____

4. Künftige Entwicklung des Mitarbeiters (Planungen/Perspektiven)

Aus der Sicht

a) des Mitarbeiters

____

____

____

b) des Vorgesetzten

____

____

____

c) Personalentwicklungsmaßnahmen

____

____

____

5. Sonstige Vereinbarungen

____

____

____

____

Mitarbeiter Vorgesetzter

Abb. 65: Individuelle Leistungsbewertung für Manager (General Electric, USA)

	Bewertung 0–10
(1) *allgemein, als Leiter bzw. Mitglied einer SGE* (60%) – Leistungsengagement, Commitment – strategisches Denken; kurz- und langfristige Bewertung von Risiken und Nutzen – Verständnis von und Umgang mit kritischen Schlüsselfaktoren – Unterstützung des jeweiligen Vorgesetzten – Kooperation und Konstruktivität im Umgang mit Vorgesetzten und Gleichgestellten – Leistungsvorbild – Handeln („Making Things Work") – Urteilsvermögen und Sensibilität für Humanprobleme – Personalführung; Ermutigung und Unterstützung von Untergebenen – Kommunikationsvermögen – Qualität der Reaktionen auf unvorhergesehene Ereignisse	
(2) *als Mitglied des Top-Managements* (40%) – Unterstützung des Vorstandschefs (Chief Executive Officer) – diverse (Experten-)Beiträge zu bestimmten Gebieten und in bestimmten Unternehmensorganen – Rolle in externen Beziehungen – Qualität der Entscheidungen und Aktionen im Hinblick auf ein Gleichgewicht der Bereichs- und Unternehmensinteressen	
durchschnittliche Bewertung	
durchschnittliche Bewertung × Gewichtung ./. 100	
individuelle Leistungsbewertung (1) und (2)	

Kapitel 4: Die Beurteilung für die Personalentwicklung (Potentialbeurteilung)

Seitdem sich immer mehr die Überzeugung durchsetzt, daß die Qualifikation und Motivation der Mitarbeiter über das Bestehen des Unternehmens im Wettbewerb entscheidet, wird der Personalentwicklung große Aufmerksamkeit geschenkt.

Hier geht es ganz einfach darum, das Potential der Mitarbeiter bezüglich einer höheren Leistungsfähigkeit und Leistungswilligkeit zu ermitteln, um bei Personaleinsatz, Versetzung, Förderung und Aufstieg zu gewährleisten, daß die Anforderung am Arbeitsplatz bestmöglich mit den Fähigkeiten und Bedürfnissen der Mitarbeiter übereinstimmt. Aber nicht nur um betriebliche Vorsorge und Ausschöpfen von Personalreserven geht es, sondern gleichermaßen um das Ziel, die berufliche und persönliche Förderung befähigter und interessierter Mitarbeiter im Sinne einer Persönlichkeitsentwicklung zu unterstützen; natürlich mit dem betrieblichen Hintergedanken, daß zufriedene und motivierte Mitarbeiter mehr leisten und dem Betrieb treu bleiben.

Hehl (1969) hat die beispielhafte Vorgehensweise von BMW beschrieben. Mittels eines Mitarbeiter-Portfolios werden Leistungs- und Potentialdimensionen eingeschätzt und eingestuft (s. Abb. 66). Auch die Kaufhof AG arbeitet mit ähnlichen Instrumenten (s. Abb. 67).

Dabei erfolgt die Beurteilung der Nachwuchsführungskräfte immer häufiger nach Gruppenbeobachtungen im sog. Assessment-Center-Verfahren (AC). Dabei geht es um die Beobachtung und Beurteilung von Kandidaten bei unternehmensspezifischen Einzel- und Gruppenarbeiten, wie z. B.

- individuell auszuführende Arbeitsproben und Aufgabensimulationen (v. a. Organisations-, Planungs-, Entscheidungs-, Controlling- und Analyseaufgaben),
- Gruppendiskussion mit und ohne Rollenvorgabe,
- sonstige Gruppenaufgaben mit Wettbewerbs- und/oder Kooperationscharakteristik,
- Vorträge und Präsentationen,

Abb. 66: Mitarbeiter-Portfolio

Aufstiegs-kandidat: Übertrifft die Anforderungen. Das Potential wurde mehrfach unter Beweis gestellt; *kann kurzfristig* eine Funktion der nächsthöheren Ebene übernehmen.*

Potential-kandidat: Erfüllt die Anforderungen mindestens in vollem Umfang, ein späterer Aufstieg wird – vorbehaltlich einer weiteren Absicherung des Potentials – für wahrscheinlich gehalten.*

Leistungs-träger: Erfüllt *mindestens* voll die Anforderungen der Funktion. Aufstieg aus heutiger Sicht weniger wahrscheinlich.*

Leistungs-schwächere: Mitarbeiter, deren Leistungen und Verhaltensweisen nicht den Anforderungen entsprechen.*

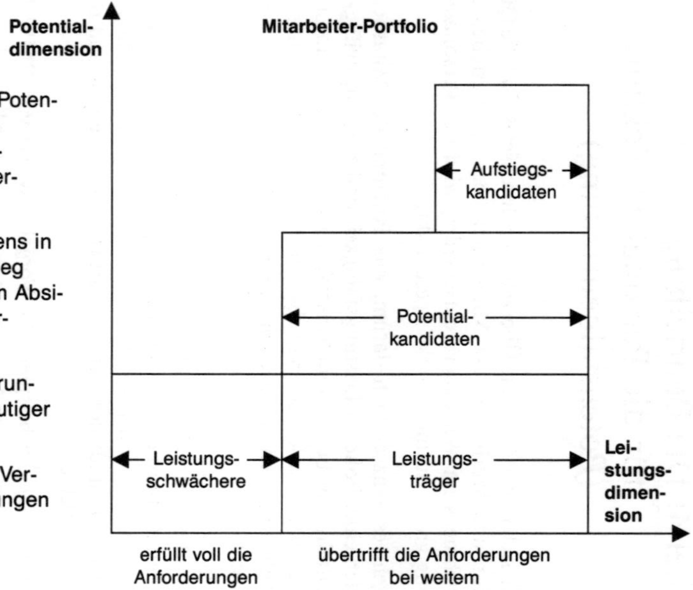

* Bestimmung der Einsatzbreite:
1: kurzfristig neuer Funktionsbereich sinnvoll
2: nach gezielter Vorbereitung auch neue Funktion möglich
3: kein neuer Funktionsbereich sinnvoll

Abb. 67: Management-Potential-Portfolio für das obere Management

	3	2	1	
A	Der Kandidat ist sofort für Aufgaben auf der nächsthöheren Hierarchiestufe in seinem jetzigen Aufgabenfeld einsetzbar. Für eine Verwendung in fremden Aufgaben ist kein Potential erkennbar.	Der Kandidat ist sofort in einer nächsthöheren Hierarchiestufe im derzeitigen Aufgabenfeld einsetzbar. Er besitzt zusätzlich Potential, um Aufgaben in anderen Bereichen zu erfüllen. Dieses Potential muß zuvor noch entwickelt werden.	Der Kandidat besitzt Potential, um sofort eine Aufgabe in der nächsthöheren Hierarchiestufe zu übernehmen. Er ist außerdem in besonderem Maße geeignet, neue Aufgabenfelder adäquat auszufüllen.	A
B	Der Kandidat besitzt Potential für die nächsthöhere Managementebene innerhalb seines Aufgabengebiets. Dieses Potential muß jedoch entwickelt werden. Potential für anderweitige Verwendung ist nicht erkennbar.	Der Kandidat besitzt Potential für eine Verwendung in einer höheren Hierarchiestufe und für neue Aufgaben. In beiden Fällen müßten jedoch Entwicklungsmaßnahmen vorgeschaltet werden.	Der Kandidat könnte sofort in einem neuen Aufgabenfeld in der gleichen Hierarchiestufe eingesetzt werden. Er besitzt außerdem Potential für eine höhere Hierarchiestufe. Dieses Potential muß jedoch erst entwickelt werden.	B
C	Der Kandidat besitzt kein Potential für die nächste Hierarchiestufe und ist auch nur innerhalb seines derzeitigen Aufgabenfeldes einsetzbar.	Der Kandidat besitzt Potential für eine Verwendung in neuen Aufgabengebieten auf der gleichen Hierarchiestufe. Dieses Potential muß noch entwickelt werden. Für den Einsatz auf einer höheren Hierarchiestufe ist kein Potential erkennbar.	Der Kandidat ist innerhalb seiner Hierarchiestufe sofort in neuen Aufgabengebieten einsetzbar. Potential für Führungsaufgaben auf einer höheren Hierarchieebene sind nicht erkennbar.	C
	3	2	1	

Vertikale Achse: Hierarchiepotential

Horizontale Achse: Vielseitigkeitspotential

- Rollenspiele (meist dyadisch, z. B. Einstellungsinterview, Verkaufsgespräch),
- Einzel-, Gruppen- und Panelinterviews,
- Selbstvorstellung,
- Wirtschaftsspiele,
- Fähigkeits- und Leistungstests,
- Persönlichkeits- und Interessentests.

Dabei werden von den Beobachtern (meistens Vorgesetzten) Kriterien beurteilt, die sich sehr stark an dem Anforderungsprofil neuer Führungskräfte orientieren (Abb. 68).

Führungstalent kann auch durch den „Deutschen CIP" ermittelt werden. *Weinert* (1982) berichtet über sehr erfolgreiche Beratungen mit diesem Persönlichkeitstest, der etwas darüber aussagt, was eine Person in bestimmten Situationen tun wird bzw. wie sie reagieren wird.

Auch STAFF wird von *Friedrichs* (1982) als ein Beurteilungssystem beschrieben, mit dem mit Hilfe eines Interviewfragebogens Leistungsmotivation, Problemlösungsfähigkeit und Belastbarkeit signifikant ermittelt werden kann.

Diese Beurteilungsinstrumente tragen alle dazu bei, zusätzliche Informationen über bestimmte Personen zu erhalten.

Das AC ist ohne Zweifel das beste Instrument zur Erkennung sozialer Kompetenzen. Seine Wirkung wird aber dadurch eingeschränkt, daß methodisch häufig – angefangen von der Definition des Anforderungsprofils bis hin zur Vernachlässigung der Beobachterschulung – nicht konsequent genug gearbeitet wird. Das Verfahren ist sehr aufwendig. Ein Problem ist auch, daß die Mitarbeiter das AC als einschneidende Maßnahme in der Karriere empfinden. Es mag gut für die wenigen Gewinner sein; es ist schlecht für die vielen Verlierer. Besser ist, man setzt das AC als Bildungsbedarfsinstrument im Sinne strategisch orientierten Lernens ein. Dann verliert das AC seinen Siebcharakter. Defizite werden in Verbindung mit im Arbeitsalltag unmittelbar verwertbaren Bildungsaktivitäten abgeglichen. Die Akzeptanz ist erheblich größer.

Unverändert die beste Möglichkeit einer personengerechten Beurteilung von gestandenen Führungskräften oder deren Nachwuchs ist die qualifizierte Beobachtung während der Arbeit über längere Zeit

Abb. 68: Erwartungen an Führungskräfte

1. Einstellungen:

Grau hinterlegt ist die Eigenschaft/Fähigkeit, die besonders erforderlich ist, um in den nächsten Jahren erfolgreich eine Führungstätigkeit ausüben zu können. Sie wird je nach unternehmerischer Notwendigkeit überprüft und verändert.

Identifikation mit den Unternehmenszielen	bedeutet für uns, in Denken und Handeln die Interessen und die Philosophie des Unternehmens zu vertreten.
Veränderungsbereitschaft	heißt, konstruktive Veränderungen zu wollen, Veränderungsbedarf aufgreifen, anpacken und auch gegen Widerstände durchsetzen zu wollen.
Mut zur Lücke	heißt, Entscheidungen mit „nur" hinreichendem Informationshintergrund treffen zu wollen und dann auch mit einer „zweitbesten" Lösung leben zu können.
Leistungsbereitschaft	bedeutet, sich für die gesetzten Ziele mit Zähigkeit und Beharrlichkeit einzusetzen.
Dienstleistungsbereitschaft	ist der Wille, in allen Aufgaben eine interne oder externe Dienstleistung zu sehen und diese mit der notwendigen Kundenorientierung zu behandeln.
Lernbereitschaft	zeigt den Willen, Lernen in Bezug auf Persönlichkeit, wie auch bei Methoden und Techniken, als lebenslangen Prozeß zu begreifen.
Kritische Loyalität	meint das Rückgrat und die Offenheit an den Tag zu legen, die notwendig sind, um Neues anzustoßen oder Bewährtes zu erhalten. Gefragt ist die kritische Auseinandersetzung, aber auch die Loyalität gegenüber den im Entscheidungsprozeß gefallenen Beschlüssen.

Abb. 68 (Fortsetzung)

Mitarbeiter führen wollen	heißt, auch mit den unangenehmen Seiten des Führens leben zu wollen; eine positive Lebenseinstellung zu haben, Vorbild zu sein und an den eigenen Maßstäben selbst gemessen zu werden, Vertrauen zu schenken und Vertrauen zu gewinnen.
Verantwortungsbereitschaft	beinhaltet, für sein Handeln einzustehen, eigene Fehler zu bekennen und für die Fehler im unterstellten Bereich einstehen zu wollen.
2. Besonders erwünschte soziale und intellektuelle Fähigkeiten	
Kontaktfähigkeit	zeigt sich in der Fähigkeit, je nach Situation entweder kontaktbereit und informell oder zurückhaltend und formell zu sein.
Kommunikationsfähigkeit	beinhaltet sowohl aktives Zuhören, als auch die Fähigkeit, sich klar zu äußern, sowie die Fähigkeit, ein Gleichgewicht zwischen Offenheit und Diplomatie herzustellen.
Überblick	muß sich in der Fähigkeit äußern, situativ angebracht detailorientiert oder großräumig zu denken und zu handeln.
Innovationsvermögen	heißt, einerseits visionär und mit Fantasie handeln zu können, andererseits auch einen „gesunden" Pragmatismus und Konventionalität an den Tag legen zu können.
Integrationsfähigkeit	stellt sich in der Möglichkeit dar, zwischen aktiver Integration und situativer Abgrenzung und Opposition zu variieren.
Kooperationsvermögen	zeigt sich in der Fähigkeit, sowohl mit dem Blick auf die Gruppenprozesse, als auch auf die Aufgabe gerichtet zu agieren.

Abb. 68 (Fortsetzung)

Führungsverhalten	bedeutet, zwischen klarer Handlungsanweisung und der Gewährung von Spielräumen zu agieren und dabei einen Weg zwischen Vertrauensbereitschaft und gesunder Skepsis finden zu können.
Motivationsfähigkeit	ist sowohl Mitreißen durch Entschlossenheit und Begeisterung, als auch Motivation durch die Schaffung von günstigen Arbeitsbedingungen. Unterstützung muß in Form von Beratung oder Hilfe gegeben werden können.
Konfliktbewältigung	zeigt sich in der Fähigkeit, Konflikte als gegeben zu akzeptieren, sie entweder anzugehen oder durch abwartende Distanz zu mildern.
Streßbewältigung	sollte sowohl durch methodische Verfahren, als auch durch Distanzierung betrieben werden können.
3. Besonders erwünschte methodische/fachliche Fähigkeiten	
Ziele formulieren und vereinbaren	meint, selbst Art und Umfang der Aufgabe beurteilen zu können. Ziele, Zwischenziele und Überprüfungskriterien der Erreichung müssen eindeutig formuliert und vereinbart werden.
Delegationsfähigkeit	heißt, Kompetenz und Verantwortung in einem ausgewogenen Verhältnis zur Aufgaben zu verteilen sowie die notwendigen Mittel zur Verfügung zu stellen.
Entscheidungskompetenz	heißt, Aufgaben zu analysieren, mögliche Problemfelder zu erkennen, Informationen zu beschaffen und sich gegen die geistige Freiheit zu erhalten, zur richtigen Zeit klare Entscheidungen zu treffen.

Abb. 68 (Fortsetzung)

Unternehmerischer Überblick	äußert sich in dem Wissen über wirtschaftliches und unternehmensspezifisches Zusammenwirken von bestimmenden Einflußgrößen.
Fachliche Kompetenz	beeinhaltet zeitgemäßes fachspezifisches Wissen und die notwendigen Fertigkeiten im Aufgabenbereich

durch geschulte und verschiedene Vorgesetzte. Job Rotation, Sonderaufgaben, Projektvielfalt und regelmäßige Mitarbeitergespräche sind unersetzlich für die Potentialbeurteilung und Förderung. Gerade deshalb hat ein großes deutsches Chemieunternehmen festgelegt, daß kein Mitarbeiter auf dem direkten Wege nach oben aufsteigen darf, auch nicht nach ganz oben, sondern immer erst nach einer Bewährungszeit in einer horizontal anderen Funktion und nach der Potentialeinschätzung verschiedener Vorgesetzter, die dazu jährlich einmal Fördergespräche miteinander führen, sicherlich auch mit Hilfe von Anforderungsprofil und Beurteilungskriterien, über die zuerst Einigkeit erzielt werden muß. Dazu werden dann betriebsspezifische Beschreibungsbögen für die Mitarbeiterentwicklung angefertigt, die auch für die Betroffenen eine Transparenz von Einschätzung und Perspektiven ergeben, was für eine gute Personalführung heute Standard ist (s. Abb. 69).

Abb. 69: Mitarbeiterentwicklung

Ergebnisse eines Gesprächs zwischen

Herrn/Frau .... und Herrn/Frau ....
Mitarbeiter Vorgesetzter

am .... Weitere Gesprächsteilnehmer ....
Datum

---

1 Wünsche des Mitarbeiters bezüglich seiner betrieblichen Entwicklung

- mittelfristig

- langfristig

---

2 Stärken des Mitarbeiters (gemeinsame Beobachtungen)

z. B. Arbeitseffizienz, Ausdrucksvermögen, Belastbarkeit, Bereitschaft zur Zusammenarbeit, Durchsetzungsvermögen, Entscheidungsfreude, Fachwissen/Fachkönnen, Flexibilität, Führungsqualifikation, Initiative, Kontaktfähigkeit, Kreativität, Kundenorientierung, Lernbereitschaft, stellenbezogene Motivation, Qualitätsbewußtsein, Überblick, Urteilsfähigkeit, Verantwortungsbereitschaft

Abb. 69 (Fortsetzung)

3 Verbesserungsmöglichkeiten des Mitarbeiters (gemeinsame Auffassung)

z. B. Arbeitseffizienz, Ausdrucksvermögen, Belastbarkeit, Bereitschaft zur Zusammenarbeit, Durchsetzungsvermögen, Entscheidungsfreude, Fachwissen/Fachkönnen, Flexibilität, Führungsqualifikation, Initiative, Kontaktfähigkeit, Kreativität, Kundenorientierung, Lernbereitschaft, stellenbezogene Motivation, Qualitätsbewußtsein, Überblick, Urteilsfähigkeit, Verantwortungsbereitschaft

4 Perspektiven/Einsatzmöglichkeiten (aus betrieblicher Sicht)

z. B. andere Aufgaben, breitere Verantwortung

– kurzfristig

– mittelfristig

5 Absprachen/Maßnahmen

	Verantwortlich	Termin

Unterschriften:

....	....	....	....
Datum	Mitarbeiter	Datum	Vorgesetzter

Kapitel 5: Die Vorgesetzten-, Kollegen- und Selbstbeurteilung

Ein entscheidender Vorteil für eine gute Zusammenarbeit und Führung ist gegeben, wenn Selbst- und Fremdeinschätzung der Betroffenen übereinstimmen. Die Wirklichkeit sieht meistens ganz anders aus, wodurch Konflikte entstehen, die eine erfolgreiche Zusammenarbeit, insbesondere mit den Führungskräften, belasten können.

Deshalb führen fortschrittlich geführte Unternehmen anonyme Befragungen bei den Mitarbeitern zum Führungsverhalten des Vorgesetzten durch (auch Vorgesetzenbeurteilung genannt), die dann, verglichen mit der gleichzeitig durchgeführten Selbsteinschätzung des Führungsverhaltens der Vorgesetzten, Vergleiche ermöglichen (z. B. ESSO AG). Sie werden zum Anlaß genommen, um über Abweichungen nachzudenken und über Verbesserungen zu diskutieren. Führungskräfte mit vorbildlichem Führungsverhalten (aus der Sicht der Mitarbeiter) haben dann den Mut, diese Beurteilungsergebnisse über sich selbst mit den Beurteilern zu diskutieren, um mehr Hintergrundwissen zu erhalten.

Führungskräfte, die selbstkritisch sind und dies auch den Mitarbeitern immer gezeigt haben, werden ein ehrliches Feedback erhalten, weil die Mitarbeiter keine Angst vor Sanktionen haben. Dann erst entsteht der fruchtbare Dialog, der allen zum besseren Verstehen und zu besserer Zusammenarbeit verhelfen kann. *Domsch* (1991) empfiehlt die Vorgesetztenbeurteilung daher als Instrument zur Teamentwicklung.

Natürlich sollten solche Abfragen wiederholt werden, um Veränderungen im Zeitablauf prüfen zu können.

Erfahrungsgemäß kommen solche anonymen Beurteilungen des Führungsverhaltens des Vorgesetzten bei den Mitarbeitern sehr gut an. Nur den Vorgesetzten fehlt oft der Mut zu solcher Fremdeinschätzung.

Aber dort, wo es funktioniert, wird im Laufe der Zeit aus einer anonymen eine offene Darstellung der *Selbst- und Fremdeinschätzung,* das Optimum des hierarchielosen Zusammenwirkens.

Die Abb. 70 und 71 zeigen einen typischen Fragenkatalog für Selbst- und Fremdeinschätzungen, der situativ verändert werden sollte.

Abb. 70: Checkliste zum Führungsverhalten (Selbsteinschätzung/Exemplar des Vorgesetzten)

1 = nie / 2 = sehr selten / 3 = manchmal / 4 = öfter / 5 = meistens / 6 = immer

1. Erläutere ich meinen Mitarbeitern neue Aufgaben im Gesamtzusammenhang mit den notwendigen Hintergrundinformationen? [1] [2] [3] [4] [5] [6]
2. Mache ich meinen Mitarbeitern deutlich, worauf es mir ankommt? [1] [2] [3] [4] [5] [6]
3. Gestehe ich meinen Mitarbeitern zu, sich die für ihren Aufgabenbereich notwendigen Informationen auch direkt von anderen Stellen zu beschaffen? [1] [2] [3] [4] [5] [6]
4. Sorge ich dafür, daß meine Mitarbeiter rechtzeitig über für sie wichtige Angelegenheiten informiert werden? [1] [2] [3] [4] [5] [6]
5. Versuche ich, die anfallende Arbeit gleichmäßig auf meine Mitarbeiter zu verteilen? [1] [2] [3] [4] [5] [6]
6. Vereinbare ich mit meinen Mitarbeitern für deren Aufgabengebiet klar formulierte und erreichbare Ziele? [1] [2] [3] [4] [5] [6]
7. Lasse ich meine Mitarbeiter ihre Aufgaben nach deren eigenen Vorstellungen durchführen? [1] [2] [3] [4] [5] [6]
8. Gebe ich meinen Mitarbeitern die zur Aufgabenerfüllung erforderlichen Befugnisse und Vollmachten? [1] [2] [3] [4] [5] [6]
9. Lasse ich mir von meinen Mitarbeitern über den Stand der Aufgabenerfüllung berichten? [1] [2] [3] [4] [5] [6]
10. Mache ich meine Mitarbeiter für ihre Entscheidungen und Arbeitsergebnisse verantwortlich? [1] [2] [3] [4] [5] [6]
11. Teile ich meinen Mitarbeitern mit, wie zufrieden ich mit ihren Leistungen bin? [1] [2] [3] [4] [5] [6]

Abb. 70 (Fortsetzung)

1 = nie / 2 = sehr selten / 3 = manchmal / 4 = öfter / 5 = meistens / 6 = immer

12. Sage ich meinen Mitarbeitern, nach welchen Kriterien und Maßstäben sie beurteilt werden?	1	2	3	4	5	6
13. Beurteile ich Leistung und Verhalten meiner Mitarbeiter gerecht und bevorzuge ich niemanden?	1	2	3	4	5	6
14. Bespreche ich mit meinen Mitarbeitern, wie ihre Fähigkeiten und Kenntnisse gefördert und entwickelt werden können?	1	2	3	4	5	6
15. Übertrage ich meinen Mitarbeitern höherwertige Aufgaben, damit sie sich weiterqualifizieren können?	1	2	3	4	5	6
16. Unterstütze ich meine Mitarbeiter bei neuartigen und hohen Anforderungen/Aufgaben?	1	2	3	4	5	6
17. Unterstütze ich leistungsschwächere Mitarbeiter dabei, mehr Selbstsicherheit und Selbständigkeit zu erlangen?	1	2	3	4	5	6
18. Mache ich mir ein Bild von den Bedürfnissen und Wünschen meiner Mitarbeiter?	1	2	3	4	5	6
19. Nehme ich mir Zeit für fachliche Fragen meiner Mitarbeiter?	1	2	3	4	5	6
20. Bin ich ansprechbar für persönliche Anliegen meiner Mitarbeiter?	1	2	3	4	5	6
21. Sorge ich für gute Arbeitsbedingungen in meinem Bereich?	1	2	3	4	5	6
22. Ziehe ich Mitarbeiter auch bei übergreifenden Entscheidungen hinzu, wenn sie wertvolle Erkenntnisse beisteuern könnten?	1	2	3	4	5	6
23. Beteilige ich Mitarbeiter an Entscheidungen, die deren Arbeits- und Aufgabenbereich betreffen?	1	2	3	4	5	6

Abb. 70 (Fortsetzung)

1 = nie / 2 = sehr selten / 3 = manchmal / 4 = öfter / 5 = meistens / 6 = immer

24. Verlange ich Kritik und Anregungen von meinen Mitarbeitern?	1	2	3	4	5	6
25. Versetze ich mich in die Situation meiner Mitarbeiter, um sie besser zu verstehen?	1	2	3	4	5	6
26. Lasse ich in Mitarbeiterbesprechungen freie Meinungsbildung zu?	1	2	3	4	5	6
27. Fördere ich eine freundliche, entkrampfte Atmosphäre bei Gesprächen mit meinen Mitarbeitern?	1	2	3	4	5	6
28. Trage ich zwischenmenschliche Konflikte mit Mitarbeitern fair und konstruktiv aus?	1	2	3	4	5	6
29. Helfe ich vermittelnd bei Konflikten zwischen meinen Mitarbeitern?	1	2	3	4	5	6
30. Reagiere ich auf Stimmungsveränderungen in meinem Mitarbeiterkreis?	1	2	3	4	5	6
31. Setze ich mich ernsthaft auch mit entgegengesetzten Ansichten und Interessen meiner Mitarbeiter auseinander?	1	2	3	4	5	6
32. Gelingt es mir, ein solides Vertrauensverhältnis zu meinen Mitarbeitern zu entwickeln?	1	2	3	4	5	6
33. Gebe ich meinen Mitarbeitern Rückendeckung nach oben?	1	2	3	4	5	6
34. Vertrete ich Vorstellungen und Belange meiner Mitarbeiter nach oben, sofern ich diese als richtig erkannt habe?	1	2	3	4	5	6
35. Kann ich Kritik vertragen?	1	2	3	4	5	6
36. Gebe ich eigene Fehler zu?	1	2	3	4	5	6
37. Ändere ich meine Meinung, wenn meine Mitarbeiter bessere Argumente haben?	1	2	3	4	5	6
38. Moderiere und leite ich Arbeitssitzungen/Besprechungen effektiv?	1	2	3	4	5	6

Abb. 70 (Fortsetzung)

1 = nie / 2 = sehr selten / 3 = manchmal / 4 = öfter / 5 = meistens / 6 = immer

39. Führe ich in Diskussionen mit unterschiedlichen Standpunkten die Meinungen der Beteiligten zusammen, um soweit wie möglich einen „gemeinsamen Nenner“ zu erreichen? | 1 | 2 | 3 | 4 | 5 | 6 |

40. Mache ich meine Ideen und Anschauungen durch Beispiele, Vergleiche und bildhafte Darstellungen anschaulich und verständlich? | 1 | 2 | 3 | 4 | 5 | 6 |

41. Drücke ich mich klar und verständlich aus? | 1 | 2 | 3 | 4 | 5 | 6 |

Abb. 71: Checkliste zum Führungsverhalten (Fremdeinschätzung/Exemplar des Mitarbeiters)

1 = nie / 2 = sehr selten / 3 = manchmal / 4 = öfter / 5 = meistens / 6 = immer

1. Erläutert mein Vorgesetzter mir neue Aufgaben im Gesamtzusammenhang mit den notwendigen Hintergrundinformationen? | 1 | 2 | 3 | 4 | 5 | 6 |

2. Macht mein Vorgesetzter mir deutlich, worauf es ihm ankommt? | 1 | 2 | 3 | 4 | 5 | 6 |

3. Gesteht mein Vorgesetzter mir zu, die für meinen Aufgabenbereich notwendigen Informationen auch direkt von anderer Stelle zu beschaffen? | 1 | 2 | 3 | 4 | 5 | 6 |

4. Sorgt mein Vorgesetzter dafür, daß ich rechtzeitig über für mich wichtige Angelegenheiten informiert werde? | 1 | 2 | 3 | 4 | 5 | 6 |

5. Versucht mein Vorgesetzter, die anfallende Arbeit gleichmäßig auf die Mitarbeiter zu verteilen? | 1 | 2 | 3 | 4 | 5 | 6 |

6. Vereinbart mein Vorgesetzter mit mir für mein Aufgabengebiet klar fomulierte und erreichbare Ziele? | 1 | 2 | 3 | 4 | 5 | 6 |

Abb. 71 (Fortsetzung)

1 = nie / 2 = sehr selten / 3 = manchmal / 4 = öfter / 5 = meistens / 6 = immer

7. Läßt mein Vorgesetzter mich meine Aufgaben nach meinen eigenen Vorstellungen durchführen?	1	2	3	4	5	6
8. Gibt mir mein Vorgesetzter die zur Aufgabenerfüllung erforderlichen Befugnisse und Vollmachten?	1	2	3	4	5	6
9. Läßt mein Vorgesetzter sich über den Stand meiner Aufgabenerfüllung berichten?	1	2	3	4	5	6
10. Macht mich mein Vorgesetzter für meine Entscheidungen und Arbeitsergebnisse verantwortlich?	1	2	3	4	5	6
11. Teilt mein Vorgesetzter mir mit, wie zufrieden er mit meinen Leistungen ist?	1	2	3	4	5	6
12. Sagt mein Vorgesetzter mir, nach welchen Kriterien und Maßstäben ich beurteilt werde?	1	2	3	4	5	6
13. Beurteilt mein Vorgesetzter Leistung und Verhalten von mir gerecht und bevorzugt er niemanden?	1	2	3	4	5	6
14. Bespricht mein Vorgesetzter mit mir, wie meine Fähigkeiten und Kenntnisse gefördert und entwickelt werden können?	1	2	3	4	5	6
15. Überträgt mein Vorgesetzter mir höherwertige Aufgaben, damit ich mich weiterqualifizieren kann?	1	2	3	4	5	6
16. Unterstützt mich mein Vorgesetzter bei neuartigen und hohen Anforderungen/Aufgaben?	1	2	3	4	5	6
17. Unterstützt mein Vorgesetzter leistungsschwächere Mitarbeiter dabei, mehr Selbstsicherheit und Selbständigkeit zu erlangen?	1	2	3	4	5	6

Abb. 71 (Fortsetzung)

1 = nie / 2 = sehr selten / 3 = manchmal / 4 = öfter / 5 = meistens / 6 = immer

18. Macht sich mein Vorgesetzter ein Bild von meinen Bedürfnissen und Wünschen?	1 2 3 4 5 6
19. Nimmt sich mein Vorgesetzter für meine fachlichen Fragen Zeit?	1 2 3 4 5 6
20. Ist mein Vorgesetzter ansprechbar für meine persönlichen Anliegen?	1 2 3 4 5 6
21. Sorgt mein Vorgesetzter dafür, daß ich gute Arbeitsbedingungen habe?	1 2 3 4 5 6
22. Zieht mein Vorgesetzter mich auch bei übergreifenden Entscheidungen hinzu, wenn ich wertvolle Erkenntnisse beisteuern könnte?	1 2 3 4 5 6
23. Beteiligt mein Vorgesetzter mich an Entscheidungen, die meinen Arbeits- und Aufgabenbereich betreffen?	1 2 3 4 5 6
24. Verlangt mein Vorgesetzter Kritik und Anregungen von mir?	1 2 3 4 5 6
25. Versetzt mein Vorgesetzter sich in meine Situation, um mich zu verstehen?	1 2 3 4 5 6
26. Läßt mein Vorgesetzter in Mitarbeiterbesprechungen freie Meinungsbildung zu?	1 2 3 4 5 6
27. Fördert mein Vorgesetzter eine freundliche, entkrampfte Atmosphäre bei Gesprächen mit mir?	1 2 3 4 5 6
28. Trägt mein Vorgesetzter zwischenmenschliche Konflikte mit mir, wenn sie entstehen, fair und konstruktiv aus?	1 2 3 4 5 6
29. Vermittelt mein Vorgesetzter bei Konflikten zwischen mir und anderen Kollegen?	1 2 3 4 5 6
30. Reagiert mein Vorgesetzter auf Stimmungsveränderungen innerhalb seines Mitarbeiterkreises?	1 2 3 4 5 6

Abb. 71 (Fortsetzung)

1 = nie / 2 = sehr selten / 3 = manchmal / 4 = öfter / 5 = meistens / 6 = immer

31. Setzt mein Vorgesetzter sich ernsthaft auch mit meinen entgegengesetzten Ansichten und Interessen auseinander?	1	2	3	4	5	6
32. Gelingt es meinem Vorgesetzten, ein solides Vertrauensverhältnis zu mir zu entwickeln?	1	2	3	4	5	6
33. Gibt mein Vorgesetzter mir Rückendeckung nach oben?	1	2	3	4	5	6
34. Vertritt mein Vorgesetzter meine Vorstellungen und Belange nach oben, sofern er diese als richtig erkannt hat?	1	2	3	4	5	6
35. Kann mein Vorgesetzter Kritik vertragen?	1	2	3	4	5	6
36. Gibt mein Vorgesetzter eigene Fehler zu?	1	2	3	4	5	6
37. Ändert mein Vorgesetzter seine Meinung, wenn ich bessere Argumente habe?	1	2	3	4	5	6
38. Moderiert und leitet mein Vorgesetzter Arbeitssitzungen und Besprechungen effektiv?	1	2	3	4	5	6
39. Führt mein Vorgesetzter in Diskussionen mit unterschiedlichen Standpunkten die Meinungen der Beteiligten zusammen, um soweit wie möglich einen „gemeinsamen Nenner“ zu erreichen?	1	2	3	4	5	6
40. Macht mein Vorgesetzter seine Ideen und Anschauungen durch Beispiele, Vergleiche und bildhafte Darstellungen anschaulich und verständlich?	1	2	3	4	5	6
41. Drückt sich mein Vorgesetzter klar und verständlich aus?	1	2	3	4	5	6

Das Einschalten eines externen Moderators oder Beraters zur Steuerung solcher Befragungen hat sich in der Praxis bewährt, weil dadurch viele Ängste und Befürchtungen der Mitarbeiter vor der Aufhebung der Anonymität verringert werden. Natürlich sollte auch der Betriebsrat eingeschaltet werden, der solche Aktionen oft sehr positiv beurteilt. Die zweckmäßige Vorgehensweise zeigt die Abb. 72.

Gute Nachwuchsführungskräfte fehlen sehr oft, weil geeignet erscheinende Mitarbeiter heute nicht selten auf den Aufsteig verzichten. Sie ziehen es vor, ihre Freizeit und Unabhängigkeit nicht für die Mehrbelastung und stärkere Verantwortung aufzugeben. Andere wiederum glauben, den höheren Anforderungen auch genügen zu können, ohne sich mehr zu belasten oder stärker zu engagieren. Dabei gibt es nicht selten für alle Beteiligten Enttäuschungen. Solche Fehlbesetzungen durch Fehleinschätzungen kann man vermeiden, indem man den Mitarbeiter bittet, seine *Selbsteinschätzung* schriftlich vorzunehmen. Dadurch wird für die Entscheidung vieles transparenter. Das Beurteilungsformular (Abb. 73) ist speziell für diesen Zweck entwickelt worden.

Solche *Selbstbeurteilung* kann auch für Nachwuchsführungskräfte sehr hilfreich sein, weil sie dadurch Gelegenheit erhalten, sich an dem Anforderungsprofil zu messen (s. dazu auch *Donath* (1991) oder *Pullig* (1992)).

Viel schwieriger ist dagegen die *Kollegenbeurteilung*, die bei uns, im Gegensatz zu den USA, sehr selten praktiziert wird (leider), denn sie könnte ebenfalls sehr zur Konfliktbereinigung und besseren Zusammenarbeit beitragen – allerdings nur, wenn sie professionell durchgeführt wird. Ansonsten kann sie viel verderben. *W. Jeserich* hat dazu auf einem Kongreß (März 1984) berichtet. Insbesondere bei Assessment-Centers werden die Kollegenbeurteilungen inzwischen mit gutem Erfolg angewendet, z. T. findet sie auch in Forschungs- und Entwicklungsabteilungen Zustimmung (s. auch *Gerpott* (1992)).

Wo mehr Teamarbeit notwendig ist für den Erfolg, wird es ohne solche Gleichgestelltendiskussionen über die Zusammenarbeit auch kaum gehen. *Gleichgestelltenbeurteilungen* eigenen sich daher besonders für *Teamentwicklungsprozesse.*

Eine Strukturierung solcher Teamdiskussionen ist dabei von großem Vorteil. Die gegenseitige Beurteilung kann entschärft werden, indem

Abb. 72: Regeln zur Handhabung der Checklisten

1. Berater, Vorgesetzte und Betriebsrat erläutern den Mitarbeitern Ziel und Ablauf des Verfahrens.

   Wichtig:
   - > einheitlicher Sprachgebrauch
   - > zugesicherte Anonymität
   - > freiwillige Teilnahme am Verfahren
   - > Information über die „Abteilungsergebnisse“

2. Die Checklisten zum Führungsverhalten (Exemplar des Mitarbeiters) werden den Mitarbeitern persönlich ausgehändigt.
3. Die Vorgesetzten erhalten die Checkliste zur Selbsteinschätzung (Exemplar des Vorgesetzten).
4. Die Vorgesetzten füllen die Selbsteinschätzung und jeder einzelne Mitarbeiter die Fremdeinschätzung, unabhängig voneinander, aus.
5. Die ausgefüllten Checklisten werden von jedem direkt in dem mitgelieferten Umschlag an Berater gesandt (anonym und nur mit dem Namen oder der Kennziffer des „eingeschätzten“ Vorgesetzten versehen).

   Wenn ein Vorgesetzter seine Selbsteinschätzung nicht an Berater senden will, muß er später den Profilvergleich selbst erstellen.

6. Die Checklisten werden von dem Berater, der zur Verschwiegenheit verpflichtet ist, ausgewertet (anschließend werden die Checklisten vernichtet).
7. Die Auswertungsmatrix und der Profilvergleich werden dem Vorgesetzten direkt und persönlich vom Berater zugeschickt.

   Er allein erhält die Auswertungsdaten seines direkten Zuständigkeitsbereiches.

   Darüber hinaus bekommt er die Durchschnittswerte der gesamten Abteilung.

   Um die Anonymität der Mitarbeiter zu gewährleisten, werden ihm die Mittel- und Extremwerte überreicht.

8. Die Vorgesetzten informieren ihre Mitarbeiter über die Ergebnisse des Projektes.
9. Jeder Vorgesetzte hat die Möglichkeit, das Ergebnis mit seinen Mitarbeitern zu besprechen (hierbei kann er sich beraten und unterstützen lassen).

   Die Mitarbeiter sind aber nicht gezwungen, sich zu äußern, wenn sie z. B. ihre Anonymität wahren wollen.

Abb. 73: Selbstbeurteilung für Aufstiegskandidaten

Ich möchte	**sehr** gern	**nicht** so gern
1. eine neue Herausforderung im Beruf erleben		
2. mich neuen Aufgaben stellen		
3. mich höheren Anforderungen stellen		
4. neue Qualifikationen erwerben		
5. mehr Zufriedenheit durch noch mehr beruflichen Erfolg haben		
6. mehr Zufriedenheit durch eine noch interessantere Tätigkeit haben		
7. viel Neues intensiv lernen		
8. dafür auch meine Freizeit zur Verfügung stellen		
9. noch mehr mit der Aufgabe verwachsen sein		
10. mich noch mehr mit der Aufgabe identifizieren und engagieren können		
11. weniger zwischen Arbeit und Freiheit trennen		
12. unregelmäßiger Arbeitsschluß haben		
13. in der Freizeit auch für die Aufgabe da sein		
14. private Interessen für eine interessante Aufgabe zurückstellen		
15. für die berufliche Aufgabe auch einen Teil meiner Zeit für Familie und Freunde reduzieren		
16. mehr Ansehen durch mehr beruflichen Erfolg erlangen		
17. mehr Gehalt durch mehr Leistungen erzielen		
18. an meiner Aufstiegsleiter kontinuierlich arbeiten		

Abb. 74: Teilnehmerberichte (Ranking)

Zum Abschluß bitten wir Sie, sich Gedanken über die Effizienz, die Leistung der Gruppe insgesamt zu machen.

In welchem Ausmaße glauben Sie, daß Sie und die anderen Teilnehmer zur allgemeinen Effizienz der Gruppe beigetragen haben? Stufen Sie bitte nachstehend ihre Gruppenmitglieder von „1" bis „6" in der Reihenfolge ein, wie Sie deren Leistungen und Beiträge zu dieser Übung beurteilen. Vergessen Sie nicht, sich selbst auch aufzuführen. Zwei Personen können nicht auf der gleichen Stufe stehen.

1. ______________________ (größte Beteiligung, bester Beitrag zur Effizienz der Gruppe)
2. ______________________
3. ______________________
4. ______________________
5. ______________________
6. ______________________ (geringste Beteiligung, geringster Beitrag zur Effizienz der Gruppe

Begründen Sie bitte kurz, warum Sie den betreffenden Teilnehmer auf die **erste Stelle** gesetzt haben:

____

____

____

____

Begründen Sie bitte kurz, warum Sie den betreffenden Teilnehmer auf die **zweite Stelle** gesetzt haben:

____

____

____

____

Begründen Sie bitte kurz, warum Sie den betreffenden Teilnehmer auf die **dritte Stelle** gesetzt haben:

____

____

____

____

die Beurteiler mit Rangfolgen arbeiten und ihre Einstufung dann bei Bedarf begründen (s. Abb. 74 von *W. Jeserich*).

Veröffentlichungen und Erfahrungen zeigen, daß Kollegen recht sicher erkennen, wer Potential hat. Sie sehen, wer sachlich und menschlich kompetent sein könnte, um auf Dauer auch in anderer Umgebung erfolgreich sein zu können. Sie haben oft mehr unmittelbare Informationen über den Kollegen als andere. Sie sehen die Schwächen und Stärken der Kollegen besser oder können exakter beurteilen, wie gut ihre Leistungen wirklich sind und wie selbständig sie erbracht werden. Kollegenbeurteilung fällt nicht milder aus, kann als Korrektiv bei Unterschieden in der Beurteilung und als Feedback für den Beurteilten nützlich sein (s. dazu auch *Jochem* (1991)).

Kapitel 6: Die Beurteilung von Teamfähigkeit und Teamleistung

„Ohne die Tugend des Teams sind heute keine Lorbeeren mehr zu holen" (Jacques Delors, Präsident der Europäischen Kommission 1985–1994). Dieser Ausspruch, basierend auf reichlich gesammelten Erfahrungen, bringt auch die Einsicht vieler Unternehmer und Manager zum Ausdruck.

Es ist das einzige Rezept, um das Kreativitäts- und Innovationspotential vieler Fachkräfte zu bündeln, um dadurch zu mehr Leistungseffizienz zu gelangen.

Die zunehmend komplexer werdenden Aufgaben in den Organisationen von morgen sind kaum noch von Einzelgängern, sondern nur noch in einer ressort- und kenntnisübergreifenden Arbeitsform zu lösen, wobei insbesondere Teamarbeit sich als besonders wirksam erwiesen hat. Der Weg zur Teamarbeit ist aber schwierig, weil unsere Gesellschaft die Menschen zu Individualisten erzieht. Deshalb wird dieser Prozeß für mehr Teamfähigkeit und Teamarbeit – ähnlich wie auf der operativen Ebene bei der Gruppenarbeit – noch lange, evtl. noch Generationen dauern, muß aber bereits heute angepackt werden.

Die Unternehmen müssen Teamfähigkeit beurteilen.

Wir wissen, daß fachliche Fähigkeiten viel leichter zu erlernen als Verhaltensweisen zu ändern sind. Die praktizierten Beurteilungen über Verhalten von Menschen in Betrieben zeigen ein sehr konstantes, aber unterschiedliches Maß an Kooperationsfähigkeit und Gruppenorientierung, ein mehr oder weniger ausgeprägtes Verlangen nach partnerschaftlicher Zusammenarbeit sowie Kommunikationsstärke.

Deshalb muß sich die Auswahlbeurteilung für eine Teammitgliedschaft vorrangig darauf konzentrieren, einen Eindruck über die vorhandene soziale Kompentenz zu erhalten. Dazu gehören

① Kommunikationsfähigkeit,
② Kooperationsfähigkeit,
③ Fähigkeit, Identifikation zu schaffen,
④ Konfliktbewältigungsfähigkeit.

Das bedeutet vorrangig,

- aktiv zuhören und andere ausreden lassen,
- Bedürfnisse und Verhaltensweisen anderer ernst nehmen,
- gegenseitiges Vertrauen aufbauen,
- kompromißbereit sein,
- Konflikte konstruktiv, offen und sachlich austragen,
- keine Gewinner-/Verliererpositionen entstehen lassen.

Was sind die Situationen, in denen wir soziale Fähigkeiten und Verhaltensweisen beobachten können?

- Nimmt er Empfindlichkeiten anderer wahr?
- Hilft er anderen in Notsituationen?
- Geht er auf die Bedürfnisse anderer ein?
- Setzt er die eigene Meinung nicht auf Kosten anderer durch?
- Verzichtet er auf Eigennutz?
- Stellt er Gruppenergebnisse über Eigenprofilierung?
- Verhält er sich so, wie er das von anderen erwartet?
- Schützt er Minderheiten?
- Formuliert er Bedürfnisse und Sorgen anderer mit eigenen Worten und bietet Lösungsmöglichkeiten an?

Zur Ermittlung der Teamfähigkeit können wir die gleichen Beurteilungskriterien heranziehen wie bei der Beurteilung der Fähigkeit zu kooperativem Führungsverhalten bei Managern:

- Fähigkeit und Interesse für zielorientierte soziale Einflußnahme zur Erfüllung gemeinsamer Aufgaben
- Verlangen nach konsensfähiger Gestaltung der Arbeits- und Sozialbeziehung
- Interesse an partizipativer, wechselseitiger und tendenziell symmetrischer Einflußausübung
- Bedürfnis nach starken Informations- und Kommunikationsbeziehungen
- Interesse an Konfliktregelung durch Aushandeln und Verhandeln
- Bedürfnis nach Vertrauen als Grundlage für die Zusammenarbeit

Grundsätzlich ist zu entscheiden,

- ob man die Teamleistung als Gesamtergebnis beurteilt und nicht zwischen den Teammitgliedern differenziert,
- oder ob für jedes einzelne Teammitglied sein Beitrag für die Teamleistung beurteilt wird,
- oder ob beides gemeinsam geschehen soll.

Zu überlegen ist auch,

- wer die Beurteilung ausführt. Ist es der Teamführer, den es meistens gibt, oder ist es vielleicht besser, daß die Mitglieder sich untereinander beurteilen?
- was beurteilt werden soll. Das ist wichtig: Ist es der fachliche Beitrag des einzelnen, oder ist es sein sozialer Beitrag für die Gemeinschaft. Sicherlich wird beides eine große Rolle spielen, da beides sehr wichtig ist.

Da in einem Team die verschiedenen Mitglieder oft unterschiedliche Rollen spielen, und zwar auch bewußt ausgewählte oder zugewiesene Rollen hinsichtlich ihrer fachlichen Kompetenz, aber auch ihre soziale Rolle innerhalb der Gruppe, muß dies bei jeder Form von Beurteilung berücksichtigt werden.

Die Anforderungen, die von der Gruppe an die Mitglieder gestellt werden, bestimmen die Beurteilungskriterien, also die Anforderung in fachlicher und kooperativer Funktion, den Beitrag als Spezialist innerhalb der Gruppe genauso wie den Beitrag für die Gemeinschaft.

Um Fehler zu vermeiden, ist es unbedingt notwendig, daß sich die Gruppe von vornherein darüber einig ist, welche unterschiedlichen Erwartungen die Gruppenmitglieder von jedem einzelnen als Beitrag zum Gruppenergebnis haben. Erst wenn diese Erwartungen klar definiert und auch von dem Betroffenen und der Gruppe akzeptiert sind, kann Gruppenarbeit funktionieren, gefördert und beurteilt werden.

Für die Beurteilung der gesamten Teamleistung, also auch des erreichten Synergieeffektes der addierten Einzelleistungen für ein besseres Gesamtergebnis, gibt es in Anlehnung an *Sanborn* (1993) kritische Fragen:

- Wird das Team bei personellen Erweiterungen in die Beurteilung mit einbezogen?
- Kennt das Team die Teamvision, Werte und Erwartungen?
- Ist das Team auf den Erfolg eingeschworen?
- Funktioniert das partnerschaftliche Verhalten?
- Werden die regelmäßigen Teamsitzungen als erfolgreich beurteilt?
- Ist die zwischenmenschliche Kommunikation beispielhaft?
- Stimmt die Streitkultur? Geht das Team offen, kritisch und konstruktiv miteinander um?
- Verbinden die Teammitglieder ihren persönlichen Erfolg mit dem Teamerfolg?

In teamartig aufgebauten Arbeitsstrukturen erweist es sich als außerordentlich schwierig, individuelle Leistungen eines Stelleninhabers in einem Systemzusammenhang abzugrenzen, insbesondere wenn das Ergebnis in einem gruppendynamischen Prozeß vorangetrieben worden ist. Teamarbeit erfordert von allen Mitgliedern kollektive leistungswirksame Verhaltensmerkmale, von denen synergetische Wirkungen auf das interne Vertrauensklima und die interpersonelle Kommunikation und damit auf die Leistungsergebnisse ausgehen. Die Beiträge jedes einzelnen zum Teamverhalten sind dabei nur sehr schwierig abzugrenzen. Sie sind sehr komplex und oft unterschwellig und indirekt und können trotzdem sehr wirksam sein. Manchmal kann z. B. ein Teammitglied allein schon dadurch positiv wirken, weil es gut zuhören kann und dadurch eine positive Wirkung auf das Arbeitsverhalten der anderen ausübt. Die Durchführung von individuellen Leistungs- oder Verhaltensbeurteilungen von Mitgliedern eines Teams ist daher nicht unproblematisch.

Hinzu kommt, daß gerade bei sehr schwierigen fachlichen Aufgaben, die ein Team zu bewältigen hat, Leistungen von Mitgliedern mit unterschiedlichem Innovations- und Spezialisierungsgrad, die einen wichtigen Beitrag zum Teamergebnis leisten, vom Vorgesetzten aus fachlicher Sicht kaum abgegrenzt werden können.

Individualbeurteilungen können aber deshalb nicht abgelehnt werden, weil sie für den einzelnen eine Hilfe zur Selbststeuerung und Selbsterkenntnis geben. Jeder einzelne muß die Möglichkeit haben, auch bei dieser Gelegenheit seine Vorstellungen einbringen und erfahren zu können, wie eine noch größere Leistungsfähigkeit der Gruppe durch die Verbesserung von gewissen Interaktionen oder internen Organisationen möglich wäre.

Zu Beginn einer Teamarbeit sind die Mitglieder noch nicht so mutig, sich innerhalb einer Gruppe vor allen offen zu Verbesserungen und kritischen Stellungnahmen zu äußern. Deshalb ist ein Gespräch unter vier Augen mit dem Führer eines Teams immer ein wichtiges Ventil, ein Informationsaustausch, der positiv gruppenwirksam sein kann. In einem Vieraugengespräch können manchmal Dinge offener angesprochen werden, ohne daß ein Gesichtsverlust innerhalb der Gruppe entsteht, wobei sehr oft der Beurteiler, also die Führungskraft, für seine Beurteilung von Personen Signale aus der Gruppe aufnimmt und diese persönlich weitergibt, solange die Teammitglieder noch nicht bereit und in der Lage sind, sich dem Betroffenen gegenüber selbst zu öffnen.

Innerhalb einer Gruppe gibt es auch einen „Gruppendruck“. Mitarbeiter sind nicht immer von vornherein stabil genug, um diesen Druck auszuhalten, und suchen nach Auswegen. Dies kann entweder dadurch geschehen, daß bestimmte Gruppenmitglieder als Bezugsperson für die Aussprache gewählt werden. In vielen Fällen ist es aber auch der Führer des Teams, dem gegenüber der Betroffene sich viel leichter offenbart, weil dieser auch die Macht hat, möglicherweise etwas zu ändern.

Wir sollten also nicht davon ausgehen, daß eine Individualbeurteilung von oben nach unten der Ausdruck von Hierarchie, Macht und Herrschaft im System ist, sondern eigentlich bei richtiger Handhabung und kluger Gesprächsführung ein phantastisches Instrument für einen zielorientierten und anforderungsbezogenen Gedankenaustausch zwischen zwei Menschen, um das Zusammenleben, die Zusammenarbeit und die Zufriedenheit der Betroffenen maßgeblich zu verbessern. Deswegen wird bei guter Entwicklung des Teams die Individualbeurteilung der Mitglieder sinnvoll bleiben, zumal in unser individualistisch geprägten Wertekultur besonders leistungsstarke und qualifizierte Mitarbeiter auf die Anerkennung ihrer besonderen Leistungsfähigkeit und Leistungsbeiträge Wert legen. Es wird noch lange dauern, bevor eine solche Veränderung persönlicher und kultureller Wertemuster dahingehend erreicht wird, daß dem einzelnen der Erfolg des Ganzen wichtiger wird als sein persönlicher Erfolg. Diese Einstellung zu erreichen, sollte jedoch unser Ziel sein. Denn ergebnisorientierte Teambeurteilungen haben eine erhebliche motivierende Wirkung auf die Stärkung des Gemeinschafts- und Verbundenheitsgefühls der Teammitglieder.

Ergebnisorientierte Teambeurteilungen sind in der praktischen Handhabung viel einfacher, transparenter und begründbarer. Wenn quantifizierte und qualitativ beschriebene Ziele verabredet worden sind, diese also möglicherweise meßbar und nachprüfbar sind, bedarf es weniger Zeitaufwands, als normalerweise für die Individualbeurteilung erforderlich ist. Auch viele Beurteilungsfehler, die bei der individuellen Beurteilung nicht zu vermeiden sind, würden hier entfallen. Jegliche individualisierende Wirkung der Zielvorgabe ist überflüssig, da die Mannschaft das Gesamtziel im Auge behält und die Individualisierung und Aufteilung der Unterziele nach optimalen Kriterien selbst vornimmt. Insoweit kommt es durch diesen Impuls zu einer Steigerung der gemeinsamen Leistung, aber auch zur materiellen Interessiertheit der Teammitglieder.

Für führungspolitische Zielsetzungen ist daher das Teambeurteilungsverfahren am geeignetsten.

Teambeurteilungsverfahren eignen sich jedoch nicht für personelle Entscheidungen innerhalb der Gruppe. Sie sind output-orientiert und verfolgen andere Ziele.

Individualbeurteilungen dagegen erreichen genau den gegenteiligen Zweck: Sie können viel dazu beitragen, unterschiedliche Leistungen und Potentiale von Einzelmitgliedern zu beurteilen und zu fördern. Sie eignen sich aber nicht für eine Entgelt- oder Belohnungsstrategie, da der wirkliche Anteil des Beitrags des einzelnen Mitgliedes an dem Gruppenergebnis nicht konfliktfrei zu ermitteln ist, es sei denn, die Gruppenmitglieder einigten sich auf eine offene gegenseitige Beurteilung in einem gruppendynamischen Prozeß durch sog. gemeinsame Kollegen- oder Gleichgestelltenbeurteilung.

So bietet sich also die Überlegung an, ob es nicht optimal wäre, eine Individual- bzw. Kollegenbeurteilung und eine ergebnisorientierte Teambeurteilung nebeneinander durchzuführen, um einerseits die pädagogischen und entwicklungsnotwendigen Informationen und Gespräche zu stimulieren und gleichzeitig durch die Teambeurteilung den Gruppenzusammenhalt zu fördern und Anhaltspunkte für eine angemessene Belohnung der Gesamtleistung zu erhalten.

Für die Praxis bedeutet das aber sehr viel zeitlichen und formalen Aufwand. Das ist auch der Grund, warum Unternehmen vor der formalisierten Einführung verschiedener Verfahren zurückschrecken. Trotzdem wird in der Realität auch ohne Formalisierung diese Beurteilungssituation innerhalb der Teams existieren, ohne daß diese kanalisiert und publiziert wird. Ein Team, das eine gemeinsame wichtige Aufgabe erhält und ein Ziel hat, stellt zwangsläufig diese beschriebenen Überlegungen und Beobachtungen an. Es vergleicht den eigenen Beitrag zur Gruppenleistung mit dem der anderen.

Jeder prüft, inwieweit er und die anderen sowohl von der sachlichen wie auch von der verhaltensmäßigen Seite angemessen zum Gesamtergebnis beitragen und inwieweit dabei persönliche Vorteile und Chancen ausgenutzt oder vernachlässigt werden. Jeder möchte partizipieren an der Gesamtbelohnung und Anerkennung für das Gruppenergebnis als Mitglied des Teams. Aber jeder möchte zugleich auch innerhalb der Gruppe zumindest erkennen lassen, welchen maßgeblichen Beitrag er persönlich zu diesem positiven Gruppenergebnis beigetragen hat.

Ein Teamführer wird demnach – unabhängig, wie die Vorgabe von der Unternehmensleitung lautet – mindestens in seinem Kopf immer neben der ergebnisorientierten Teambeurteilung auch die Individualbeurteilung der einzelnen Mitglieder im Auge haben und bei seinem Verhalten und für seine Personalentscheidung entsprechend berücksichtigen.

Es stellt sich also die Frage, ob es deshalb nicht Sinn macht, im Interesse der Teamführung den Teamführern beide Beurteilungsverfahren als Führungsinstrument mehr oder weniger formalisiert an die Hand zu geben, was in der Praxis verschiedentlich versucht wird.

Doch die Erfahrungen sind noch jung, weil auch wirkliche Teamarbeit in unserem Lande noch nicht so lange in den Unternehmen praktiziert wird, wie das im Sport der Fall ist.

Unternehmen sollten sich einmal informieren, wie bei erfolgreichen Sportteams Teamfähigkeit beurteilt und Teamleistung erfaßt und belohnt wird.

Teil 3

Gedanken zur Zukunft der Personalbeurteilung

Vielfach gibt es *Kritik* an den praktizierten Personalbeurteilungsverfahren.

1. Das *analytisch-schriftliche Beurteilungswesen ist in einer Krise,* weil es falsch und unehrlich begründet wird. Weder Mitarbeiter noch Vorgesetzte wollen es wirklich. Es ist also zu überlegen, wie man es in Zukunft als Führungsmittel gegenüber den Mitarbeitern begründen will.

2. Große Zweifel sind anzumelden, ob Beurteilungen angesichts der nur in Grenzen zu beeinflussenden *Subjektivität* bei ihrem Entstehen als Grundlage für Mitarbeitervergleiche zum Zwecke der Personalführung, Gehaltsbestimmung und Verbesserung der Führungskultur im Unternehmen dienen können.

3. Die *Dezentralisierung der Personalführung* nimmt immer mehr zu. Die gewünschte stärkere Eigenständigkeit und Eigenverantwortung dezentraler Bereiche und Führungskräfte reduziert bewußt den zentralen Einfluß auf Führungsverhalten und Führungsmittel. Situatives Führen wird bewußt gefördert, was den Einsatz zentral gesteuerter Beurteilungssysteme erübrigt.

4. Wenn man sich diesem Zweifel anschließt, stellt die schriftliche analytische Beurteilung nur noch eine (wertvolle) *Grundlage für ein persönliches Gespräch* zwischen Vorgesetzem und Mitarbeiter dar, das die Beziehungen Vorgesetzter-Mitarbeiter transparent macht und offen gestaltet. Im übrigen: Wenn man hieraus eine Berechtigung des Beurteilungswesens ableitet, liegt es nahe, auch eine Beurteilung von unten nach oben zu fordern.

5. Sieht man das Beurteilungswesen letztlich nur als *Gesprächsgrundlage Vorgesetzter-Mitarbeiter,* so stellt sich die Frage, ob Mitarbeiterbeurteilungen dann noch in die Personalakte gehören. Denn sie sind nicht mehr und nicht weniger als eine persönliche, subjektive Erklärung über die Zusammenarbeit. Die Erfahrungen zeigen, daß Beurteilungen in den Personalakten bei Nicht-Fachleuten oft zu verhängnisvollen Fehlschlüssen führen. Dagegen spricht, daß Beurteilungen oft auch für den Mitarbeiter eine Schutzfunktion ausüben und daß das Vorhandensein zahlreicher Beurteilungen *verschiedener* Vorgesetzter und bei verschiedenen Tätigkeiten doch letztlich ein gutes und umfassendes Bild vom Mitarbeiter, insbesondere von seiner Entwicklung, geben kann.

6. *Bei allem aber:* Lohnt sich das Ganze überhaupt? Lohnt sich der Aufwand? Hat er eine Berechtigung?

Ganz sicher, denn beurteilt wird auch ohne Beurteilungsverfahren. Es stellt sich aber die Frage, ob Personalbeurteilung als Führungsmittel künftig anders gestaltet und gehandhabt werden muß. Dafür sind bereits erste Anzeichen in den Unternehmen vorhanden.

Verschiedene Unternehmen *vereinfachen* ihre Beurteilungssysteme. Ziel der Vereinfachung ist es, das Mitarbeitergespräch tatsächlich noch mehr in den Mittelpunkt zu stellen, als das bisher allgemein üblich war. Und der formale Aufwand soll reduziert werden. BMW und andere Firmen z.B. verzichten daher bei AT-Beurteilungen bewußt auf Skalierungen und konzentrieren die Beurteilung nur noch auf die drei Schwerpunkte

- fachliche Qualifikation,
- Führungsqualifikation,
- persönliche Qualifikation,

die insgesamt beurteilt werden.

Diese drei Schwerpunkte werden anhand von Beispielen mit dem Mitarbeiter besprochen, nachdem vorher die situativen Gegebenheiten geklärt wurden, die Einflüsse, Schwierigkeiten und Arbeitsbedingungen, die eine Leistungserbringung und das Erreichen vereinbarter Ziele erschwert oder begünstigt haben.

Solche Beurteilungen bleiben dann ausschließlich beim Vorgesetzten.

Die Tendenz geht weiterhin dahin, *voneinander getrennt angewendete Beurteilungsverfahren miteinander zu vernetzen,* also nicht mehr getrennt Leistungs- und Entwicklungsbeurteilungen oder andere zusätzliche Beurteilungen durchzuführen.

Andere Unternehmen wiederum stellen ihren Führungskräften einen umfangreichen Katalog von Merkmalen zur Verfügung, aus dem sie situativ die am Anforderungsprofil orientierten geeigneten Merkmale auswählen und mit dem Beurteilten abstimmen.

Im Rahmen allgemeiner *Individualisierung und Flexibilisierung* von Personalführung wird dem Bereich (Führungskräfte, Mitarbeiter und Betriebsräten) auch gestattet, eigene Wege zu gehen und diejenigen Beurteilungsinstrumente anzuwenden, die jeweils vor Ort die größte Akzeptanz finden.

Große Unternehmen bedienen sich dabei immer mehr der erkannten Vorteile mittelgroßer Unternehmen, die schon immer weniger zentrale Vorgaben praktiziert und damit *Vorteile in der Identifikation* erlangten.

Nicht die zur Bürokratie neigende Auswertung durch zentrale Instanzen, sondern die Stärkung der aktiven Mitwirkung der Vorgesetzten steht künftig im Vordergrund neuer Führungsmittel und Personalbeurteilungsverfahren, wobei die zentralen Instanzen, wie Personalabteilung und -entwicklungsbereich, immer mehr Dienstleister werden, die ihre Fähigkeiten anbieten und die Führungskräfte beraten. Das schließt nicht aus, daß es dabei gewisse Rahmenbedingungen für Personalbeurteilung gibt, an die sich jede Führungskraft zu halten hat.

Da auch heute noch Schlendrian und nicht ausreichende soziale Kompetenz bei manchen Führungskräften anzutreffen sind, was sich nicht nachteilig für die Mitarbeiter und das Arbeitsklima auswirken darf, ist es eine wichtige Aufgabe der zentralen Personaldienste, die Qualifikation und Unterstützung insbesondere derjenigen Führungskräfte, die noch Schwierigkeiten bei der Umsetzung des im Unternehmen gewünschten Führungsstils haben, zu fördern.

Die stärkere Bedeutung des *Mitarbeitergesprächs* als zentrales Führungsmittel ist zwar nichts Neues, erfährt aber künftig notwendigerweise eine Aufwertung. Nach allgemeinen Erfahrungen bestätigt sich der Nutzen für alle Beteiligten in der Praxis, auch und gerade hinsichtlich der Selbst- und Fremdeinschätzung des eigenen Verhaltens.

Doch bis die Unternehmen dies in allen Ebenen und Bereichen realisieren, wird noch viel Zeit vergehen. Die Wirklichkeit der Personalbeurteilung ist noch eher traurig. Führungskräfte finden immer wieder Entschuldigungen, warum sie dafür nicht genügend Zeit gefunden haben. Das Tagesgeschäft, die Kunden etc.; die Zeit scheint allen zu knapp. *Mitarbeitergespräche* – sollen sie ihr Ziel erreichen – *brauchen sehr viel Zeit* für Vorbereitung, Ausführung und Auswertung. Wer viele Mitarbeiter führt, braucht viel Zeit. Der Aufwand lohnt sich, wird aber selten sofort honoriert, weil der Erfolg langfristig ist und Verhaltensänderungen Zeit brauchen.

Der Beurteiler wird aber immer noch an seinem sachlichen Erfolg gemessen und belohnt – und zwar kurzfristig. Solange sich das nicht ändert, kommt das Mitarbeitergespräch zu kurz, und unsere neuen Ideen zur Integration neuer globaler Beurteilungsinstrumente in den Gesprächen funktionieren nicht. Was bleibt dann?

Es wird beurteilt. Es muß beurteilt werden. Ein Verzicht ist nicht möglich, weil sonst Beurteilen durch die Hintertür, im Grauen, im Dunkeln, unter dem Tisch praktiziert wird. Zur Stabilisierung von Grundhaltungen und Werten ist das Beurteilen im Mitarbeitergespräch notwendig. Ohne einen objektiven und fairen Leistungsvergleich kommen wir auch künftig nicht aus.

Allein die Menschen machen das Geschäft erfolgreich. Davon sind inzwischen die meisten Unternehmen überzeugt. Die neue Qualifikation der Manager ist dabei von großer Bedeutung. Die soziale Kompetenz der Top-Manager erhält eine neue Bedeutung, seitdem immer mehr Top-Manager an der Menschenführung scheitern und die Unternehmer ruinieren. Neue erfolgreiche Sanierer begreifen, daß nicht Kostenreduzierung allein desolate Unternehmen heilt, sondern die gute Unternehmenskultur, wie man miteinander umgeht, die Streitkultur und das Miteinander.

Als *„systemisch-evolutionär"* bezeichnen die Wissenschaftler das erfolgreiche Führungsverhalten der Zukunft (was gleichzeitig neue Beurteilungskriterien für Manager sein könnten). Das erfordert ganzheitliches Denken und Handeln (s. unten). Noch sind wir nicht soweit. Doch der Weg dahin ist gewiesen, was sicherlich auch die Frage der Personalbeurteilung im Unternehmen aus einer ganz anderen Sicht beantworten wird.

Systemische Manager . . .

1. . . . denken zielorientiert und in großen Zügen
2. . . . problematisieren ihre Umwelt
3. . . . denken vernetzt in Kreisläufen
4. . . . erkennen die Komplexität einer Situation durch ihre Instrumente und Handlungen an
5. . . . haben einen ausgeprägten Sinn für Analyse und Synthese
6. . . . achten die Unbestimmtheit komplexer Systeme in ihrem zukunftsgerichteten Denken und Handeln
7. . . . folgen einem evolutionären Verständnis der Entstehung von Ordnung in sozialen Systemen
8. . . . nutzen die Eigendynamik und die Eigenschaften des Systems
9. . . . wählen gemäß dem vorliegenden Problemtyp die entsprechende Methodik und Modellierung
10. . . . beachten die Lenkungsebene, auf der es einzugreifen gilt
11. . . . fördern ständig die Lern- und Entwicklungsfähigkeit „ihrer" Systeme
12. . . . streben nach flexiblen, lebensfähigen Systemen
13. . . . fördern das Lernen zu lernen

Literaturverzeichnis

Adams, M.	Mythen der Personalbeurteilung. Augsburg 1990.
AWF (Hrsg.)	Entlohnung in der betrieblichen Praxis. Kolloquium, Bad Soden/Ts. 1987.
Bartölke, K.	Anmerkungen zu den Methoden und Zwecken der Leistungsbeurteilung. Schmalenbachs Zeitschrift für betriebswirtschaftliche Forschung (1972a) S. 650–665.
ders.	Probleme und offene Fragen der Leistungsbeurteilung. Zeitschrift für Betriebswirtschaft, (1972b) 9 S. 629–648.
Bartölke, K./ Grieger, J.	Leistungs- und Potentialbeurteilung zur Ermittlung des individuellen Entwicklungsbedarfs. In: Berthel, J./Groenewald, H. (Hrsg.): Personal-Management. Landsberg/Lech.
Batz, M./ Schindler, U.	Personalbeurteilungssysteme auf dem Prüfstand. Zeitschrift für Führung und Organisation (1983) 8 S. 424–432.
Becker, Fred G.	General Electric und ihr strategisch-orientiertes Entgeltsystem. Management forum, 6 (1986) 1/2, S. 165–178.
ders.	Anreizsysteme für Führungskräfte im Strategischen Management. Bergisch-Gladbach/Köln 1985 (2., erw. u. verb. Aufl. 1987).
ders.	Innovationsfördernde Anreizsysteme. Ein konzeptioneller Beitrag zu einem Innovationsmanagement. ZfP (1987) 1, S. 29–68.
ders.	Flexibilisierung der Führungskräfteentlohnung. ZfP (1988) 2, S. 83–88.

ders. Potentialbeurteilung. In: E. Gaugler/W. Weber (Hrsg.) Handwörterbuch des Personalwesens, 2., völlig neu gestalt. Aufl., Stuttgart 1991.

ders. Anreizsysteme für Führungskräfte. Möglichkeiten zur strategisch-orientierten Steuerung des Managements. Stuttgart 1990.

Bernardin, H. J./Beatty, R. W. Performance Appraisal: Assessing Human Behavior at Work. Boston 1984.

Bleicher, K. Zur Strategischen Ausgestaltung von Anreizsystemen für die Führungsgruppe in Unternehmen. ZFO (1985) 1, S. 21–27.

ders. Strategische Anreizsysteme, Flexible Vergütungssysteme für Führungskräfte, Entwicklungstendenzen im Management, Band 8. Stuttgart 1992.

Boerger, M. Die Beurteilung von Teamleistungen. Zeitschrift für Arbeitswissenschaft (1979) 2, S. 82–88.

ders. Bürokratische Mitarbeiterbeurteilung und Beurteilungseffizienz. Zeitschrift für Organisation (1980) 2.

ders. Mitarbeiterbeurteilungssysteme als Instrumente der Organisationsführung: Modelle, Anforderungen, Voraussetzungen. In: Spie, U. (Hrsg.): Personalwesen als Managementaufgabe. Stuttgart 1983, S. 149–159.

Brandstätter, H. Die Beurteilung von Mitarbeitern. In: A. Meyer/B. Herwig (Hrsg.) Handbuch der Psychologie, 9. Band: Betriebspsychologie, 2. Auflage, Göttingen 1970, S. 668–734.

Breisig, T. Personalbeurteilung als Führungsinstrument. Berlin 1989.

Capol, M. Leistungsbeurteilung als integriertes Führungsmittel. Industrielle Organisation, 43. Jg. (1974) 5, S. 217–222.

Comelli, G. — Warum wir Mitarbeiter falsch beurteilen. Plus (1973) 1, S. 9–25.

Curth, M. A./ Lang, B. — Management der Personalbeurteilung. München 1990.

Czisnik, U. — Leistungs- und Potentialbeurteilungen. Personalführung (1979) 3.

Deppe, P. — Untersuchungen zur Leistungsbeurteilung von Außendienstmitarbeitern. Ein Leser-Service der Arbeitswissenschaft. Köln 1979.

Domsch, M. — Psychologie und Praxis 1983.

ders. — Vorgesetztenbeurteilung. Management-Zeitschrift (1992) 61.

Domsch, M./ Gerpott, T. J. — Personalauswahl und Personalbeurteilung als Instrumente des Personal-Management in industrieller Forschung und Entwicklung. In: Moll, H./Warnecke, H. J. (Hrsg.): RKW-Handbuch Forschung, Entwicklung, Konstruktion (F + E). Berlin 1985a, Nr. 5200, S. 1–42.

dies. — Verhaltensorientierte Beurteilungsskalen. Die Betriebswirtschaft, 45. Jg. (1985), S. 666–680.

dies. — Personalbeurteilung von Führungskräften, In: Kieser, A./Reber, G./Wunderer, R. (Hrsg.): Handwörterbuch der Führung. Stuttgart 1987, Sp. 1647–1656.

dies. — Personalbeurteilung. In: Gaugler, E./ Weber, W. (Hrsg.): Handwörterbuch des Personalwesens, 2. Aufl., Stuttgart 1991.

Domsch, M./ Gerpott, T. J./ Jochum, E. — Personalbeurteilung durch Gleichgestellte in industrieller Forschung und Entwicklung. Zeitschrift für Arbeits- und Organisationspsychologie, 27. Jg. (1983) S. 173–182.

Donath, M. — Selbstbeurteilung. In: Beurteilen und Fördern beruflicher Leistung. Stuttgart 1991.

Drenth, P. J. D.	Personnel appraisal. In: Drenth, P. J. D./ Thierry, H./Willems, P. J./de Wolff, C. J./Chichester et al. (Hrsg.): Handbook of Work and Organizational Psychology, Bd. 1, 1984, S. 197–233.
Edelstein, C. M.	Long-Term Incentives for Management. Part 4: Restricted Stock. CR (1981) 1, S. 30–40.
Esser, M.	Selbsturteile. In: Sarges, W. (Hrsg.): Management-Diagnostik. Göttingen et al. 1990, S. 529–534.
Evers, H.	Entgeltpolitik für Führungskräfte. In: Kieser, A./Reber, G./Wunderer, R. (Hrsg.): Handwörterbuch der Führung. Stuttgart 1987, Sp. 200–210.
Fechtner, H.	Vergütungspolitik im Strategischen Management. Personalführung (1987) 10, S. 713–723.
Franke, J./ Kühlmann, T. M.	Mitarbeiter systematisch beurteilen. Stuttgart 1990.
Friedrichs, P.	STAFF. In: Personalwirtschaft (1992).
Gaugler, E./ Kolvenbach, H./ Lay, G./Ripke, M./ Schilling, W.	Leistungsbeurteilung in der Wirtschaft. Verfahren und Anwendung in der Praxis. Baden-Baden 1978.
Gaugler, E./Lay, G./ Schilling, W.	Einführung und Auswertung von Leistungsbeurteilungssystemen. Betriebliche Ansätze und Erfahrungen. Baden-Baden 1979.
Gaugler/Ripke/ Beyss/Foerst/ Kunow/Roepke-Abel	Erprobung neuer Beurteilungsverfahren. Baden-Baden 1985.
General Electric	Discussion and Guide for Goal Setting, Performance Measurement and Incentive Compensation. Internal Report from the General Electric Company vom 25. 2. 1980.

Gerpott, T. J. Gleichgestelltenbeurteilung. In: Handbuch zur Mitarbeiterbeurteilung. Wiesbaden 1992.

Grunow, D. Personalbeurteilung – Empirische Untersuchung von Personalbeurteilungssystemen in Wirtschaft und Verwaltung. Stuttgart 1976.

Hagen, R. Anreizsystem zur Strategiedurchsetzung. Spardorf 1985.

Hahn, D./ Willers, H. G. Unternehmensplanung und Führungskräftevergütung. In: Hahn, D./Taylor, B. (Hrsg.): Strategische Unternehmensplanung. Stand und Entwicklungstendenzen. 2., erw. Aufl., Würzburg u.a. 1983, S. 328–337.

dies. Führungskräftevergütung = Unternehmensplanung und Führungskräftevergütung. In: Hahn, D./Taylor, B. (Hrsg.): Strategische Unternehmensplanung, 4. Aufl., Heidelberg/Wien 1986, S. 391–400.

Haritz, J. Zum Einfluß der Beziehung Vorgesetzter/Mitarbeiter auf den Personalbeurteilungsprozeß. Personal, 31. Jg. (1979) 6, S. 224–227.

Heede, K. Einführung von Prämienlohn im Produktionsbereich. Angewandte Arbeitswissenschaft – IfaA (1981) 90, S. 26–47.

Hehl, G. Ausführungen zur Personalbeurteilung. Personalführung (1989) 6.

Heinrich, M./ Erndt, H. Zur Qualität betrieblicher Leistungsbeurteilungssysteme. DBW-DEPOT Nr. 80–1–2, Stuttgart 1979.

Helm, J. Eine neue Dimension der Mitarbeiter-Beurteilung: Das systematische Kooperationsgespräch. Personal (1980) 4.

Henschel, H. Vom Beurteilungssystem zum Mitarbeitergespräch. Analytik 1993, Hamburg.

Hentze, J. — Arbeitsbewertung und Personalbeurteilung. Stuttgart 1980.

Hentze, J./ Kammel, A. — Ansatzpunkte für eine Flexibilisierung der Führungskräfteentlohnung. ZfP (1988) 1, S. 41–56.

Herbst, H. — Manuskript eines Seminars Management und Personalberatung. Krefeld 1995.

Hofmann, D. — Zeitgemäßer Leistungslohn über ein ganzes Werk. Angewandte Arbeitswissenschaft – IfaA (1981) 90, S. 2–25.

Hub, H. — Manuskript eines Vortrages zur Personalbeurteilung. 1990.

Jeserich, W. — Mitarbeiter auswählen und fördern: Assessment-Center-Verfahren. 5. unveränderter Nachdruck. München/Wien 1990.

ders. — Kollegenurteile. In: Sarges, W. (Hrsg.): Management-Diagnostik. Göttingen et al. 1990.

Jochem, E. — Gleichgestelltenbeurteilung, In: Beurteilen und Fördern beruflicher Leistung. Stuttgart 1991.

Kaplan, R. S. — Advanced Management Accounting. Englewood Cliffs (N. J.), 1982.

Katzenbach, J. R./ Smith, O. K. — Teams. Wien 1993.

Kaufmann, W. — Ihm hätte ich das nie zugetraut. Fehlerquellen beim Beurteilen von Mitarbeitern. Personal (1986) 1, S. 18–22.

Kempe, H. J. — Mitarbeiterbeurteilung. Fibel der Kreissparkasse Ludwigsburg. 3. Aufl. 1994.

Knebel, H. — Probleme der Leistungsbeurteilung. Personal (1978) 2.

ders. — Zielvereinbarung mit Ergebnisbeurteilung – wann funktioniert das? Personal (1979) 1.

ders.	Taschenbuch für Bewerberauslese. 6. Aufl. Heidelberg 1992.
ders.	Stand der Leistungsbeurteilung und Leistungszulagen in Deutschland. Frankfurt 1981.
ders.	Das Vorstellungsgespräch. 15. Aufl. Freiburg 1995.
Knebel, H./ Schneider, E.	Die Stellenbeschreibung. 5. Auflage. Heidelberg 1993.
dies.	Team und Teambeurteilung. Köln 1995.
Knebel, H./ Zander, E.	Neue Entwicklungen bei Arbeit, Entgelt und Führung. Freiburg 1984.
dies.	Arbeitszeitflexibilisierung und Entgeltdifferenzierung. Freiburg 1986.
dies.	Arbeitsbewertung und Eingruppierung, 2. Auflage. Heidelberg 1989.
dies.	Praxis der Leistungsbeurteilung. 3. Aufl. Heidelberg 1993.
Landy, F. J./ Farr, J. L.	The Measurement of Work Performance. New York 1983.
Lang, K./Meine, H./ Ohl, K. (Hrsg.)	Arbeit Entgelt Leistung. Handbuch Tarifarbeit im Betrieb. Düsseldorf 1990.
Latham, G. P.	Job performance and appraisal. In: Cooper, C. L./Robertson, I. (Hrsg.): International Review of Industrial and Organizational Psychology. Chichester, 1986, S. 117–155.
Lattmann, C.	Die Leistungsbeurteilung als Führungsmittel. Zwecke und Aufgaben von Qualifikationssystemen. Bern/Stuttgart 1984.
ders.	Das AC als Eignungsbeurteilung. Heidelberg 1989.
ders.	Anreizsysteme der Leistungsbeurteilung. In: Schanz, G. (Hrsg.): Handbuch Anreizsysteme. Stuttgart 1991, S. 851–876.

Laux, H.	Grundprobleme der Ermittlung optimaler erfolgsabhängiger Anreizsysteme. Zeitschrift für Betriebswirtschaft (1988) 1, S. 24–36.
Lawler, E. E., III.	Pay and Organization Development. 2. Auflage. Reading (Mass.) 1983.
ders.	Strategic Pay = Strategic Pay – Aligning Organizational Strategies and Pay Systems. San Francisco/Oxford 1990.
Lempert, W.	Soziobiographische Bedingungen der Entwicklung moralischer Urteilsfähigkeit. Kölner Zeitschrift für Soziologie und Sozialpsychologie (1988) S. 62–92.
Liebel, H./ Walter, R.	Personalbeurteilung als Führungsmittel. In: Liebel, H. (Hrsg.): Führungspsychologie. Göttingen 1978, S. 155–188.
Lometsch, A.	Leistungsbeurteilung in deutschen Unternehmen. Königstein/Ts. 1977.
Lückert, H. R.	Mitarbeiter auswählen, beurteilen und führen. München 1986.
Ludwig, H.	Vorgesetztenbeurteilung. Personalführung (1994) 7.
McEvoy, G. M./ Buller, P. F.	User acceptance of peer appraisals in an industrial setting. Personnel Psychology, Bd. 40 (1987) S. 785–797.
Miller, Ernst	Objectives and standards. An approach to planning and control. American Management Association Research Study 74, New York 1966.
Müller, Marcus, M.	Leistungsbewertung von Führungskräften. Entwicklung und Anwendung eines neuen Modells. Bern/Stuttgart 1974.
Mungenast, M.	Grenzen merkmalsorientierter Einstufungsverfahren und ihre mögliche Überwindung durch zielorientierte Leistungsbeurteilungsverfahren. München 1990.

Näser, Ch. — Vergütung von Führungskräften. Personalwirtschaft (1986) 3, S. 111–114.

Neubauer, W. — Prozesse der sozialen Kategorisierung in der Beziehung zwischen Vorgesetzten und Mitarbeitern. In: Schäfer, B./Petermann, F. (Hrsg.): Vorurteile und Einstellungen. Köln 1988, S. 281–308.

Neuberger, O. — Rituelle Selbst-Täuschung der Personalbeurteilung. Problem und Entscheidung (1979) 23.

ders. — Erfahrungen bei der Einführung eines neuen Personalbeurteilungssystems. Zeitschrift für Arbeitswissenschaft (1979) 4.

ders. — Rituelle (Selbst-)Täuschung. Kritik an der irrationalen Praxis der Personalbeurteilung. Die Betriebswirtschaft (1980) 1, S. 27–43.

ders. — Organisationspsychologie: Personalbeurteilung. In: Hartmann, H. A./Haubl. R. (Hrsg.): Psychologische Begutachtung. München 1984, S. 277–305.

ders. — Leistung, Leistungsprinzip, Leistungsgesellschaft. Augsburg o. J. (Unveröff. Manuskript).

ders. — Das Mitarbeitergespräch. Grundlagen für eine langfristige und erfolgreiche Zusammenarbeit. München 1987.

Odiorne, G. S. (Hrsg.) — Management by objectives: A system of managerial leadership. Belmont 1965.

ders. — Management decisions by objectives. Englewood Cliffs (N. J.) 1969.

ÖTV Hauptvorstand (Hrsg.) — Beurteilungen – Eine Hilfe für Auszubildende oder Mittel der Auslese? Stuttgart 1984.

Petermann, F. — Veränderungsmessung. Stuttgart 1978.

Preiser, S. — Personwahrnehmung und Beurteilung. Darmstadt 1979.

Preiser, S./ Gasch, B./ Kugemann, W. F.	Training von Führungskräften in Personalbeurteilung. Psychologie und Praxis (1973) 1, S. 1–5.
Pullig, K. K.	Selbstbeurteilung im Rahmen der Personalentwicklung. In: Handbuch der Mitarbeiterbeurteilung. Wiesbaden 1992.
Raia, A. P.	Goal setting and self-control: an empirical study. Journal of Management Studies, February 1965, S. 34–53.
Redel, W.	Kollegienmanagement. Effizienzaussagen über Einsatz und interne Gestaltung betrieblicher Kollegien. Bern/Stuttgart 1982.
Refa	Den Erfolg vereinbaren. München 1995.
Reichard, C.	Plädoyer für den Verzicht auf formale Personalbeurteilungen. Verwaltungsführung – Organisation – Personal (1983) 4, S. 195–199.
Reinecke, P.	Mitarbeiterurteile. In: Sarges, W. (Hrsg.): Management-Diagnostik. Göttingen et al. 1990, S. 534–542.
Ringelband, O. J./ Birkhan, G.	Rückmeldung der Eignungsbeurteilung an den Kandidaten und diskursive Abstimmung. In: Sarges, W. (Hrsg.): Management-Diagnostik. Göttingen 1990, S. 626–631.
Rosenstiel, L. von	Die motivationalen Grundlagen des Verhaltens in Organisationen – Leistung und Zufriedenheit. Berlin 1975.
Rothenberger, M.	Gruppenleistungsprämien helfen rationalisieren. In: REFA (Hrsg.): Arbeitsstudium. Industrial Engineering Bd. 18. Berlin/Köln/Frankfurt a.M. 1972.
Rückle/Mutafoff/ Riekehoff	Personalentwicklung. Düsseldorf 1994.
Salter, M.	Incentive = Tailor incentive compensation to strategy. Harvard Business Review (1973) S. 94–102.

Sanborn, Mark — Teamarbeit. München 1993.

Sauermann, P — Mehr Chancen im Wettbewerb. Personal (1988) 2.

Schleßmann, H. — Das Arbeitszeugnis. 14. Auflage. Heidelberg 1994.

Schuhmacher, H. — Zur Personalbeurteilung. Personalführung (1989) 6.

Schuler, H. — Leistungsbeurteilung in Organisationen. In: Mayer, A. (Hrsg.): Organisationspsychologie. Stuttgart 1978, S. 137–169.

ders. — Beurteilung und Förderung beruflicher Leistung. Stuttgart 1991.

ders. — Leistungsbeurteilung. In: Roth, E. (Hrsg.): Organisationspsychologie, Enzyklopädie der Psychologie (3. Bd.) Göttingen 1989, S. 399–430.

ders. — Personalbeurteilungssysteme. In: Sarges, W. (Hrsg.): Management Diagnostik. Göttingen 1990, S. 599–605.

Selbach/Püttig (Hrsg.) — Handbuch der Mitarbeiterbeurteilung. Wiesbaden 1992.

Simon, A. — Mengenprämie in der Instandhaltung (Rohrschlosserei). Angewandte Arbeitswissenschaft – IfaA (1987) 114, S. 78 ff.

ders. — Gruppenprämie in der Maschineninstandsetzung. Angewandte Arbeitswissenschaft – IfaA (1987) 114, S. 69–78.

Spee, P. M. — Ausführungen zur Personalbeurteilung. Personalführung (1989) 6.

Stonich, P. — Performance = The Performance Measurement and Reward System: Critical to Strategic Management. In: Organizational Dynamics. Winter 1984.

Strametz, D./Lometsch, A. — Leistungsbeurteilung in deutschen Unternehmen. Wegweiser für Beurteiler und Beurteilte. Königstein/Ts. 1977.

Tenckhoff, P. Analytische Stellenbewertung und Leistungsbeurteilung – zum Problem der Auswahl und Gewichtung der Kriterien in einem Gesamtsystem. Zeitschrift für Organisation (1975) 6.

ders. Leistungsbeurteilung auf der Basis zeitgemäßer Kontrolle: Personal, Mensch und Arbeit. Zeitschrift für Organisation (1980) 1.

Tomasko, R. M. Reward Systems = Focusing Company Reward Systems to Help Achieve Business Objectives. Management Review 71 (1982) 10, S. 8–12.

Uhlenbrock, H.-G./ Vornberger, E. Beobachterurteile. In: Sarges, W. (Hrsg.): Management-Diagnostik. Göttingen 1990, S. 554–563.

Voigtländer, E. Prämienlohn, 5. erw. Aufl., Düsseldorf 1972, S. 25–26.

Weber, R. Leistungsbezogene Entlohnung in metallverarbeitenden Betrieben. RKW (Hrsg.). Frankfurt 1978.

Weber, W. Wege zum helfenden Gespräch. München 1976.

Weil, R. Die Bedeutung des Prämienlohns im Rahmen moderner Lohnstrukturen. Angewandte Arbeitswissenschaft – IfaA (1986) 110, S. 4–58.

Weinert, A. B. Deutscher CIP. Bern 1982.

Zander, E. Handbuch der Gehaltsfestsetzung. 5. Aufl. Heidelberg 1990.

Zander, E./ Knebel, H. Anforderungsermittlung, Arbeitsbewertung und Eingruppierung. 2. Aufl. Heidelberg 1988.

dies. Praxis der Leistungsbeurteilung, 3. Aufl. Heidelberg 1993.

Sachregister